国家社科基金
GUOJIA SHEKE JIJN HOUQI ZIZHU XIANGMU
后期资助项目

商周兵制考论

李忠林 著

中华书局

图书在版编目(CIP)数据

商周兵制考论/李忠林著. —北京:中华书局,2024.3
(国家社科基金后期资助项目)
ISBN 978-7-101-16535-7

Ⅰ.商…　Ⅱ.李…　Ⅲ.军制-研究-中国-商周时代
Ⅳ.E292.1

中国国家版本馆 CIP 数据核字(2024)第 028911 号

书　　名	商周兵制考论
著　　者	李忠林
丛 书 名	国家社科基金后期资助项目
责任编辑	王传龙
责任印制	陈丽娜
出版发行	中华书局
	(北京市丰台区太平桥西里 38 号　100073)
	http://www.zhbc.com.cn
	E-mail:zhbc@zhbc.com.cn
印　　刷	天津善印科技有限公司
版　　次	2024 年 3 月第 1 版
	2024 年 3 月第 1 次印刷
规　　格	开本/710×1000 毫米　1/16
	印张 19½　插页 2　字数 290 千字
国际书号	ISBN 978-7-101-16535-7
定　　价	95.00 元

国家社科基金后期资助项目出版说明

后期资助项目是国家社科基金设立的一类重要项目,旨在鼓励广大社科研究者潜心治学,支持基础研究多出优秀成果。它是经过严格评审,从接近完成的科研成果中遴选立项的。为扩大后期资助项目的影响,更好地推动学术发展,促进成果转化,全国哲学社会科学工作办公室按照"统一设计、统一标识、统一版式、形成系列"的总体要求,组织出版国家社科基金后期资助项目成果。

全国哲学社会科学工作办公室

目 录

图表目录

凡　例

1. 书中所引用的古文字材料,"□"表示缺一字,若干个"□"表示缺若干个字,字虽不识,但字数可定;"……"表示缺若干字,字数不确定,也可表示此段文字省略;"〔　〕"表示根据辞例或上下文拟补的文字;"（　）"中的文字为原字的通用字。

2. 书中所引用的甲骨文材料遵从《甲骨文合集》的断代,金文资料遵从《殷周金文集成》的断代,特别说明者除外。书中所引主要著录类书籍简称如下:

《合集》	《甲骨文合集》
《屯南》	《小屯南地甲骨》
《铁》	《铁云藏龟》
《后》	《殷虚书契后编》
《怀特》	《怀特氏等收藏甲骨文集》
《簠》	《簠室殷契征文(附考释)》
《甲》	《殷虚文字甲编》
《南》	《战后南北所见甲骨录》
《粹》	《殷契粹编》
《通》	《卜辞通纂》
《龟》	《龟甲兽骨文字》
《殷图》	《殷虚古器物图录》
《安明》	《明义士收藏甲骨文集》
《英藏》	《英国所藏甲骨集》
《前》	《殷虚书契前编》
《库》	《库方二氏所藏甲骨卜辞》
《外》	《殷虚文字外编》
《佚》	《殷契佚存》

《集成》　　　　《殷周金文集成》
《三代》　　　　《三代吉金文存》

3. 甲骨文、金文材料首次出现时将编号紧随著录图书简称书写,以后出现时不再注明。

绪　论

　　兵制、军制亦即现代军事学所讲的军事制度,包括军事领导体制、军队编制、武器装备、军事训练与演习、军队管理等方面的内容。兰书臣在《中华文化通志·兵制志》中将兵制的要素总结为十条:军伍之制(军事组织体制),掌兵之制(军事领导体制),用兵之制(军事指挥体制),养兵之制(军事后勤体制),任官之制(武官制度),集兵之制(兵役制度),器用之制(武器装备制度),教练之制(军事教育训练制度),动员之制(战争动员制度),法规之制(军事法规制度)。[①] 宋人陈傅良所撰《历代兵制》内容涉及军事统御指挥、军队构成、组织编制、武器装备、兵农关系、兵员招募、武官选人、将帅职权、士卒训练、部伍调发、管理教阅、宿卫番上、戍边屯守、纪律号令、功过赏罚、服制饷章、马政厩库、供应军需等制度。不过,商周时代作为中国古代冷兵器时代的早期阶段,车战盛行、马步兵欠发达的状况一直持续到战国,许多军事制度都处在草创阶段,有些制度尚未形成,与后世有着明显的不同,这就客观上决定了商周兵制有别于后代的历史事实。然而,长期以来学界对这一问题关注较少,系统探讨商周兵制的学术著作更属凤毛麟角。陈恩林先生的《先秦军事制度研究》堪称翘楚,该书成稿于上个世纪八十年代中晚期,1991年出版。此后的二三十年间,简牍大量发现并陆续公布,为进一步研究提供了可能。罗琨先生的《商代战争与军制》一书出版于2010年,全书三分之二是介绍有商一代历次战争的,军制部分主要侧重于商代殷墟时期。有鉴于此,对商周兵制进行系统研究显得十分必要和迫切。

　　本书的研究目的在于,通过对商代后期到战国时期中央王朝和诸侯国主要军事制度形成、发展过程的实证分析,揭示我国商周时期军事制度发展的基本趋势和变化动因。

　　在当前环境下,我们研究商周兵制的意义大约有以下四点:

[①] 兰书臣:《中华文化通志·兵制志》,上海:上海人民出版社,1998年,第4页。

第一,系统认识商周兵制的基本内容,能够进一步丰富对早期社会制度文明内涵的认识。在商周社会,军事制度是政治制度的重要组成部分,由于长期实行寓兵于民、寓将于卿的制度,军事组织和行政组织常常互为表里,许多行政制度和行政行为具有鲜明的军事色彩。例如《国语·齐语》载:"管子于是制国:五家为轨,轨为之长;十轨为里,里有司;四里为连,连为之长;十连为乡,乡有良人焉。以为军令:五家为轨,故五人为伍,轨长帅之;十轨为里,故五十人为小戎,里有司帅之;四里为连,故二百人为卒,连长帅之;十连为乡,故二千人为旅,乡良人帅之;五乡一帅,故万人为一军,五乡之帅帅之。三军,故有中军之鼓,有国子之鼓,有高子之鼓。春以蒐振旅,秋以狝治兵。是故卒伍整于里,军旅整于郊。"[①] 这虽然是春秋时期的情况,但可据以推知西周和商代更是如此。这就决定了对同时期其他许多制度的认识都离不开对兵制的研究。

第二,有助于认识商周时期军事斗争和军事实践的基本形式。从商代到西周再到春秋时期,作战双方常常采取"结日定地"的方式,在预定的地点进行阵地决战,许多战役往往在很短的时间内就能分出胜负。著名的牧野之战就是在半天之内结束的,这一点可由利簋铭文得到证实。而进入战国时期,阵地战让位于要塞战,长途奔袭和伏击成为新的战斗样式,这一时期许多著名的战役都是在一些要塞展开,如齐魏之间的马陵之战、秦赵之间的长平之战等。这种军事斗争形式的变化必然会带来兵制的变化。反之,我们通过逆向思维的方式,从兵制的变迁中,可以分析认识当时战争样式的变化情况。

第三,有助于对商周时期基层社会组织形式的研究。商和西周时期的基层社会是一个怎样的结构?西周井田制下基层社会的存在形式一直是学界关注的焦点,由于资料缺少,我们已经很难认识清楚。即便春秋时期,对所谓"书社"制度下的基层社会组织也没有一个统一和明确的认识,这说明我们对商周社会的认识还很不清楚。众所周知,商周时期是一个军民合一的社会,研究军事制度也有助于对社会组织的认识。

第四,对土地和赋税制度的研究有所助益。在先秦时期,赋和税是

---

① 上海师范大学古籍整理研究所点校:《国语》,上海:上海古籍出版社,1998年,第231—232页。

两个概念,税指税收,赋指军队给养,包括兵役和军需。西周的国人承担军赋,而不承担税,所谓"古者什一,籍而不税"是也。到了春秋,籍田制废止,鲁国实行"初税亩"之后,"国人"才开始缴税。后来又有"用田赋",这时候的"赋"已经不包括兵役在内了,其起征的物质形式已经和税没有区别了。直至战国之世,兵役才从"赋"的概念下彻底脱离出来。这是早期赋税变化的笼统概括,从中不难看出,作为兵制研究对象的"军赋"、"兵役"和赋税制度有着密切的联系,军赋兵役制度的研究必然会带来对赋税制度的新认识。

　　早在战国时期,《荀子·议兵》中就有"请问王者之军制"的记述。[①]《吕氏春秋·节丧》云:"引绋者左右万人以行之,以军制立之,然后可。"[②] 这大概是"军制"一词在文献中的最早出现。大约成书于战国中期的兵书《尉缭子》中有《制谈》一篇,指出:"凡兵,制必先定。制先定,则士不乱;士不乱,则刑乃明。"[③] 这里明确提出了"军必有制"的思想,值得重视。先秦时期涉及兵制的文献也很丰富,大概可以分为以下两类:

　　(一)以《周礼》为代表的经部典籍。经部的许多典籍都有兵制的记述,如《左传》就在庄公十六年、闵公元年、僖公二十七年、三十一年、成公三年等处谈到晋国军队由一军发展为六军的详细过程,对研究春秋时期晋国的军事领导体制很有意义。另外《左传》在记载一些著名战例时,常常详细记述战前双方的军力部署和主帅与谋臣的对话,从中很能看出当时的军队管理体制。如《左传·宣公十二年》晋国下军佐栾书对楚王的禁卫军制度的讲述等。

　　《周礼》是先秦制度文化的集大成者,其中的《夏官司马》主要讲述的是兵制,有些内容可以和其他文献相应证,比如"虎贲"、"旅贲"等。《史记·周本纪》载武王伐纣时,"戎车三百乘,虎贲三千人,甲士四万五千人",[④] 更早的文献《尚书·顾命》篇记载成王崩时,"太保命仲桓、南宫毛俾爰齐侯吕伋,以二干戈、虎贲百人,逆子钊于南门之外"。这与《周礼》所述"虎贲"的职责是一致的,《周礼·夏官·虎贲氏》说虎贲氏"掌

---

① (清)王先谦:《荀子集解》,北京:中华书局,1988 年,第 278 页。
② 陈奇猷:《吕氏春秋校释》,上海:学林出版社,1984 年,第 526 页。
③ 华陆综注译:《尉缭子注译》,北京:中华书局,1979 年,第 8 页。
④ (汉)司马迁:《史记》,北京:中华书局,1959 年,第 121 页。

先后王而趋以卒伍。军旅、会同亦如之。舍，则守王闲。王在国，则守王宫。国有大故，则守王门，大丧亦如之。及葬，从遣军而哭。适四方使，则从士大夫。若道路不通有征事，则奉书以使于四方。"[①] 除此之外，《周礼》中对"师氏"职能、西周后期军队编制、兵器的管理与发放、军队训练和演习等都有载述。

（二）战国时期的兵书。战国时期的兵家对战国和春秋晚期的兵制有着很精深的论述，尽管他们的许多著作都不以治史为目的，但客观上为我们研究当时的兵制提供了许多翔实的材料和有见地的看法。前文所引的《尉缭子》就率先提出了"军必有制"的思想，并在《制谈》篇中作了详细论述。《孙子》首篇就论述了军队的组织编制、将吏的权限与职责、军需的管理和供应等制度。顺便说一下，三国时期曹操对《孙子》作注时也阐述了许多早期的兵制问题。《吴子》《六韬》等书也讲到了大量的军队制度问题，这些内容涉及"治兵"、"教战"、"论将"、"募士"、"保马"等，《吴子》还注重军事刑法在军队管理中的作用，其《治兵》篇云："若法令不明，赏罚不信，金之不止，鼓之不进，虽有百万，何益于用？"[②]《六韬·龙韬·王翼》具体记载了主将统帅下的 72 名高级参谋的执掌分工，这些权责包括天文、地利、兵法、通粮、伏旗鼓等十八项。另外，《司马法》《孙膑兵法》对兵制的记述更是详尽丰富，像《司马法》中对战车的编员数额、"五兵"的配置、军事训练和演习的管理安排等都成了历代学者讨论相关问题的重要资料。

不过，先秦时期的许多著作在讨论兵制时，其着眼点是当时军事制度的探究，目的是认识军事管理的内在规律，指导军事实践。这些著述缺乏"史"的概念，并不重视对不同时期兵制变迁的研究，更不要说对这种变迁做出解释，严格来说还只是兵制研究的基本史料。

汉代"罢黜百家，独尊儒术"，兵学顿衰，对兵制的研究辄无从谈起，像《史记》《汉书》这样的皇皇巨著，也没有专门记述兵制的篇章。直到唐代李靖的《李卫公问对》才谈及先秦时期的兵制，主要讨论以下几个

---

① （清）孙诒让：《周礼正义》，北京：中华书局，1987 年，第 2485—2486 页。
② （战国）吴起撰，江苏师范学院学报组等注释：《吴子兵法注释》，上海：上海人民出版社，1977 年，第 23 页。

问题：①

1. 黄帝所传《握奇文》(或《握机文》)的正名问题及基本思想，基本阵法与井田制的关系；

2. 西周兵制，主要是姜太公的兵制思想；

3. 春秋时期齐国的兵制；

4. 司马穰苴的兵学思想。

但是《李卫公问对》一书是唐太宗与李靖之间为了探讨治兵的得失而进行的一场谈话，其初衷是反思古代的兵学思想，用以指导当时的军事实践，并不是纯粹的学术研究。当时学界对兵制的研究还很不重视，以杜佑的《通典》为例，这样一部以撰述历代典章制度闻名的著作，《马政》附于《军礼》，《兵制》附于《刑法》，而《兵典》条目下主要汇集了《孙子》以来的历代军事理论。

进入两宋以后，学者们开始重视对早期兵制的研究，当然也包括了对商周兵制的研究，这一学术动向发轫于《武经总要》的编修。公元1043年，即庆历三年，宋仁宗御令曾公亮、丁度等人搜求先代和本朝的有关军事的典章制度，著为是书。这一举措极大地推动了宋人研究兵制的热情，王安石、三苏父子都对前代的兵制做过研究，欧阳修、宋祁在所撰的《新唐书》中第一次设立了《兵志》新目，司马光的《资治通鉴》也注重了对历代兵制的记载。尤其值得一提的是王昭禹，他在《周礼详考》中对周代的军事制度有过翔实的考论。

南宋一朝对商周兵制论述较多的当推陈傅良的《历代兵制》，其中卷一设有"周"和"春秋"部分，限于资料，该书没有论及商代。另外，王应麟所撰《玉海》，专设"兵制"一门，共16卷，分别是：总论4卷，兵法2卷，阵法2卷，讲武1卷，田猎1卷，车战1卷，水战1卷，马政2卷，弓矢1卷，剑戟杂兵器铠甲1卷，许多条目下面都涉及商周这一时段。另外还有章如愚的《山堂先生群书考索》兵制卷，其中对车战相关内容的研究还常常被现代学者引用。

从宋人开了研究兵制的风气以后，一些典章制度体的史书中也有兵制的专条，如马端临的《文献通考》中就列有《兵考》。清代学者对商周

---

① 吴如嵩、王显臣校注：《李卫公问对校注》，北京：中华书局，1983年，第585—802页。

兵制的研究所得大都表现在对《周礼》一书的注解上,著名的有孙诒让的《周礼正义》、金榜的《礼笺》、陈祥道的《礼书》,以及王鸣盛的《周礼军赋说》等。

近代以来,随着新史学的兴起,兵制史的研究出现了一个高潮,一批通论性的著作问世,其中不乏对商周兵制的研究,著名的有晚清无名氏的《历代兵制叙略》、徐炳龙的《历代民兵考略》,在其后还有刘公任的《中国历代征兵制度考》、秦松石的《中国历代兵制概要》、黄坚叔的《中国军制史》等。但是,这一时期的兵制史研究仍处于初创阶段,没有对商周兵制的断代研究,许多通论性的著述深度不够,使用的史料以文献为主,尚未吸收考古、古文字研究的成果,故其成就乏善可陈。

建国以后,商周兵制的研究有所发展,但是,无论相对于古代史的其他领域,还是相对于军事史的其他领域,仍然比较薄弱。其成果根据内容可以分为以下四类:①

(一)商周各时期兵制的总体研究。这里首推陈恩林先生的《先秦军事制度研究》,该书对夏至战国时期的军事制度进行了系统研究。另外还有一批值得重视的论文,其中对商代兵制专文研究的有:石璋如先生在五十年代撰写的《周代兵制探源》,严一萍的《殷商兵志》,徐喜辰的《殷代兵制初探》,赵光贤的《殷代兵制述略》,林沄的《商代兵制管窥》,宋镇豪的《商代军事制度研究》《商代军事制度》,王贵民的《甲骨文所见的商代军制数则》《商周制度考信》兵制部分,李雪山的《商代军制三论》;对西周兵制专文研究的有:徐喜辰的《周代兵制初论》;对春秋战国兵制专文研究的有:阎铸的《春秋时代的军事制度》,文士丹的《春秋时期的军制演变》,李元的《对春秋时代军制变革的整体考察》,徐鸿修的《西周春秋军事制度的两个问题》,徐勇的《试论春秋军事制度的基本特点》《战国军事制度的时代特征》;等等。这一时期的兵制研究还集中在一些重要的列国,如晋国、齐国和南方的越国,重要的文章有徐勇的《齐国军事领导体制及兵制论略》《春秋时期齐国的军事制度初探》,李孟存的《晋国的军制》,杨英杰的《春秋晋国军制探讨》,孟文镛的《越国

---

① 无特殊注明,均为学术论文,专著在标题后面括号内标出。论文的出处见书后所附的参考文献,此处不一一注明。

的军事制度》、杨华的《商鞅变法与秦兵制》。

（二）商周兵制相关问题的研究。这一部分内容既包括对商周兵制一些具体问题的探索，也包括对商周（先秦）军事史、军事思想史的研究。比较重要的有胡厚宣《殷代的史为武官说》，范毓周《殷代武丁时期的战争》，孟世凯《商代田猎与军事训练的关系》、《夏商时期军事后勤探讨》，孙作云《说幽在西周时代为北方军事重镇——兼论军监》，王宇信《甲骨文"马"、"射"的再考察——兼驳马、射与战车相配置》，杨升南《略论商代的军队》、《卜辞"立事"说——兼谈商代的战法》，刘一曼《论安阳殷墟墓葬青铜武器的组合》，沈长云《殷契"王作三师"解》，王贵民《就殷墟甲骨文所见试说"司马"职名的起源》，肖楠《试论卜辞中的师和旅》，连劭名《殷墟卜辞中的戍和奠》，刘钊《卜辞所见殷代的军事活动》、《卜辞"师惟律用"》，靳玉峰《历代兵役制度概述（一）：夏商周时期》，刘兴林《殷商以田猎治军事说质疑》，张永山《夏商西周军事史》（专著，《中国军事通史》第一卷），于省吾《略论西周金文中的"六𠂤"和"八𠂤"及其屯田制》，方述鑫《〈史密簋〉铭文中的齐师、族徒、遂人——兼论西周时代乡遂制度与兵制的关系》，傅平安《试论商和西周时期的战略战术思想》，常征《释"六师"：兼述西周王朝武装部队》，杨宽《论西周金文中的"六𠂤""八𠂤"和乡遂制度的关系》、《春秋战国间封建的军事组织和战争的变化》，蓝永蔚《春秋时期的步兵》（专著），李元《论春秋时期的民兵制度》，张荣明《从管仲改革看中国古代军制的演变》，何清谷《战国兴起的几项军事体育运动》，黄朴民《先秦军事思想的发展及其特征》，杨钊《先秦时期舟船暨水战》，曾德明《先秦时期战争观念述论》，张政烺《古代中国的十进制氏族组织》，杨泓《战车与车战二论》，杨英杰《先秦车战述略》，王学理《轻车锐骑带甲兵——秦始皇陵兵马俑发现与研究》（专著），郭宝发《秦俑军阵指挥系统初探》，郭淑珍《试论秦俑坑弩兵在中国军事史上的意义》。台湾和国外学者的研究主要有：钟柏生《卜辞所见殷代的军政》共三篇，分期发表在《中国文字》上，叶达雄《商周时代的师与师职试论》，瓦连诺夫 A．B《从考古发掘资料看商军分队的人数和结构》，王晖《季姬尊铭与西周兵民基层组织初探》、《西周金文与军制新探——兼说西周到战国车制的演变》，谢乃和《高青陈庄〈引簋〉与周代军制》，郭旭东《殷墟甲骨文所见的商代军礼》等。

（三）兵制通史中的商周部分。这部分以专著为主，主要有：陈高华等《中国军事制度史》，雷海宗《中国的兵》，陈群《中国兵制简史》，黄水华《中国古代兵制》，刘展《中国古代军制史》，兰书臣《中华文化通志·兵制志》，孙金铭《中国兵制史》，王晓卫《中国兵制史》，臧云浦《历代官制、兵制、科举制表释》，以及中国军事史编写组集体编写的《中国军事史》第三卷《兵制》和《中国历代军事制度》等。其中尤以刘展《中国古代军制史》对商周部分的论述较为详尽。这方面的论文不多，多是宏观上的论述，有高尚志的《中国军制的产生与发展》，雷渊深的《中国历代军事职官制度》等。

（四）断代史或同类著作中的军事制度部分。这里仅列举一些涉及兵制较多的部分著作，主要有：王宇信、杨升南主编的《甲骨学一百年》中的"商代的军队与军制"部分，张光直《商代文明》中的"军队力量"部分，晁福林《夏商西周的社会变迁》中的商代的"兵制"部分和西周的"刑法和军队"部分，杨宽《西周史》中的制度部分和"军政大事"部分，石井宏明《东周王朝研究》中"东周王朝的军事"部分，童书业《春秋史》中"从西周到春秋时的政治制度和宗教学术"，杨宽《战国史》中"郡县征兵制度的推行和常备兵制度的建立"部分。

从以上的研究成果可以看出，建国以后商周兵制的研究比以前明显深化，对一些细节问题出现了专文研究，系统研究商周（先秦）兵制的著作开始出现，研究兵制通史的著作大量涌现，断代史开始注意对军事制度的记述。前人的这些成果值得充分肯定和继承，也是我们展开进一步研究的基础。但毋庸讳言，商周兵制研究中还存在一定的不足和问题，整体上处于比较薄弱的状态。

（一）缺乏系统性的专著。从上面罗列的第一类成果中我们可以看出，真正的专著只有陈恩林先生的《先秦军事制度研究》，陈著的最大贡献在于率先对商周（先秦）兵制进行了系统的研究，通过大量的文献考证，对先秦兵制的基本特点作了总结，"理出了先秦奴隶制军事制度发生、发展、衰落及解体的历史脉络"。[①] 由于受时代的限制，对一些问题的看法存在很大的商讨余地，比如，军队编制中十进制向五进制的转化

---

① 陈恩林：《先秦军事制度研究》，长春：吉林文史出版社，1991年，第4页。

原因,西周春秋时期军赋的变化过程等。另一方面,近二三十年来不断有新材料发现和公布,这些材料使进一步澄清一些史实、修正一些观点成为可能。其余的都是以论文形式发表的,虽然题目显示为某一时段的兵制研究,但具体内容常常针对某一种制度或该时期兵制的总体特点展开,缺乏系统性,往往内容不够丰富,阎铸的《春秋时代的军事制度》分上下两篇连载,字数也不超过 2 万,这样的篇幅显然不能对商周兵制展开系统的讨论。

（二）断代史或同类著作中兵制所占的比例不高。上面罗列的第四类著作中,除过王宇信、杨升南主编的《甲骨学一百年》中的"商代的军队与军制"、石井宏明《东周王朝研究》中"东周王朝的军事"为原书中的单独一章外,其他都是某一章下面的一小节,所占原书的分量极为有限,从中可以看出兵制研究的薄弱。

（三）兵制通史对商周（先秦）部分的论述往往过于简单。这类著作多数是军事机构从事军制学教学和研究的工作人员所作,详于后代而略于先秦,对商周时期的史料挖掘不够充分,许多观点有很大的商量余地。其中刘展主编的《中国古代军制史》值得重视,书中的商周部分由杨升南和王贵民先生执笔。

目前来看,尽管商周兵制的研究还比较薄弱,还存在许多不尽如人意的地方,但我们也应该看到,经过学界前辈几十年来的不懈努力,对一些问题已经有了比较清晰和一致的看法,也积累了大量的材料和可借鉴的成果,重新系统考察商周兵制的工作已经可以开展了。

商和西周时代,由于资料阙如,许多问题很不清楚。通过实证研究,厘清基本史实,在此基础上进行一些有益的理论探讨是一条可行的路子。为此,本书对商周兵制的研究将通过以下几个方面展开:

（一）对商、西周、春秋和战国这四个时代的军事制度分时段加以研究。商代前期的历史不很清楚,从殷墟时期开始,借助甲骨文,许多问题可以得而论之,兵制也不例外。根据夏商周断代工程公布的结果,商代殷墟时期可以从公元前 1300 年起算,到战国末期也有一千多年的历史。这一千多年,无论是中央王朝,还是地方诸侯,其军事力量都发生了翻天覆地的变化,军事制度的变化更是巨大,因此不能笼统论之。以时代划分为依据,突出各个时代的特点是简单易行的方法。在商代,我们对中央王朝和方国的兵制分开论述,方国可以先周时期的"周"为例,主要围绕"师""旅"的编制与规模、"族"武装存在的形式、武官系统、兵器的配置与管理、早期兵种的构成等问题展开;在西周,问题的焦点发生了变化,国野分制之下"国人当兵、野人不当兵"成了西周兵役制度的一大特点,以"师"为最大单位的军队编制体系向以"军"为最大单位的军队编制体系过渡是西周晚期军制的重大变化,另外命卿制度和司马制度的建立健全也是一个值得注意的话题;春秋时期,"争霸"风起,各诸侯国的军力膨胀,在争夺兵源的过程中,军赋制度的变化最为剧烈,从作战方式上看,车战在这一时期经历了由盛行到衰落的巨大变化,最终让位给充满活力的步兵部队;战国时期,早期兵制的各项制度基本健全,由于国野制度的破除,普遍兵役制最终代替了临时征集制,列国的兵源空前充足,军队数量迅猛增长,军队内部的管理制度进一步完善,形成了选卒与训练、奖励与惩处的一系列制度,再加上铁质兵器的使用和推广,军队的作战能力进一步强化,这一切表明早期兵制在战国时代已经走向成熟。

(二)揭示商周兵制演变的基本趋势。早期社会是一个农业社会,农业生产水平决定了兵源多寡,以农业生产为基础的基层社会组织形式决定了兵役征集方式。从宏观上看,商周时期的兵制发展有这样三个基本趋势或特点:由临时征集到常备军;军队规模不断扩大、兵种增加;"族"武装力量的长期存在。这三个基本趋势或特点是由农业社会的基层组织形式和农业生产水平决定的。在商周时期一千多年的兵制发展史中,后者是如何影响前者的,这是需要重点研究和深入思考的一个问题。

(三)探讨商周兵制演变的动因。商周兵制演变的基本动因可以从社会生产力发展和战争观念、作战方式的变化等几个方面加以考量。和世界上许多早期文明一样,我国商周时代是一个以农业立国的早期国家,这就决定了军事力量的扩张必须建立在农业生产发展的基础上。受生产工具的影响,我国早期的农业生产发展在商和西周时期都处于一个较低水平,农业生产耗费了几乎全部的劳动力,根据《尚书》等文献的记载,商王和周王也象征性地参加农业生产。到了春秋中晚期,农业生产水平开始加快发展,尤其进入战国之后,随着铁制工具的大量使用,水利工程的兴建和灌溉面积的扩大,一年两熟制的推广,中国农业生产进入了一个"猛进的时代"。农业的这种快速发展不仅从物质上为常备军事力量的存在提供了保证,也从制度上摧毁了西周以来的井田制,并进一步摧毁了依附其上的家族军事势力。从商代到西周,甚至到春秋初期,古人的作战观念受礼制的束缚,作战双方常常通过战阵对决,在一次冲杀中决定战局的胜负。而战国时期,人们的作战观念更加实用,交战双方根据力量对比的强弱,选择防守或者攻击,战争往往在关塞要津附近展开。围绕关隘的攻守,双方展开了增援与截击、奇袭与伏击的较量。这样一来,遭遇战、伏击战、追击战等更加实用的战争样式成为主流,代替了呆板陈旧的战阵对决。在新的战争样式下,作战环境更加复杂多变,这就促进了步兵数量的扩张和地位的提高,车兵则退于次要地位,公元前541年晋国将领魏舒“毁车以为行”正是这一变化在军事实践中的反映。另外一个后果就是对部队的机动性提出更高的要求,以适应长途奔袭、增援以及追击的作战需要,这是骑兵崛起的主要原因。

以上三个方面,由于研究的目的和侧重点不同,使用的研究方法也不一样。第一个方面,即对不同时期兵制具体内容的研究是立论的基础,需要利用文献、考古和古文字资料进行实证研究。后两个方面侧重于理论探讨,其研究目的是从宏观上廓清商周兵制演变的基本趋势和动因。因此理论探索结合实证研究是两种基本的研究方法。

通过对商周兵制进行考察,本书厘清了一些基本事实,如“师”、“旅”、“军”的编制,族武装力量的兴衰,车、步、骑等兵种的变迁,各代兵器的异同及变化的原因等。以此为基础,本书在以下几个方面有一些新的认识。

(一)说明了商周兵制由十进制向五进制变化的过程,揭示了临时征兵制度之下,基层社会组织的变迁与军队编制的内在关系。十进制的军队编制主要存在于商和西周早期,这与基层社会血缘关系强固、早期氏族组织的孑遗未尽有关。而五进制出现在西周晚期,盛行于春秋,正是村社制度在基层社会占主导地位的反映。

(二)对春秋时期的赋税制度变革给出了一个合理的解释。春秋时期的赋税制度发生了一系列的变化,著名的如晋国的“作爰田”、“作州兵”,鲁国的“初税亩”、“作丘甲”、“用田赋”,郑国的“作丘赋”,楚国的“井衍沃”等。长期以来,这些问题都是土地制度史争论的焦点。笔者从军赋的视角对上述变革作了一个解释,指出在春秋中期以前,晋国、鲁国、郑国、楚国、齐国等主要的诸侯国都进行了赋税政策的变革,这种变革基本都分"两步走",先改变国人的税制,废除籍田制度,实行实物税,再对"野"征发军赋。通过这些变革,各国的经济实力和军事力量都有了大幅度的提高,这是春秋时期各国军队不断扩大的经济基础。

(三)揭示了战争观念对军事制度的间接影响。大致说来,从商代到战国,战争目的经历了"争霸——兼并——统一"这样一个变化轨迹。受此影响,作战观念也经历了一个深刻的变化,即由强调道义胜利,用礼制约束军事行为,到"兵不厌诈",以诡计权谋制胜。这就决定了春秋早期以前的"结日定地"的作战方式,最终被扼守关塞要津,通过伏击、奇袭等方式决胜的战争样式所代替。新的战争形式必然要求军事制度的变革,这也构成了商周兵制演变的主要原因。

由于学力所限,加之时间仓促,没有充分使用春秋战国时期的考古资料,于兵器变化对兵制的影响缺乏深入的探讨。兵器形制和材质的变化属于军事技术领域,但这种变化一定会影响单兵战术和作战阵形,并通过后者影响军队体制。另外,对商周时期马种的改良缺乏应有的重视,这就决定了对骑兵的研究不能很好地展开。

第一章 殷商兵制

商代前期，相当于考古学上的二里冈时期，由于史籍存留有限，其兵制已难稽考。[①] 根据后世文献，商王朝在这一时期的军队业已初具规模，而且车兵与步兵有了很明确的分工，如《吕氏春秋·简选》说"殷汤良车七十乘，必死六千人"而"有夏"。[②]《墨子·明鬼下》则说："汤以车九两，鸟阵雁行。"[③] 两书所载商人的战车数字不同，但有车兵和步兵的分工则是一致的。从考古资料来看，在商代前期的军事据点盘龙城遗址已发掘的 38 座墓葬中，11 座随葬有戈、矛、镞等青铜武器，其中青铜戈共 17 件，造型成熟。[④] 戈是商周时代特有的专门武器，据此推测，当时军队的规模、装备程度和体制都应该具有一定的水平。赵芝荃、徐殿魁介绍说，偃师商城内有三座小城，居中的是宫城，左右两个小城中遍布驻军用的排房，还有储藏粮食军需用品的仓库等，[⑤] 是否如此，尚待考察。

进入殷墟时期，即商代后期以后，随着考古资料的增多，尤其是甲骨文中大量存在的军事制度方面的资料，使我们深入研究商代兵制成为可能。[⑥]

---

① 商代的考古学文化一般划分为前后两期，笼统地讲，二里冈文化为前期，殷墟文化为后期。近年来，偃师商城考古队的学者提出，相当于二里头文化第四期的偃师商城第一期第一段早于以二里冈遗址 C1H9 为代表的二里冈下层第一期，从而使商文化的上限超出了二里冈时期。此外，随着小双桥和洹北商城的发掘，有学者提出了"中商文化"的概念，时间上涵盖了白家庄期（亦即小双桥期）至洹北商城期。这样一来，商代的考古学文化就被分为早中晚三期。由于所选参照文化和期际节点不同，具体分法也有差异，此不详述，可看王震中：《商代都邑》，北京：中国社会科学出版社，2010 年，第 16—20 页。本章的讨论主要围绕殷墟时期展开，故仍依两分法，视殷墟时期为商代后期。

② 陈奇猷：《吕氏春秋校释》，上海：学林出版社，1984 年，第 441 页。

③ 吴毓江：《墨子校注》，北京：中华书局，1993 年，第 342 页。

④ 湖北省文物考古研究所：《盘龙城》，北京：文物出版社，2001 年，第 505—510 页。

⑤ 赵芝荃、徐殿魁：《偃师尸乡沟商代早期城址》，中国考古学会：《中国考古学会第五次年会论文集》，北京：文物出版社，1985 年，第 8—16 页。

⑥ 本章主体部分曾以《殷商兵制若干问题刍议》为题发表在《中国史研究》2014 年第 2 期，收入本书时有所改动。

第一节　商王朝的基本武装力量

商王朝实行的是内外服制度,这在西周初年的文献和金文资料中不乏记述。《尚书·酒诰》云:

> 自成汤咸至于帝乙……越在外服:侯、甸、男、卫邦伯;越在内服:百僚、庶尹、惟亚、惟服、宗工……①

大盂鼎(《集成》2837)铭文云:

> 殷边侯田(甸)雩殷正百辟,率肆于酒,故丧师。②

大盂鼎属康王时器,正好与《酒诰》篇可以互相发明,可证殷代存在内外服制度是无疑的。内服即王畿,主要是指由中央王朝直接控制的区域,外服是诸侯领地所在的区域,靠近王畿较近的往往称为"侯",较远的称为"伯",如"周方伯"。伯往往是某"方国"的首领,这些方国与商王朝或世代为敌,如舌方、羌方,或时叛时服,但最多的还是以商的属国居于边陲。除过"侯"、"伯"这两种较大的诸侯之外,还有"任"、"田"、"卫"等中小诸侯。③由于行政上的内外分制,在军事上,也就存在直接隶属于王朝的中央军队和隶属于诸侯的地方武装。下面就从这两个方面谈谈商代的兵制。

一、临时征集的师旅

师。卜辞作"〗",隶定为𠂤,徐中舒《甲骨文字典》是这样释义的:

> 一、次也,旅途中止息驻扎及其地址之称;二、集结兵员驻扎戍卫,遂以为军事编制单位之称;三、师般,人名。④

武丁时期的卜辞有"中师"(《合集》5807)、"右师"(《合集》1253、

---

① 顾颉刚、刘起釪:《尚书校释译论》,北京:中华书局,2005年,第1403页。
② 文中所引金文材料若无特别说明,均据《殷周金文集成》,括号内的数字是该器在书中的编号。参看中国社会科学院考古研究所:《殷周金文集成》,北京:中华书局,1994年。
③ 王宇信、杨升南主编:《甲骨学一百年》,北京:社会科学文献出版社,1999年,第462—470页。
④ 徐中舒:《甲骨文字典》,成都:四川辞书出版社,1989年,第1500—1501页。

大盂鼎铭文

5805)之称。商代作战布阵,以三阵法为主,有右则有左,宋镇豪认为当有"左师"。[1] 又,武丁时有同文卜辞如下:

> 己未卜,宾贞,立史于南,右从我,中从舆,左从曾。(《合集》5504、5512)

根据胡厚宣先生的研究,"立史"是一种任命武官的礼仪。[2] 这里的"立史"仪式中,左、中、右各有所从,依然是三阵法的体现,由此可见,武丁时期当已有左、中、右"三师"。

武乙文丁时期的卜辞中有:

> 丁酉,贞,王作三师,右、中、左。(《合集》33006)

1989 年考古所在小屯村中马王庙西南的 T8③中也发现了一片"王作三师"的卜辞(编号为 148),其辞曰:

> 丁酉,贞,王作三师,右、中、右。

末一字可能是误刻"左"为"右"。有学者认为该片甲骨从地层上分析当属武乙文丁时代。[3] 该辞与上引《合集》33006 条卜辞当为同文异卜,所贞为一事。这也可以看出商王朝对此事的慎重。如此,至武乙文丁时商王朝的王国军队当有六师,而此前则为三师。也有学者认为"王作三师"之"作"当"兴起"讲,"王作三师"就是征发师旅的意思。[4] 但殷墟时期八代十二王,历时 273 年,征发师旅之事应该不少,卜辞中涉及"师"的也不少,然"王作三师"仅一见,释为组建三个"师"的军队还是比较合适。另外从后世文献来看,组建军队一般也称"作几军",如:

《左传》僖公二十七年载:"(晋)于是乎蒐于被庐,作三军,谋元帅。"

《左传》僖公三十一年载:"秋,晋蒐于清原,作五军以御狄。"

《左传》成公三年载:"十二月甲戌,晋作六军。"

---

① 宋镇豪:《商代军事制度》,胡庆钧主编:《早期奴隶制社会比较研究》,北京:中国社会科学出版社,1996 年,第 197 页。

② 胡厚宣:《殷代的史为武官说》,《全国商史学术讨论会论文集》,1985 年。

③ 刘一曼:《安阳小屯殷代刻辞甲骨》,载于《中国考古学年鉴 1990》,北京:文物出版社,1991 年,第 248 页。

④ 沈长云:《殷契"王作三师"解》,《文史》第 44 辑,1998 年。

《春秋》经襄公十一年载："十有一年春,王正月,作三军。"①

再有,在商代末年,作为方国的周已经有了"六师"。《国语·周语下》载："王以黄钟之下宫,布戎于牧之野,故谓之厉,所以厉六师。"②《吕氏春秋·古乐》载："武王即位,以六师伐殷,六师未至,以锐兵克之于牧野。"③ 根据上引卜辞已知武丁时期王国军队有"三师"的建制。因此在武乙文丁时期商人扩建军队,再建"三师"是完全可能的。

下面讨论一下"师"的编制。

严一萍先生认为"一师之下,恐是三旅",④ 陈恩林先生以为一师十旅,每旅为三百人,每师为三千人。⑤

以上两种说法是存在问题的。从卜辞来看,殷商时期的军队编制似乎以十进制和三进制为其特点,请看以下辞例:

　　贞,冒人三百乎归。(《合集》7348 反)
　　丙申卜,贞,旺马,左、右、中,人三百。六月。(《合集》5825)
　　乙酉卜,叀三[百射]令。(《合集》34136)
　　登射三百。勿登射三百。(《合集》698)
　　贞,令皇荅三百射。(《合集》5770 丙)
　　贞,叀異令荅三百射。贞令皇荅三百射。(《合集》5771 甲)
　　贞,戎𢆶射三百。(《合集》5776 正)
　　癸卯卜,争贞,王令三百射。(《合集》5775 正)
　　庚子卜,宾贞,勿登人三千乎[伐]舌方,弗[其]受业又。(《合集》6169)
　　贞[登人]三千[乎伐]舌[方]受业又。贞,勿乎伐舌方。贞,勿登人三千。(《合集》39861)
　　庚寅卜,殻贞,勿冒人三千乎望舌[方]。(《合集》6185)
　　□寅卜,凸贞,冒三千人伐。(《合集》7345)

① (晋)杜预注:《春秋左传集解》,上海:上海人民出版社,1977年,第365、400、669、880页。
② 上海师范大学古籍整理研究所点校:《国语》,第141页。
③ 陈奇猷:《吕氏春秋校释》,第286页。
④ 严一萍:《殷商兵志》,《中国文字》新7期,台北:艺文印书馆,1983年。
⑤ 陈恩林:《先秦军事制度研究》,第45页。

　　要明白商王朝军队的编制,首先必须明白商人两种进制思想的来源,然后才能明白这两种进制在军队编制中的意义。

　　关于古代氏族组织和军队组织中存在的十进制编制,张政烺先生在《古代中国的十进制氏族组织》一文中有着很好的分析,张氏认为"古代中国的氏族组织和军队编制中亦有一种百人团体和千人团体存在"。[①]正如上引卜辞所见,殷墟时期商王朝的国家军队是以十进制为编制的,并且这一点还可以得到考古资料的证明。安阳殷墟侯家庄大墓的殉葬者多为十人一排,墓外的陪葬坑多为十人一坑,侯家庄西北冈HPKM1004号大墓一次出土青铜矛731件,其中360件分成36捆,每捆10件,用绳缚扎,整齐排放。[②]另外,殷墟西区M1713墓中的戈和矛的数量也各是整30件。[③]这种情况一直延续到西周前期,《尚书·牧誓》就有"千夫长"、"百夫长"之称,西周时期每车配置的士兵数也是以十为单位的,《周礼·地官·小司徒》郑玄注引《司马法》文云:"革车一乘,士十人,徒二十人。"禹鼎(《集成》2833)铭文载:"禹率公戎车百乘,斯御百,徒千。""徒千"正是这百乘战车的隶属步兵,每乘为十人。一般认为禹鼎是夷王或厉王时器,已到西周中晚期。蓝永蔚先生也认为这种十人制的战车编制在西周是常制,不过他指出"这仅仅是西周的车制,春秋时期早已不通行了"。[④]王晖先生虽然认为西周时期的战车由主车和副车合为一"两",配置25人,但主、副车的步卒仍然各是10人,只不过主车配置甲士3人,副车配置甲士2人。同时,他也认为春秋时期的战车配置人员与西周不同。[⑤]上述看法是很有见地的。我国殷商经西周到春秋这段时期,社会组织经历了由血缘性基层组织向地缘性基层组织的过渡,基层社会的组织性异构对军队编制有着深刻的影响。前引张政烺先生《古代中国的十进制氏族组织》一文揭示了血缘性基层组织与军队编制十进制的关系。而地缘性基层组织与非十进制军队编制的关系在古

①　张政烺:《古代中国的十进制氏族组织》,《张政烺文史论集》,北京:中华书局,2004年,第279页。
②　中国社会科学院考古研究所:《殷墟的发现与研究》,北京:科学出版社,1994年,第312页。
③　中国社会科学院考古研究所:《殷墟的发现与研究》,第125页。
④　蓝永蔚:《春秋时期的步兵》,北京:中华书局,1979年,第44页。
⑤　王晖:《西周金文与军制新探——兼说西周到战国车制的演变》,《陕西师范大学学报》2015年第6期。

文献中所载甚明。《国语·齐语》云：

> 管子于是制国：五家为轨，轨为之长；十轨为里，里有司；四里
> 为连，连为之长；十连为乡，乡有良人焉。以为军令：五家为轨，故
> 五人为伍，轨长帅之；十轨为里，故五十人为小戎，里有司帅之；四
> 里为连，故二百人为卒，连长帅之；十连为乡，故二千人为旅，乡良人
> 帅之；五乡一帅，故万人为一军，五乡之帅帅之。三军，故有中军之
> 鼓，有国子之鼓，有高子之鼓。春以蒐振旅，秋以狝治兵。是故卒伍
> 整于里，军旅整于郊。[1]

从前揭卜辞来看，商人的军队编制中似乎存在着三进制，因而"三
百"、"三千"成为征发兵卒时习见的数量词。而事实却不是这样，三进
制与古人的作战阵形有关。陈恩林先生曾正确地指出了这一点，他说：
"由于实战的需要，殷代军队在作战时又总是分成中路和左右翼三部
分。……这种三阵法与殷代的围猎活动密切相关。……把围猎的三面
包围方式应用于战争，就形成了左、中、右三阵势。"[2] 但他认为三阵法源
于围猎的说法是不对的，甚至是本末倒置的。与陈氏持同样看法的学者
较多，如姚孝遂也认为殷人"田猎的一般情况都是三面包围，将野兽从其
隐藏的森林中逐出，然后加以捕获"。[3] 我们在这里要说的是，不是殷人
把围猎的方法应用于作战，而是把作战的方法应用于围猎。大家熟知，
田猎在春秋以前一直是军事演习的基本方法，由于在作战中采取了三阵
之法，才在围猎中演练这种方法。春秋以前三阵法之所以流行，实与当
时的战争观念有直接的关系。《司马法·仁本》云："古者，以仁为本，以
义治之之谓正，正不获意则权。……战道：不违时，不历民病，所以爱吾
民也；不加丧，不因凶，所以爱夫其民也；冬夏不兴师，所以兼爱其民也。
故国虽大，好战必亡，天下虽安，忘战必危。……古者，逐奔不过百步，纵
绥不过三舍，是以明其礼也；不穷不能而哀怜伤病，是以明其仁也；成列
而鼓，是以明其信也；争义不争利，是以明其义也；又能舍服，是以明其

---

[1] 上海师范大学古籍整理研究所点校：《国语》，第 231—232 页。
[2] 陈恩林：《先秦军事制度研究》，第 44 页。
[3] 姚孝遂：《甲骨刻辞狩猎考》，《古文字研究》第六辑，北京：中华书局，1981 年。

勇也;知终知始,是以明其智也。"①《司马法·天子之义》亦云:"古者逐奔不远,纵绥不及。"②这反映的是春秋以前人们的作战观念,这种观念强调道义上的胜利,也就是所谓的"以至仁伐至不仁"。在这种观念的支配下,作战双方"结日定地",以阵地战展开对决,在春秋战国时期常见的奇袭战、伏击战等不见于上古。从当时的战争实践来看也的确如此。《尚书·牧誓》中武王要求将士"弗迓克奔",郑玄注:"不得暴虐杀纣师之奔走者。"③ 即说不要追击并杀害逃跑的残寇,这是周人的战争理念。我们虽然从文献中看不到商人在这方面的情况,但春秋时期作为商遗民的宋襄公,却保留一些早期的作战观念。《左传·僖公二十二年》宋襄公曾说:"君子不重伤,不禽二毛。古之为军也,不以阻隘也。寡人虽亡国之余,不鼓不成列。"④ 虽然宋襄公失去了这场战争,但却为我们理解殷商时期的战争观念留下了依据,宋襄公这句话明显含有比较古今战争观念的意味,从中可以看出,春秋时期的战争观念确实发生了根本性的转变。因为双方都墨守阵地战的作战方式,所以后卫不需要过多的防备,当军队以方阵展开的时候,侧翼便成了最薄弱的地方,因为对面的敌军可以从两侧迂回。三阵法的好处就是中军的侧翼不暴露,可以全力向前攻击,左右两军各负责一个侧翼,这样三支军队中的任意一支都不会出现两面受敌的紧张局面。

　　以上分析了三阵法出现和存在的主要原因。三阵法持续的时间很长,一直到春秋时期才为五阵法所代替。⑤ 从卜辞来看,商代以三阵之法布阵是很明显的,如:

> 立师于南,右从我,中从奥,左从曾。(《合集》5504、5512)
> 中戍又戈,左戍又戍,右戍不雉众。(《屯南》2320)

---

① 褚玉兰、张大同编著:《兵法精典新解——孙子·吴子·尉缭子·司马法》,济南:山东大学出版社,2005年,第286—287页。
② 褚玉兰、张大同编著:《兵法精典新解——孙子·吴子·尉缭子·司马法》,第293页。
③ (清)孙星衍:《尚书今古文注疏》,北京:中华书局,2004年,第289页。
④ (晋)杜预注:《春秋左传集解》,第326页。
⑤ 蓝永蔚认为:"五阵的产生时代是比较晚的。它的前身就是春秋初期通行于各国的行军队形,至公元前五四一年,晋国的魏舒才把它当成作战队形使用。"参看蓝永蔚:《春秋时期的步兵》,第171页。

通过上面对商王朝军队计量中三进制和十进制的分析,我们可以得到这样的结论:三进制和十进制的意义在这里是完全不同的,十进制体现了军队编制,而三进制反映了军队的实际作战阵形。因此我们认为,十进制是商王朝军队的编制方式。卜辞中习见的"三千"、"三百"都应该"除以"三去看待,因为这"三千"或"三百"人最终都要分别编入三个数量对等的战斗序列。其实细析卜辞也能觉察到这一点,如卜辞:

　　　　丙申卜,贞,吐马,左、右、中人,三百,六月。(《合集》5825)

其中,"吐"字,张政烺先生认为有"征召"的意思,[①]李学勤先生释为"启",可训为"发",马当指御马之人。卜辞中有"启人"(《铁》63.4)、"启射"(《合集》5776),皆可训为"征发"。这条卜辞是在贞问要不要征发三百御马之人,分编为左、中、右三个编队。这样,每个编队中就只有"一百人"而不是"三百人"了。上述卜辞中那些所"登"的"三千人"或"三百人"也同样被编入三个序列,每个序列也就成了"一千"或"一百人"了。也许有些人会问,为什么不直接以"百"和"千"的数量征发呢?这也很好理解,因为在战术上要组建一个由三个独立序列按左、中、右组成的作战单元,客观上就要求这三个序列在人员配置是对等的,所以就会非常自然地采取一次征发,然后分编的做法。

以往的学者由于不明白两种进位制在这里的不同意义,在分析商王朝军队编制的时候往往出现三进制、十进制两相复合的解释,比如上文提到的严一萍先生认为"一师之下,恐是三旅",陈恩林先生以为一师十旅,但他认为每旅为三百人,每师为三千人。

既然"师"的编制为十进制,又《尚书·牧誓》载:"王曰:'嗟!我友邦冢君、御事、司徒、司马、司空、亚旅、师氏、千夫长、百夫长,及庸、蜀、羌、髳、微、卢、彭、濮人,称尔戈,比尔干,立尔矛,予其誓。'"[②]"师氏"在"千夫长"之上,可见商代末年周人的"师"建在"千人队"之上,据此可定为万人。一些卜辞资料也可以提供这方面的线索,如卜辞中的"射(即

---

① 张政烺:《卜辞裒田及其相关诸问题》,《考古学报》1973年第1期。
② 顾颉刚、刘起釪:《尚书校释译论》,第1095页。

《合集》5825

《屯南》2350

车左)"、"马(驭手)"以"百"为单位征发或训练,^① 就此来看,战车的最大编队应该为百辆,^② 按每辆隶属十名车兵,含车上三名,^③ 共计一千名,这一千名车兵部队辖于万人之"师"中也合乎常理。

也有人以为"师"的编制为"百人"或"千人",实际上这也是不可能的。牧野之战时周人出动的军队为"戎车三百乘,虎贲三千人,甲士四万五千人"。^④ 而商人"亦发兵七十万人距武王"。^⑤ 尽管有人认为这里的"七十"是"十七"之误,^⑥ 但是其军队数量之多,是不容怀疑的。商代从武乙文丁起为六师,若以每师千人计,不过区区六千人的军队,更不要说一师"百人"了。综合看来,商人从武丁已有三师,从武乙文丁时起再"作三师",每师万人,六师共计六万人这样的结论不致大错。^⑦

旅。有左旅、右旅之称,见于《屯南》2328、2350。^⑧ 考虑到商代通行三阵法,想必当有"中旅"。^⑨"旅"作为军队编制单位,在武丁时期可能已经存在。《甲骨文合集》中下述卜辞见于一期:

乙巳卜……王呼取……旅(《合集》5821)

……三千登旅……受……(《合集》5822)

……卜王旅……(《合集》5823)

……贞,我……旅在……(《合集》5824)

---

① 如卜辞:"丙申卜,贞,吐马,左、右、中人,三百,六月。"(《合集》5825)"登三百射?勿登三百射?"(《乙》751)"令𡆥庠三百射"(《合集》5770),"令𡗓庠三百射"(《合集》5771),"癸卯卜,争贞:王令三百射?"(《丙》83)"启𠭯射三百?"(《合集》5776)按左、中、右均衡之则为"百"。

② 牧野之战中,周人也是"戎车三百乘"。

③ 据王引之、金鹗的研究,这十名甲士,古制是三名在车上,余七名在车下。王引之《经义述闻》卷二十九《虎贲》,金鹗《求古录礼说·军制车乘士卒考》。

④ (汉)司马迁:《史记》,第121页。

⑤ (汉)司马迁:《史记》,第124页。

⑥ 杨升南:《略论商代的军队》,胡厚宣等著《甲骨探史录》,北京:生活·读书·新知三联书店,1982年,第348页。

⑦ 刘展《中国古代军制史》也认为:"万人为一师,武丁时三师,有军队3万人,到武乙文丁时扩大为6个师,有人数6万人,与商末牧野之战的用兵人数大体相符。"(北京:军事科学出版社,1992年,第49页)

⑧ 原辞为:
其雉,翌日,王其令右旅及左旅舌见方戈,不雉众。(《屯南》2328)
王其以众合右旅。(《屯南》2350)

⑨ 也有学者认为"王旅"即"中旅",推测之辞,虽不可信,但也不影响"中旅"存在的结论。参见王宇信、杨升南主编:《甲骨学一百年》,第493页。

　　一些学者以为"旅"作为军队编制单位,是在武丁以后,最早见于甲骨文三期,即廪辛康丁时期,[①]看来是不对的。不仅如此,"旅"在武丁时期似乎还相当活跃,为一期卜辞习见。检索《甲骨文合集》"军队、刑罚、监狱"类条目,得到含有"旅"的卜辞共 7 条,除以上 4 条见于一期外,其余 3 条均见于五期,分别是:

　　　　丁亥卜……贞,又旅……左其……（《合集》36425）

　　　　丁丑,王卜,贞,其振旅……（《合集》36426）

　　　　庚辰,王卜,在□贞,今日其逆旅以……（《合集》36475）

其中后两条中的"旅"当泛指军队,第一条辞残,不好确认。又,小屯南地所出甲骨中有称"左旅"、"右旅"者,大概是三期卜辞。

　　一旅人数当为千人,但是否十旅组建为一师则很不好说。请看下面的卜辞:

　　　　辛巳卜,贞,登妇好三千,登旅万,呼伐羌。（《英藏》150）

这是一条征发士兵的卜辞,"登妇好三千"是说从妇好的辖地征发三千人。"登旅万"不是从"旅"地征发万人,因为卜辞征发士兵以"三千"为常数,偶有征发"五千"的(《后》31.6)。这里的"登旅万"应该是征发一万名士兵,按"旅"的编制进行组建。本来一万人可以建成一师,而这里却要建成十旅,可见旅和师尽管从编制人数看似乎可以统辖,但实际却并非如此。顺便说一下,"登"于妇好的这"三千"人应该是准备编入"师"的,否则,便可以称为"登旅三千"或"登旅万又三千"了,卜辞中也可见"登旅"的字样(《合集》5822)。另外,从辞意来看,这"登旅万"的万人应该来自不同的征兵单位,而不像那"三千"人统统来自妇好的领地。

　　一旅千人,十旅万人,一师也是万人,但"万"人以旅而不以师来编队,这正是疑惑所在。文献中也同样存在令人费解之处,《尚书·牧誓》载:"王曰:'嗟!我友邦冢君、御事、司徒、司马、司空、亚旅、师氏、千夫长、百夫长,及庸、蜀、羌、髳、微、卢、彭、濮人,称尔戈,比尔干,立尔矛,予

---

① 刘展:《中国古代军制史》,第 48 页。

《英藏》150　　　　　　　　　　《合集》5822

其誓。'"① 这里"师氏"顺次排在"千夫长"、"百夫长"之前,显然是掌管万人的"万夫长",而"亚旅"却排在"师氏"之前。

面对这一问题,可能的解释是:至少在廪辛之前,师和旅是两个不同的编制序列。刘钊、宋镇豪等先生也分别注意到这一问题。刘钊先生说:"旅是指由众多的族氏抽调出的人组成的军事组",② 宋镇豪先生认为"凡经部编的族兵则名为'旅'",至廪辛康丁以后,"有族兵部编的旅已仿照'师'的三编制进行组建"。③ 显然宋氏是根据小屯南地属于廪辛康丁时期的两条卜辞说这番话的。

以上两先生的看法无疑是很好的。但在我们看来,有商一代无论是"师"还是"旅"都不是常备武装力量,它们的区别在于:"师"是由部分经过职业训练的甲士(他们可能是常备的宿卫部队)为骨干,临时征发徒兵组建,而"旅"则是由若干族氏为国家提供的武装力量经过部编而成。④

---

① 顾颉刚、刘起釪:《尚书校释译论》,第1095页。
② 刘钊:《卜辞所见殷代的军事活动》,《古文字研究》第十六辑,北京:中华书局,1989年。
③ 宋镇豪:《商代军事制度》,胡庆钧主编:《早期奴隶制社会比较研究》,北京:中国社会科学出版社,1996年。
④ 朱凤瀚也认为"旅"是征召各族之族众组编而成,不过他认为"旅"是一种类似常备军的武装,是不妥的。参看朱凤瀚:《商周家族形态研究》,天津:天津古籍出版社,2004年,第193页。

　　关于"师"、"旅"不是常备部队可以通过以下三个方面说明之。首先卜辞中常见"登人"、"眔人"、"收人",《周礼·地官·乡大夫》云:"以岁时登其夫家之众寡,辨其可任者,国中自七尺以及六十,野自六尺以及六十有五,皆征之。"① 近代治甲骨的学者王襄就认为"登人"就是"《周礼·大司马》比军众之事,将有征发必先聚众"。② 张政烺先生也认为:"眔是动词,和登的意思相似……是'提供'的意思。""收和登在读音和字义上都一样。"③ 需要指出的是,后期卜辞中不再见到"登人",这只能说明自武乙文丁建立六师之后,商代寓兵于农的制度已经成熟。其次,商代军事训练和演习都是通过田猎和蒐狩来进行。如卜辞"丁丑,王卜,贞,其振旅,征迍于盂,往来无灾。"(《合集》36426)作为振旅之地的"盂"正是商王主要的田猎区。④《左传·隐公五年》载鲁大夫臧僖伯讲"古制"云:"春蒐夏苗,秋狝冬狩,皆以农隙以讲事也。三年而治兵,入而振旅,归而饮至,以数军实,昭文章,明贵贱,辨等列,顺少长,习威仪也。"⑤ 这种"三时务农而一时讲武"的演练方式正是"寓兵于农"的临时征集制的特点。再次,从当时商王都"大邑商"的人口来看,既不需要也不足以维持六万规模的常备军。关于商代晚期都城安阳殷墟的人口,宋镇豪先生估计文丁之前约为 12 万人,帝乙帝辛时代约为 14.6 万人,这一时期人口的男女性别比为 183,⑥ 尽管如此,其男性人数也不过 9 万,如果再除去未成年人和老年人,这个数字会下降到 7—8 万的样子,这远远不能维持六万人的庞大军队。

　　有鉴于此,我们可以断定商代的"师旅"绝不是常备部队。商代的常备部队一定维持在一个较低的水平,这支队伍应该具有宿卫的性质,卜辞中也能窥其端倪:

　　　　令皋庠三百射。(《合集》5770)
　　　　令癸庠三百射。(《合集》5771)

---

① (清)孙诒让:《周礼正义》,第 2485—2486 页。
② 王襄:《簠室殷契征文(附考释)》,天津:天津博物院,1925 年,第 2 页。
③ 张政烺:《古代中国的十进制氏族组织》,《历史教学》第二卷第三期,1951 年 9 月。
④ 李学勤:《殷代地理简论》,北京:科学出版社,1959 年,第 23—30 页。
⑤ (晋)杜预注:《春秋左传集解》,第 30 页。
⑥ 宋镇豪:《夏商社会生活史》,北京:中国社会科学出版社,1994 年,第 113—119 页。

陈梦家说:"卜辞'令罙庠三百射'者,令罙教三百射以射。"[①] 这是对射手进行军事训练,未经训练的射手为新射,如:

令内以新射。(《合集》32996)

取□新射。(《合集》5784)

贞,乎子画致先新射。(《合集》5785)

《合集》5785

上引最后一条卜辞中的"子画"被认为是王子,这是一次有王子参加的训练,足见这些射手的身份不低,大多应为高级贵族的子弟。《周礼·地官·师氏》载:"师氏,……居虎门之左,司王朝,掌国中失之事,以教国子弟,凡国之贵游子弟,学焉。凡祭祀、宾客、会同、丧纪、军旅,王举则从。听治亦如之。使其属帅四夷之隶,各以其兵服守王之门外,且跸。朝在野外,则守内列。"[②] 比照《周礼》所记"贵游子弟"从学于"师

---

① 陈梦家:《殷虚卜辞综述》,北京:科学出版社,1956年,第513页。

② (清)孙诒让:《周礼正义》,第996—1008页。

氏"来看,这些习射的贵游子弟脱离农业生产,平日习武,驻跸王宫,应该是常备的宿卫部队。这支部队以车兵为主,大概一车十兵,临战或进行大规模蒐狩时,再以"登人"的方式征发亦兵亦农的自由民和下层贵族为徒兵步卒,组建成"师"。

而"旅"则有所不同,它是由"众多的族氏抽调出的人组成的军事组织",从性质上它一经征发就属于王朝直接领导指挥的武装力量,这也是在本质上与"族"武装不同的原因,后者虽在战时为王朝领导,但一般由族长指挥,是一个不被分割的战斗集体。当然这只是廪辛以前的情况,此后,"旅"作为编制单位绝不再见于卜辞,似乎说明旅已成为"师"下面的编制单位,那些曾经在武丁至祖甲时期被征发的"旅"也许构成了武乙文丁"作三师"的主要兵源。

除过"师"、"旅"作为主要的编制单位之外,卜辞中还有"行"、"戍"等。

行。甲骨文中有"中行"(《怀特》1504)、"右行"(《合集》19755)、"上行"、"东行"(《怀特》1464)、"大行"(《怀特》1581)。还有以人名地名相称的"某行",如"畐行"(《合集》20447)、"单行"(《合集》21457)、"永行"(《合集》23671)、"宙行"(《合集》27978)、"㯱行"(《合集》27978)、"义行"(《合集》27979)等,也有"王行"(《合集》24445)。[1] 以上卜辞见于四期以前,看来"行"不是一种常规的编制单位,学者多以为是"步兵"编制,证之于金文,盠方尊(《集成》6013)铭云:"……䚦(司)六自、王行。"春秋时期晋国也曾建有"三行",均为步兵部队。因此,以为"行"是步兵编制的说法是可以信从的。[2] 问题是"行"的编制有多大,学界没有定论,只有一些猜测,如宋镇豪以为每"行"为300或3000人,"大行"三倍之,为900或9000人,[3] 可备一说。

戍。其主要职责是守卫,长期驻防某地,[4] 但三期卜辞中时见贞问

---

① 王宇信、杨升南主编:《甲骨学一百年》,第493页。
② 卜辞中也有"步师"(《合集》33069),当指"步兵部队",不必是一个"师"。可见殷人是有专门的步兵部队的。
③ 宋镇豪:《商代军事制度》,胡庆钧主编:《早期奴隶制社会比较研究》,北京:中国社会科学出版社,1996年。
④ 王贵民:《甲骨文所见的商代军制数则》,胡厚宣等著:《甲骨探史录》,北京:生活·读书·新知三联书店,1982年。

“戍”出征事，如：

戍舌羌方。(《合集》27977)

戍及䖒方。(《合集》27997)

戍执征𣪘方。(《屯南》2651)

又，据《屯南》2320，戍亦有左、中、右之分，可见“戍”也同“师”、“旅”、“行”一样常按三阵法排列，但“戍”不常见，大概与“戍”是驻守之武装，承担的作战任务较少有关。

以上讨论了以师旅为主的商代后期国家主力部队的编制方式，由于氏族组织在基层社会的牢固存在，商代到西周的军队往往是寓兵于农的临时征集制，其编制受十进制氏族组织的影响，形成了一“师”万人，一“旅”千人的编制方式。

二、族武装

丁山认为“族”的本意应是“军旅的组织”，他说：“氏盖是部族的徽号，族则军旅的组织。”[①]《甲骨文字典》对“族”的解释是：“从㫃矢，㫃所以标众，矢所以杀敌，古代同一家族或氏族即为一战斗单位，故以㫃矢会意为族。”[②]甲骨文中的“族”首先是一个血缘组织，是一种亲属团体，一个建立在婚姻基础上的社会单位。由于原始社会末期，氏族居民有自动组织为武装力量的军事习惯，族兵制盛行，因此把这样的社会组织也就以“族”命名了，甲骨文中的“族”并非单纯的军事组织，自不待言。在国家出现之前和建立之初，以族为兵是当时唯一的武装力量，到商代后期这种孑遗并未消失，它仍然是国家武装力量的重要补充。在商人六师建立之前，尤其是祖庚以前，“族”武装常常担负戍守、征伐等重要的军事任务。从现有甲骨资料来看，有关宗族武装的卜辞集中在宾组、𠂤组与出组早期卜辞，时代大致在武丁至祖庚时，说明这一时期宗族武装最为活跃。这一时期商人最主要的敌方是羌方与𢀛方，其次是亘方，羌方至后世仍是商人劲敌，𢀛方在祖庚后再未出现于卜辞。在与这些较

① 丁山：《甲骨文所见氏族及其制度》，北京：中华书局，1988年，第34页。
② 徐中舒：《甲骨文字典》，第735页。

强大的敌方之战争中,商人宗族武装发挥了重要的作用。在属于廪辛康丁时期的卜辞中,仍可见商人宗族武装征戍。如:"五族"受王令"戍羌"(《合集》28053)、"戍盂"(《合集》28054)、"戍𡚾"等王地(《合集》26879)及王族"辈人方邑"(《屯南》2064)等。① 这种情况反过来也可以说明,武乙文丁以前由于商王朝国家直接领导指挥的武装力量只有"三师",不够强大,需要族武装作为补充。

朱凤瀚先生在《商周家族形态研究》一书中将商人家族分为四类:

1. 王族——由时王与其亲子(王卜辞中部分"子某")为骨干联结其他同姓近亲组成的家族。

2. 作为"王子"的"子某"所率之族——由先王的部分未继王位的王子(王卜辞中亦称"子某")在其父王卒后从王族中分化出去所建立的家族,在卜辞中称"子族"。

3. 不称"子某"的贵族所率的商王同姓亲族——有相当一部分属于上述"子族"的后裔。惟其是否还属于"子族"则难以确知。

4. 卜辞与商金文中其他未能确指性质的商人家族——其中除去部分子姓远亲家族外,包括部分有姻亲关系的异姓家族以及某些被征服后,在文化上与商人亲族相融合的异姓家族。②

我们完全认同朱先生的上述分类,并借用他对各种"族"类所作的界定。但是,由于以"某"名的族在卜辞不好判定其是否与商王同姓、是否属于子族,我们暂将其归于一类。另外,"三族"、"五族"已成为甲骨文中的一个专名,可能是由三个或五个贵族宗族的丁壮长期结合一起、

---

① 原辞为:

　王叀羡令五族戍羌[方]。(《合集》28053)

　癸巳卜,王其令五族戍盂……伐弐。(《合集》28054)

　戍𡚾弗雉王众。

　戍𩵋弗雉王众。

　戍𠭥弗雉王众。

　戍逐弗雉王众。

　戍何弗雉王众。

　五族其雉王众。(《合集》26879)

　王族其辈人方邑……(《屯南》2064)

② 朱凤瀚:《商周家族形态研究》,第81页。

共同行动的贵族武装,[1] 我们将其单独列出。[2] 这样见于卜辞的 "族" 武
装活动情况就有以下几类：

王族：

　　己亥,贞,令王族追召方及于□。(《合集》33017)

　　贞勿乎王族凡于𤰇。(《合集》6343)

　　庚申卜,㱿贞,乎王族征从象。

　　庚申卜,㱿贞,勿乎王族从象。

　　甲子卜,争,雀弗其乎王族来。

　　雀其乎王族来。(《合集》6946)

　　戊戌卜,争贞,叀王族令[戈]。(《合集》14915)

　　庚辰令王族从𠕀。(《屯南》190)

　　甲子卜,以王族伐兂方……(《屯南》2301)

　　王族其𩫖人方邑……(《屯南》2064)

多子族[3]：

　　贞,令多子族眔犬侯寇周叶王事。

　　贞,令多子族从犬眔𠙵罚叶王事。(《合集》6813)

　　癸未卜,争贞,令旒氏多子族寇周叶王事。[4](《合集》6814)

　　丁酉卜,王族爰多子族立于召。(《合集》34133)

"某"（族）：

　　丙子卜,𢦔戈𤲞。(《合集》7017)

　　……贞,令雀𩫖亘……(《簠》1.40)

　　辛巳卜,令雀人其𩫖缶。(《甲》B.2153)

　　丁未卜,贞,令戌、光有获羌𠫤五十。(《合集》22043)

　　甲辰卜,亘贞,今三月光乎来。王占曰：其乎来。迄至惟乙。旬

---

① 刘展:《中国古代军制史》,第 45 页。

② 事实上我们也不能排除 "三族" 或 "五族" 部分或全部属于 "子族" 的可能性,但由于研究的
　目的不同,我们在这里依然只能以此方式分类,尽管我们认同朱氏对商人家族类型的合理划
　分,这是需要说明的。

③ "多子族" 指多个 "子族",并非 "多子" 族。

④ 卜辞中的 "叶王事" 常与战争有关,故附于此。

有二日乙卯，允有来自光，致羌刍五十。（《合集》94 正）

　甲戌卜，豕羆印。

　甲戌卜，羆隻印。（《合集》21768）

三族：

　　重三族马令。罙令三族。重一族令。乙酉卜，于丁令马。（《合集》34136）

　　己亥，历贞，三族王其令追召方及于▮●。（《合集》32815）

　　□戌卜，争［贞］，令三族从沚蔑伐土［方］，受［又］。（《合集》6438）

另外，"令三族（重三族令、罙令三族）"二见（《合集》34134、34135）。

五族：

　　王重羡令五族戍羌［方］。（《合集》28053）

　　癸巳卜，王其令五族戍畠……伐戋。（《合集》28054）

　　五族其雉王众。（《合集》26879）

　　□丑卜，五族戍，弗雉王［众］，吉。（《合集》26880）

以上引五类卜辞为依据，我们大致可以做出如下几点推论：

（一）除过涉及"五族"的几条卜辞在三期外，其余多在二期以前，另外涉及"三族"的一条卜辞（《合集》32815）《甲骨文合集》排在四期，由于这条卜辞为"历"所贞，属典型历组卜辞，故亦当在祖庚以前。"族"武装在二期以前非常活跃，此后则绝少再见，说明"族"武装在后期已不成为主要的军事力量而受到王朝的重视。

（二）王族的军事力量非常强大，可以单独从事征伐（如《屯南》2064："王族其辜人方邑"）、追击（如《南明》616："追召方"）等军事行动，也可率领其他族出征（如《合集》6946："从豕"；[①]《屯南》190："从畐"），但王族也要受将领的节制（如《合集》6946："贞，雀其乎王族来"）。子族的军事力量明显逊于王族，其出现频率也低于王族，而且是以"多"

───────────────

① 杨树达释"从"为"率领"。参见杨树达：《积微居甲文说·释从比》，上海：上海古籍出版社，1986年。

即集体的形式出动,①但也参与一些重大的军事行动,如从上引《合集》
6812、6813、6814来看,当时的用兵对象是大方国"周"。"子族"也可率
领其他族(如《合集》6813:"多子族从犬罘向吊叶王事"),但可以被王族
率领(如《南明》224:"王族爱多子族立于召")。其他族单个的军事力量
明显较弱,《合集》94正所显示的情况,不过是一次小规模的掳掠。因而
常常以"三族"、"五族"联合行动。

　　(三)"三族"与"五族"的一点理解。从卜辞来看,"三族"实为习
见,其军事行动以追击(如《合集》32815:"追召方")和征伐(《合集》
6438:"令三族从沚蔑伐土[方]")为主。这似乎可以从商人左中右的
三阵法得到理解,因为正如我们看到的那样,"族"武装是以"族"为单
位(其下面的编制不明)且是一个在制度上不能被分割的整体,为了保持
左中右三阵的作战队形,商王常令"三族"参与军事行动。"五族"的情
况比较复杂,但有一点是可以确知的,即"五族"经常担任"戍守"的任
务,②仅有一辞显示它参与征伐(《合集》28054),但也是"戍舌伐戈",因
戍守而征伐的。在战国以前,古人常常不在关隘设防,③戍守实际上只是
一种警戒任务,从卜辞来看,各"族"有为王担任"省廪"的义务,如在历
组卜辞中可以见到王令罕、昊、竝、宁壴等族省廪(《粹》914、915,《合集》
33237,《屯南》539),"廪"应该是商王囤积粮食的仓廪。④"省廪"明显
属于警戒任务而不是军事作战任务。戍守和警戒的区别在于,戍守是一
种针对敌方的军事行为,它在地域上以占据点(军事据点)和线(战线)
为作业目的,而警戒则是针对己方辖区内可能的违法行为所采取的治安
维护行动,在地域上以控制和约束一定区域内居民的行为为目的。我们
据此可以推想,"五族""戍守"之地不是关隘,而是一个特定的区域,严
格来说,不是"戍守"而是"警戒"。又,"五族""戍守"时常常贞问是否
"雉(失)王众",如:"五族其雉王众。戍舌,其雉王众。"(《合集》26879)

---

① 日本学者贝塚茂树、伊藤道治先生以为"多子族"是由多数王子组成的军团,类似于南太平洋
　　地区土著民族的青年结社、青年俱乐部的组织,但卜辞中"多子"称族,且见于祭祀卜辞,显
　　然与青年结社是不类的。两先生持论,参见贝塚茂树、伊藤道治:《甲骨文字研究·序论》,同
　　朋舍,1980年。
② 王宇信、杨升南主编:《甲骨学一百年》,第492页。
③ 顾栋高:《春秋大事表》卷九,北京:中华书局,1993年,第995—996页。
④ 朱凤瀚:《商周家族形态研究》,第187页。

《屯南》2064

《合集》6813

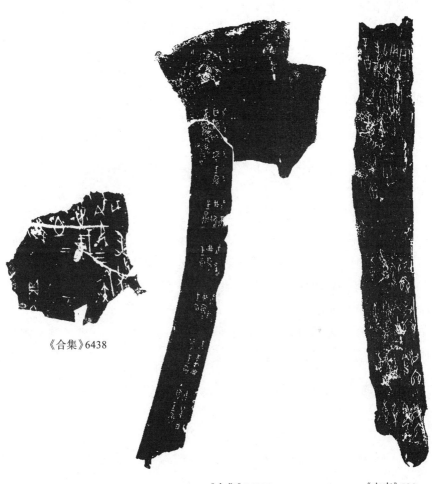

《合集》6438

《合集》26879　　　　　　《屯南》539

"□丑卜,五族戍,弗雉王［众］,吉。"(《合集》26880)据此我们设想,"五族"所"戍守"的地方应该存在大量属于王的"民众",[①] 其"戍守"(警戒)的目的就是防止"雉众"现象的发生,警戒就应该有一定的范围,即在地域上展开的一个面。为了更好地履行这一警戒任务,在技术上需要五组军力分四方和中央守卫。这或许就是"五族"出现频次较高的原因。

上面对商代"族"武装做了一个简单的讨论,从中可以看出商代的"族"武装始终是"师旅"为单位的国家武装力量的补充,那种认为"殷代的军事活动主要是族武装承担"[②] 的观点是不对的。

第二节　方国军队——以周方为例

殷商时期各诸侯国的兵制资料极其有限,由于周人最终代替了商,其资料还比较丰富,我们可以周人为例加以讨论。需要说明的是,我们所讨论的有些史实可能是西周初期的情况,只是考虑到去商代不远,西周兵制不致有太大的变化。但无论如何,我们只能简单说明商代晚期诸侯国的兵制情况而已。

从现有资料来看,作为方国的周至少在季历的时候已经具有了相当强的军事实力。[③]《竹书纪年》中对此有大量的记载:

　　(武乙)三十四年,周王季历来朝,武乙赐地三十里,玉十珏,马八匹。

　　三十五年,周王季伐西落鬼戎,俘二十翟王。

　　太丁(文丁)四年,周人伐余无之戎,克之。周王季命为殷牧师。

　　七年,周人伐始呼之戎,克之。

　　十一年,周人伐翳徒之戎,捷其三大夫。

　　文丁杀季历。[④]

---

① 由于学界对"众"的身份一直存在很大的争议,我们姑且用"民众"这个词笼统称之。
② 刘钊:《卜辞所见殷代的军事活动》,《古文字研究》第十六辑,北京:中华书局,1989年。
③ 王晖:《周文王克商方略考》,《古文字与商周史新证》,北京:中华书局,2003年,第58—64页。
④ 方诗铭、王修龄:《古本竹书纪年辑证》,上海:上海古籍出版社,1981年,第33—36页。

《合集》6657 正

《史记·殷本纪》也有记载:"(纣)以西伯昌、九侯、鄂侯为三公。"[1]在文王时期,西伯昌已经与九侯、鄂侯位列三公,足见周人实力之强。验之于卜辞,武丁时期的卜辞就有"周方"(《合集》6657 正、8472),周原甲骨 H11:84 云:"贞,王其奉又(佑)大甲晋周方伯。"[2] 既然周是商的一个重要方国,以先周时期的周方国作为研究殷商时代诸侯国兵制的范例应该是可行的。

有关周人军队建制,讨论最多的是《诗经·大雅·公刘》中的"其军三单"。有一部分学者认为"其军三单"谈的不是兵制问题,如杜正胜先生以为是指公刘经过多次战斗方夺取豳地之意。[3] 丁山先生在早年就对这个问题有一个很好的解释,他说:"我认为'单'实'潬'字传写之误。三旗,犹满洲之四旗八旗,其组织应与武丁时代'三师'相同。"[4] 大概公刘时期周人有三支相互配合作战的军事力量,具体数字不好推测,这也体现了"三阵"作战的基本战法。公刘的时代大约在商代"九世之乱"

---

① (汉)司马迁:《史记》,第 106 页。

② 书中所引周原甲骨均来自曹玮:《周原甲骨文》,北京:世界图书出版公司北京公司,2002 年。下不出注。

③ 杜正胜:《封建与宗法》,《历史语言研究所集刊》第 50 本第 3 分册。

④ 丁山:《甲骨文所见氏族及其制度》,第 62 页。

的尾声,盘庚迁殷的前夕。这个时代略早于武丁,武丁时代商人已有"三师",以此来看,丁山先生关于"三单"是氏族式的军事行政组织的推测应该不错。这是先周早期的情况,下面谈谈先周晚期即商末时的情况。

《尚书·牧誓》载:"王曰:'嗟!我友邦冢君、御事、司徒、司马、司空、亚旅、师氏、千夫长、百夫长,及庸、蜀、羌、髳、微、卢、彭、濮人,称尔戈,比尔干,立尔矛,予其誓。'"① 又《逸周书·武寤解》载:"约期于牧,案用师旅,商不足灭。"② 上引文献中的记载也可以得到出土文字材料的证明,周原甲骨中有"师氏"(H11:4)。据此,我们基本可以判定在商代晚期,周人已经有师、旅的军队建制。前文我们已经讲过,"亚旅"可能属于王的禁卫部队,其人数虽然没有师多,但其职位较高,师是军队的最大建制单位,其人数应该和商王朝的师大致相当,约为万人。从后世文献来看,周人在灭商时可能已经有"六师",如《国语·周语下》载:"王以黄钟之下宫,布戎于牧之野,故谓之厉,所以厉六师也。"③《吕氏春秋·古乐》载:"武王即位,以六师伐殷,六师未至,以锐兵克之于牧野。"④ 关于"六师",据《逸周书·世俘解》⑤ 载,武王在牧野之战后曾经派出了六支部队追剿残寇,这六支部队分别是:吕他命伐越戏方;侯来命伐靡集于陈;百弇命以虎贲誓,命伐卫;陈本命伐磿;百韦命伐宣方;新荒命伐蜀。也许这六支部队就是周人的六个野战师。

周人在商末拥有"六师",与中央王朝的军力相埒,这不是正常现象。《论语·泰伯》谓文王时期"三分天下有其二,以服事殷",⑥ 实是夸大之辞,但进入商代末年周人的实力已经和商人很接近了。从公刘时期的"其军三单"到商末的"六师",周人完成了从氏族武装向国家武装的转变,其间应该经过一个"三师"的阶段,这是因为作为中央王朝的殷商到武乙文丁时才建立了"六师"的武装力量。而"三师"应该是当时大方国才具有的武装力量。

---

① 顾颉刚、刘起釪:《尚书校释译论》,第1095页。
② 黄怀信:《逸周书校补注译》,西安:西北大学出版社,1996年,第176页。
③ 上海师范大学古籍整理研究所点校:《国语》,第141页。
④ 陈奇猷:《吕氏春秋校释》,第286页。
⑤《逸周书·世俘》篇历来被认为是与《尚书》逸篇《武成》内容相当的可信文献。
⑥ (曹魏)何晏注,(宋)邢昺疏:《论语注疏》,北京:中国致公出版社,2016年,第123页。

从金文材料来看,周在灭商后仍然频繁使用"族武装"力量。明公簋(《集成》4029)铭文:

> 唯王令(命)明公遣三族,伐东或(国),在狮,鲁侯有稽功,用乍(作)旅彝。

明公簋为成王时器,说明在成王时周人族武装依然是一种重要的军事力量。事实上,终西周之世,族武装一直很活跃,如班簋(《集成》4341)铭文:"以乃族从父征。"毛公鼎(《集成》2841)铭文:"以乃族扞敌王身。"[①]这些内容我们在本章第一节有过论述,这里就不再重复了。

综上所述,一个方国的军力构成大概跟中央王朝是类同的,即以临时征集的师旅为主干,由"族"武装作配合。师的数量大概最多可以到"三师",这应该属于中央王朝允许的范围。《周礼·夏官·序官》云:"凡制军,万有二千五百人为军,王六军,大国三军,次国二军,小国一军。"[②]这样的比例关系和殷商时代是一致的。

像周这样级别的方国在殷商时期也不少。现将各家的统计列于下表:[③]

表 1　殷商诸侯统计表

统计者 ＼ 诸侯类别	侯	伯	任(男)
董作宾	24	12	
胡厚宣	29	19	
陈梦家	25	26	
岛邦男	35	40	
张秉权	41	40	
杨升南	46	45	15

以上诸家统计,除过对一些卜辞辞义的认识不同,也与各家所见资

---

① 班簋、毛公鼎分别为穆王、宣王时器。详参彭裕商:《西周青铜器年代综合研究》,成都:巴蜀书社,2003 年,第 308、465 页。
② (清)孙诒让:《周礼正义》,第 2237 页。
③ 资料来源于王宇信、杨升南主编:《甲骨学一百年》,第 462—466 页。

料多寡有关,所谓后出转精,我们如以杨升南先生的统计为是,则侯伯任即有一百余位,这还没有算存在争议的"田"、"卫"。[①] 我们很怀疑这一百余位诸侯都拥有庞大的军队。从卜辞来看,以"某师"名的诸侯确实是有限的,根据《甲骨学一百年》中的说法,大概有以下几个:

　　弜师(《合集》5810)　　吴师(《合集》5812)　　𡊦师(《合集》6051)

　　雀师(《合集》8006)　　犬师(《合集》27915)　　戈师(《合集》7766)

　　虎师(《英藏》2326)　　𣪘侯缶师(《合集》36525)[②]

　　其中一部分还是地名,确知为诸侯的有弜、雀、虎、𣪘、戈、犬等,这几

明公簋铭文

《英藏》2326

① 裘锡圭:《甲骨卜辞中所见的"田"、"牧"、"卫"等职官的研究》,《文史》第19辑,1993年。
② 王宇信、杨升南主编:《甲骨学一百年》,第491页。

个也都称为侯,这正好说明殷代诸侯中"伯"往往是方国首领,这些方国距离王畿较远,叛服无常,不像"侯"距离王畿较近,与王室的关系更为亲密,所以常常随王出征。

诸侯国的军队隶属于各诸侯,但是也随中央王朝的军队出征,这些中央王朝的军队可以是王亲率,如

> 贞王重侯告从征人。(《合集》6460)
> 贞王重而伯龟从伐□方。(《合集》6480)
> 甲午王卜……余步从侯喜征人方。(《合集》36482)
> 丁卯王卜……余其从多田于多伯征盂方伯炎。(《合集》36511)

也可以由王族或子族率领:

> 丙子卜,今日执召方……令王族从舌……(《屯南》190)
> 庚申卜,殸贞,乎王族徙从象。
> 庚申卜,殸贞,勿乎王族从象。
> 己卯卜,允贞,令多子族从犬侯寇周。(《合集》6812)
> 贞,令多子族从犬眔鬥叶王事。(《合集》6813)

诸侯国的军队也常常被调动参加战事:

> 贞,呼涉吴师。(《合集》36482)
> 丙戌卜,贞,𢦏师在𡥀,不灾。(《通》558)

从以上卜辞可看出,诸侯国的军队受中央王朝的节制,应该是殷商王朝军事力量的一部分。需要指出的是,"侯"似乎更多地参与配合了中央王朝的军事行动,而首领被称为"伯"的方国参与的次数较少。因此,我们可以认为,在殷商时代,王畿以内的内服地区是王的直接领地,生存于其上的居民所组建的军队构成了中央王朝的主要军事力量,这里面又存在临时征发的"师旅"与"族"武装的区别。中央王朝以外的诸侯国也都存在形式上同构的军事力量,自然要比中央的力量小。这些诸侯国的武装力量从法理上讲应该是殷商王朝军事力量的一部分,但边远地区的方国时常反叛,与中央为敌,最典型的例子莫过于最终取商而代

之的周了。而"侯"则是比较可靠的诸侯国。这样看来,商王朝直接统领的军事力量是有限的。难怪王国维在《殷周制度论》有以下论述:

> 自殷以前,天子诸侯君臣之分未定也。故当夏后之世,而殷之王亥、王恒累叶称王;汤未放桀之时,亦以称王。当商之末,而周之文、武亦称王。盖诸侯之于天子,尤后世诸侯之于盟主,未有君臣之分也。周初亦然。于《牧誓》、《大诰》,皆称诸侯为友邦君,是君臣之分未定也。逮克殷践奄,灭国数十;而新建之国皆其功臣、昆弟、甥、舅,本周之臣子。而鲁、卫、晋、齐四国又以王室至亲为东方大藩。夏殷以来古国,方之蔑矣。由是天子之尊非复诸侯之长,而为诸侯之君。……盖天子诸侯君臣之分始定于此。[①]

王氏所论确为精当,然而,殷之所以为"诸侯之长"而周为"诸侯之君",究其原因,实因商人军事力量不够强大。商人至文丁之世,不过"六师",而周人以方国的身份,在建国之初,即有十四师,力量相差何其悬殊!

第三节　兵种及士兵的武器装备

殷商时期,步兵是主要的作战兵种,其次是车兵。由于缺乏必要的装备,骑兵的作战能力大大受限,数量也很少。从卜辞来看,这一时期可能出现了少量的水兵。士兵的进攻性武器以戈和矛为主,这一点与西周不同。此外,单兵的防护装具也有一定的发展。

一、兵种

步兵是一个古老的主战兵种,历史上几乎任何一个时代,只要有战争就有步兵的影子。商代也不例外,步兵是主要的作战兵种。这一点从卜辞中反映得非常清楚:

---

① 王国维:《殷周制度论》,《观堂集林》,北京:中华书局,1959 年,第 462—466 页。

戊子卜，宫贞，罕迄步伐舌方，受有佑？十二月。(《合集》6292)

庚寅卜，宫贞，今□王其步伐人。庚寅卜，宾贞，今？王勿步伐人。(《合集》6461)

己亥卜，惟四月令象步(伐)芮。(《龟》14.6,《合集》6563)

庚申卜，争贞，呼伐舌方，受有佑。贞，勿令我使步……方……(《合集》6226)

胡厚宣先生在《殷代舌方考》一文中曾经指出："步伐者，不驾车，不骑马，以步卒征伐之也。"[1]以上所列卜辞显然是步卒征伐无疑。还有一些残辞或辞意不甚明了者，从文意推测，也应该属于步卒作战的记录：

壬子卜，贞，步师无囚。(《合集》33069)

辛酉卜，王翌日壬戌戋……[令]宙……先以[侯]步……(《合集》33082)

甲午王卜……余步从侯喜征人方。(《通》592,《合集》36482)

翌丁卯令步。贞呼伐舌方受有佑。贞勿呼伐舌。(《粹》)1072,《合集》6236)

贞，□乎伐舌，贞，呼伐舌，弗其受有佑。贞，于庚午令步。(《合集》6241)

惟其步擒羞。(《合集》27998)

步卒所用的武器应该以矛为主，也有执戈者，卜辞中称为"戈人"，如：

辛丑卜，宫贞，羽(翌)令以戈人伐舌方，戋。十二月。(《合集》28028)

车兵是另外一种重要的兵种。《吕氏春秋·简选》说汤"良车七十乘，必死六千人，以戊子战于郕"。[2]《墨子·明鬼下》载："汤以车九两，鸟阵雁行。"[3]《淮南鸿烈·本经训》云："于是汤乃以革车三百乘伐桀于

---

① 胡厚宣：《甲骨学商史论丛初集(外一种)》，石家庄：河北教育出版社，2002年，第189页。

② 陈奇猷：《吕氏春秋校释》，第441页。

③ 吴毓江：《墨子校注》，第342页。

南巢。"① 以上文献时代较晚,加之互相沿袭,同一史源,也未可知。但
《尚书·甘誓》中夏启的一段训诰颇可玩味,他要求将士道:"左不攻于
左,汝不共命;右不攻于右,汝不共命;御非其马之正,汝不共命。"② 这显
然是对车兵的作战要求,《甘誓》属于今文,我们对其真实性不能轻易否
定。考古发掘中也找到了商代早期用车的痕迹,如 1996 年在偃师商城
东北隅城内道路的第四层路面上发现了车辙印,轨距为 1.2 米,③ 另外,
在郑州商城发现了铸造车軎的陶范,④ 在偃师商城发现了一件青铜车軎。
这样一来,我国在商代早期就有双轮车的说法,也就不至于是空中楼阁
了。⑤ 也有一些学者主张"中国马车西来说",著名的有林巳奈夫,他在
《中国先秦时代的马车》一文中讲道:"因此不能不说,拥有马车的极少
数人费尽艰辛,驾驶着他们自己的马车从遥远的近东地区来到中国,以
这种方式将马车传入中国,并在中国仿制出来。"⑥ 最有影响的要算美国
学者夏含夷,他立论的考古学依据有三条:1.1972 年在乌拉尔山东麓的
安德罗诺夫墓葬中发现的 5 处车马遗迹;2. 亚美尼亚赛万湖的喀申古墓
中出土的两辆保存完好的马车;3. 中亚东部岩画上的马车的形象。⑦ 有
学者对夏含夷的第 2、3 条材料的时间提出质疑,指出学界对喀申遗址的
时间认识不统一,或者认为喀申遗址在公元前 1500 年,或者为公元前
1200—1300 年,但也不会早于商代;另外,中亚东部地区发现的岩画最
早不会超过西周,大多是西周晚期和春秋早期的作品。⑧ 再有,长期从事
新疆中亚考古的林梅村先生对此也有异议。⑨ 在这里我们不打算过多讨
论这一问题,只是想说,在二里冈时期商人可能已经在作战中使用了马
车,换言之,车兵已经出现,而进入殷墟时代以后,商人已经能够非常成

① 刘文典:《淮南鸿烈集解》,北京:中华书局,1989 年,第 257 页。
② 顾颉刚、刘起釪:《尚书校释译论》,第 854 页。
③ 杜金鹏等:《试论偃师商城东北隅考古新收获》,《考古》1998 年第 6 期。
④ 廖永民:《郑州市发现的一处商代居住址与铸造铜器遗址简介》,《文物参考资料》1957 年第
　 6 期。
⑤ 杜金鹏等:《试论偃师商城东北隅考古新收获》,《考古》1998 年第 6 期。
⑥ 林巳奈夫:《中国先秦时代の马车》,《东方学报》39 册,第 280 页。
⑦ Shaughnessy, E. L., Historical Perspectives on the Introduction of the Chariot into China,
　 Harvard Journal of Asiatic Studies, Vol. 48, No. 1. (Jun., 1998), pp. 189-237.
⑧ 杨宝成:《殷墟文化研究》,武汉:武汉大学出版社,2002 年,第 150—152 页。
⑨ 林梅村:《古道西风:考古学所见中西文化交流》,北京:生活·读书·新知三联书店,2000
　 年,第 33—76 页。

熟地使用战车作战了。

　　首先,根据杨宝成的统计,殷墟共发现车马坑31座,由于部分车马坑受到后代挖掘时的扰动,故不能判明其用途,但至少有十辆车是可以明确判定为战车的(见下表)。[①]

表2　殷墟车马坑一览表

编号	出土地点	殉马数	殉人数	随葬兵器及工具	资料来源
20	小屯宫殿区	4	3	石戈1、铜戈2、石镞10、铜镞30、弓形器2、兽头刀3、砺石3、玉策柄2	石璋如:《殷墟最近之重要发现附论小屯地层》,《中国考古学报》第2册,1947年;《殷墟后五次发掘的重要发现》,《六同别录》上册,1945年;《小屯C区的墓葬群》,《历史语言研究所集刊》第23本下册,1952年
40	小屯宫殿区	2	3	铜刀1、铜镞20、弓形器1、骨镞11、骨锥2、砺石1、玉策柄1	
45	小屯宫殿区			铜镞1、骨镞2、砺石1、玉策柄1	
175	大司空村	2	1	石戈1、铜斫1、弓形器2、铜镞22、骨镞10、铜刀1、锛1、石觽1	马得志等:《一九五三年安阳大司空村发掘报告》,《考古学报》第9册,1955年
292	大司空村	2	1	铜戈1、铜镞10、弓形器1、兽头刀1、锛1、策柄1	杨宝成:《殷墟发现的车马坑》,《殷墟的发现与研究》,科学出版社,1994年,第139页
43	白家坟西北地	2		铜戈2、弓形器1、矢箙(内铜镞10)、铜锤1、刀1、凿1、策柄1	中国社会科学院考古研究所安阳工作队:《1969—1977年殷墟西区墓葬发掘报告》,《考古学报》1979年第1期
146	郭家庄西南	2		铜戈2、骨管1、蚌环5	中国社会科学院考古研究所:《安阳殷墟郭家庄商代墓葬》,中国大百科全书出版社1998年,第127—149页
147	郭家庄西南	2		铜戈2、弓形器1、镞12、骨管4、蚌环8	

[①] 杨宝成:《殷墟文化研究》,第119—145页。

续表

编号	出土地点	殉马数	殉人数	随葬兵器及工具	资料来源
1	梅园庄东南	2	1	铜镞2	安阳市文物工作队:《安阳梅园庄殷代车马坑发掘报告》,《华夏考古》1997年第2期
41	梅园庄东南	2	1	铜弓形器1、镞16、刀1、锛2、铲1、凿1、策柄1、石锤1、骨觿1、骨管1、蚌环1	中国社会科学院考古研究所安阳工作队:《河南安阳市梅园庄东南的殷代车马坑》,《考古》1998年第10期

从上表中的数据我们可以对殷代战车的基本配置情况有一个比较清楚的认识。首先,殷代战车为以两马挽驾为主的木质车辆。在上述十座可判定为战车的车辆中,仅有一车为四马挽驾,这就是小屯宫殿区C区乙七基址以南的M20,另外,M45受到隋代墓葬的严重破坏,但由于其在布局上和M20处于对称的位置,发掘者也曾推测其中应该是四马三人(图一)。即便假定M45和M20一样也是四马挽驾,其比例也只占总数的20%,需要指出的是,M20打破了祭祀坑M22、M23,应当是从属于乙七宗庙遗址的晚期遗存。这样一来,四马战车最多只能判定为殷代晚期出现的一种挽驾方式。到了后代这种四马战车就更普遍了,《左传·僖公二十八年》载:"丁未,楚献俘于王,驷介百乘,徒兵千。"杜注云:"驷介,四马被甲。"[①]

其次,从上表来看,随葬人的数目以1人为主,占40%,3人次之,占20%,无人的为40%。尽管如此,商代战车上的随车人数还是应该判定为3人,这是因为:随葬一人的显然是御手,这是战车最必需的人员配置,无随葬的战车自然不是无人驾驶,只是没有殉人而已。许多学者认为战车上配置3人也是有道理的,这一点从随葬的工具也能够看出,其中,策当为御手使用,戈为一甲士使用,弓矢为另一甲士使用。文献中也不乏这方面的记载,如《司马法》载:"兵车一乘,甲士三人。"[②]又,《尚

---

① (晋)杜预注:《春秋左传集解》,第375页。
② 郑玄注《诗经·小雅·采芑》篇时引《司马法》云:"兵车一乘,甲士三人,步卒七十二。"参看(唐)孔颖达:《毛诗正义》,北京:北京大学出版社,1999年,第641页。

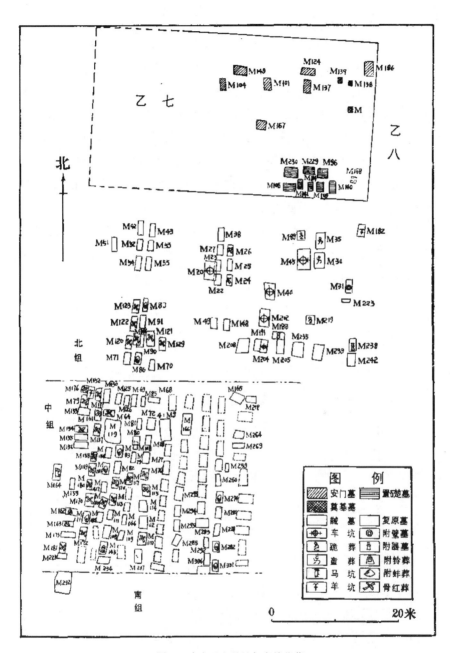

图一 小屯乙七基址与有关墓葬

（采自北京大学历史系考古教研室商周组编著：《商周考古》，北京：文物出版社，1979 年，第
77 页）

书·甘誓》中夏启要求将士道："左不攻于左，汝不恭命；右不攻于右，汝不恭命；御非其马之正，汝不恭命。"这也是"一车三甲士"的真实写照。这三人中，中者为御，左者为射，右者为击，构成了一个独立的战斗堡垒。

复次，殷代车兵的格斗武器是戈而不是矛，以上 10 个车马坑中出戈的有 6 个，占 60%，无一出矛。《诗经·鲁颂·閟宫》郑笺云："左人持弓，右人持矛，中人御。"这是不对的，右人所持的兵器应该是戈而不是矛。

尽管如此，车兵的人数和规模应该远远小于步兵，如果要做一个数量化的推测，应该大致为十比一的样子。但车兵往往是由贵族担任，身份大大高于步卒，因此反而更受重视。

除过作为主力的步兵和车兵，商代已经出现了骑兵和一定数量的水兵。

狩猎时有骑兵：

> 王狩敝，祝车马□，祝坠在车，禽马亦有坠。(《合集》11446—11449)

在田猎卜辞中有令"马"追逐野兽的，如：

> 多马逐鹿，获。(《合集》5775 正)
> 壬子卜……马逐……王占曰……允获五。(《合集》10833)

能够用来追逐奔跑的麋鹿，一定是骑马的士兵。由于骑兵的速度快，便能胜任这一职责。能追逐野兽，也就能够掳掠奴隶：

> 贞，[狸]以三十马允其执羌，贞，狸三十马弗其执羌。(《合集》500 正)

商王常令人去"执羌"，其实就是掳掠羌人作为奴隶。如《合集》22043："丁未卜，贞，令戍、光有获羌刍五十。"《合集》94 正："甲辰卜，亘贞，今三月光呼来。王固曰：其呼来。迄至惟乙。旬有二日乙卯，允有来自光，致羌刍五十。"因此，这条卜辞就是卜问是否让狸以三十名骑兵去"获羌"。

骑兵参与战斗的卜辞也能见到。

> 癸巳卜，宾贞，多马遇戎。(《合集》5715)

丁亥卜,贞,多马从戎。(《合集》5716)

在战争中,骑兵的机动性最好。以下几条卜辞是卜问是否以骑兵部队先行,先行是否会遇上大雨。

贞勿先马。(《合集》5726)
今日辛亥,马其先,不遇大[雨]。(《合集》27949)
先马其悔雨。(《合集》27951)
其呼马先弗悔,不……大吉。
……大雨。(《合集》27954)

《合集》27949

以上卜问雨的几条卜辞可能是同一次占卜的记录,说的是同一件事。对于骑兵来说,遇上大雨其机动性发挥不出来,因此在这里反复贞问是否会遇上大雨。至于骑兵队伍的性质,就像我们在前面推测的那样,主要担任宿卫任务,属于禁卫部队,因此它是常备的。这一点我们可以从以下卜辞得到证明。

　　贞,令多马卫于北。(《合集》5711)

　　□□卜,宾贞,[令]遇以多马卫□。(《合集》5712)

　　贞,[多]马卫……(《合集》5714)

　　□酉卜……马。庚戌卜,乎射□。(《合集》5782)

　　惟马亡乎射羍。惟多马呼射羍。(《合集》27942)

　　上引前三条卜辞是直接说明"马"的职能在于"卫",后两条卜辞说明"马"常常与"射"一起行动。"射"的性质,根据王宇信先生的研究,商代有 100 人的射队组织,在王身边保护王的安全,[①] 林沄先生以为"射"可能是常备部队,也是有道理的。[②] 这也是我们认为"马"是禁卫部队的一个旁证。

　　"马"的编制,大概也应该是符合十进制原则的。每队骑兵的人数应该为 100 人。宋镇豪先生认为甲骨文中的"师"是车骑相配的组合,每师有三个车队,三个骑兵队,每队骑兵有 300 人组成。[③] 实际上这种情况是不存在的,只是由于分左中右三队联合出动,才留下了"三百"的记录,试看下面的卜辞:

　　丙申卜,贞,吐马,左、右、中人,三百,六月。(《合集》5825)

　　骑兵不是作战时的主力部队,其编制数量不会太大应该是没有疑问的。卜辞中习见"多马",可见骑兵步队有很多支,由于单个力量有限,便常常联合行动。除过上引卜辞中的"多马"外,还有:

　　……多马羌臣……(《合集》5718)

　　令多马。(《合集》5719)

　　贞,崇马雍呼多马。(《合集》5723)

　　……勿祀……多马……(《合集》5724)

　　关于商代是否存在骑兵一直是一个有争议的话题。王贵民先生认

---

① 王宇信:《甲骨文"马"、"射"的再考察——兼驳马、射与战车相配置》,《第三届国际中国文字学研讨会论文集》,香港中文大学中国语言及文学系,1997 年。

② 林沄:《商代兵制管窥》,《林沄学术文集》,北京:中国大百科全书出版社,1998 年。

③ 宋镇豪:《商代军事制度》,胡庆钧主编:《早期奴隶制社会比较研究》,北京:中国社会科学出版社,1996 年。

为商代没有骑马术,故无骑兵,他认为甲骨文中的"马"数是指车数,这样的解释有些失之迂曲。事实上,早在1936年,史语所在第13次发掘安阳时,曾发现了一座人马合葬墓(M164),墓中除埋一人一马外,还有一犬和一套兵器、一件玉刺。石璋如先生就认为这是一位骑士。[1]在陕西西安的老牛坡遗址也有人马犬合葬的发现。[2]于省吾也认为"殷代的单骑和骑射都已经盛行了",[3]另外王宇信、宋镇豪等先生也认为商代应该已经出现了骑兵和骑兵部队,他们也都对商代骑兵部队的编制作了推测。认为商代没有骑兵的学者大多受战国时才有骑兵的思想影响,对卜辞中关于骑兵的记载不是视而不见,就是强作他解,这样是不对的。我们认为商代存在骑兵和一定数量的骑兵部队是没有疑问的。但由于缺乏后世才出现的一些装具,比如马镫、马鞍等,当时的骑术还很不成熟,骑兵只能承担一些辅助性的作战任务。在平时,作为王的护卫,其机动性和快速反应能力还是要比车兵和步兵优越。这个时候的骑兵所使用的武器可能主要是弓矢,有些学者认为在马上颠簸,不利于射击,但如果在停止状态下,近距离射击时,骑兵居高临下,明显优于步兵。作为禁卫部队,其作战对象往往不是正规部队,这种战法还是可取的。

水兵。《竹书纪年》记夏代帝相二十七年,"浇伐斟鄩,大战于潍,覆其舟,灭之"。[4]《楚辞·天问》:"释舟陵行,何以迁之,……覆舟斟寻,何道取之。"[5]讲的都是水兵作战的战例。卜辞中也不乏这样的信息:

> 王其率舟于滴。(《合集》24608)
> 王其率舟于河。(《合集》24609)
> 叀微用泘于之,戋敵方,不雉众。(《合集》27996)
> 贞,立二史,有□舟。(《合集》5507)

前两条卜辞是说王亲率水军出战,足见规模之大。第三条卜辞说明,在作战中使用了舟船,第四条卜辞说明"舟"是由二"史"来管理的,

① 石璋如:《殷代的策》,《历史语言研究所集刊》,第22本。
② 刘士莪、宋新潮:《西安老牛坡商代墓地的发掘》,《文物》1988年第6期。
③ 于省吾:《殷代的交通工具和驲传制度》,《东北人民大学社会科学学报》,1973年第2期。
④ 方诗铭、王修龄:《古本竹书纪年辑证》,第205页。
⑤ (宋)朱熹撰,蒋立甫校点:《楚辞集注》,上海:上海古籍出版社,2001年,第61页。

《合集》24609

如前所述,甲骨文中"史"常常也担任武职,因此宋镇豪先生认为"舟兵至少亦分左右编制,择官分掌之"①。但以上几条卜辞毕竟属于孤证,不能很好说明问题。甲骨文中有"㲉"(《合集》11477),表示船队,卜辞中的"受"字"从二又从舟,盖象甲以一手授舟,乙以一手受之"。②古人会意造字,所举的事物常常都是日常习见、人人知晓的东西,如此看来,商代用舟自然很是频繁。两军作战,形势难以逆料,有江有河,当然要有水兵。只是当时水兵的规模想必不是很大,使用也不是很多,因而卜辞所见也就稀少了。

二、兵器配置

我国古代的兵器从其功能上一般可以分为主战兵器和防护装具,主战兵器包括远射兵器(弓矢、弩机等)和格斗兵器,而格斗兵器又可以细分为长兵器和短兵器。其分类关系如下图所示:

① 宋镇豪:《商代军事制度》,胡庆钧主编:《早期奴隶制社会比较研究》,北京:中国社会科学出版社,1996年。
② 杨树达:《卜辞琐记》,上海:上海古籍出版社,1986年,第19页。

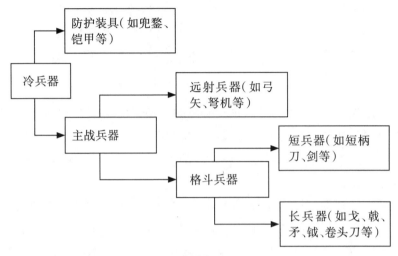

图二 冷兵器分类示意图

从考古出土资料来看,商代的冷兵器系统已经非常完备。为了能够说明问题,我们对商代出土的兵器试做一个比较全面的考察。从时间上以殷墟时期为主,上溯到二里冈和二里头晚期,从空间上以安阳殷墟为主,对周边地区的考古收获也附带加以讨论。戈和矛是主要的作战武器,其形制的变化很能说明作战方式和战阵组合等问题,我们在这一方面会用更多的笔墨。

防护装具。商代的防护装具主要有铜胄和皮甲。目前发现的胄都集中在侯家庄西北冈 HPKM1004 南墓道北段,共有 141 顶,与大量的戈矛同出。其整体形象如同现在的钢盔,正下方有一个长方形缺口。[1] 皮甲也是在这里发现的,不过由于年代久远,这些皮甲只剩下了皮革腐烂后遗留在土上的纹理,有黑、红、白、黄四色的图案花纹。发现的两处残迹,最大直径都在 40 厘米左右,看来还是一块整片的皮甲。可以设想这些皮甲的造型是很华美的,以此推断商代甲士使用皮甲较为普遍,皮甲的制作也已经相当成熟了。关于古人皮甲的制作程式,《左传·宣公二年》中的一段记载很能说明问题:

① 中国社会科学院考古研究所:《殷墟的发现与研究》,第 315 页。

宋城,华元为植,巡功。城者讴曰:"睅其目,皤其腹,弃甲而复。
于思于思,弃甲复来。"使其骖乘谓之曰:"牛则有皮,犀兕尚多,弃
甲则那?"役人曰:"从其有皮,丹漆若何?"华元曰:"去之,夫其口
众我寡。"①

通过这段对话,我们可以窥探春秋时期铠甲的制作程式:先裁兽皮,
再上丹漆。从考古出土的商代残甲遗迹来看,商代皮甲的制作大概也应
该是这样的。由于皮和丹漆等原材料的限制,可能只有甲士才能配置甲
胄等防护装具。

另一个值得讨论的防护装具是盾。《尚书·牧誓》云:"称而戈,比
而干。"注:"'干',即楯,古代的防御武器。"②这是商代末期的情况。甲
骨文中也有"盾"的象形字。从安阳殷墟的考古遗存来看,盾在商代一
直是很常用的防护装具之一。解放前就在小屯的车马坑中发现过盾的
遗迹,盾的大量发现是在侯家庄1003号墓,这些盾与戈矛同出。根据
成东的研究,商代的盾分为步盾和车盾两种,多为长方形,盾高在1米以
下,宽60—80厘米,下端一般比上端宽3—5厘米,与金文中"盾"的形
象吻合。③

远射兵器。《尉缭子·制谈》云:"杀人于百步之外者,弓矢也;杀人
于五十步之内者,矛戟也。"④在古代,弓矢一直是受兵家重视的武器。传
说弓矢为后羿所发明,也有归功于黄帝、尧、舜的,或者归功于黄帝的臣
子,认为"挥作弓"、"夷牟作矢"。⑤在二里头遗址和东下冯遗址都发现
了属于二里头时期的青铜箭镞,在安阳殷墟遗址,青铜镞更是大量地发
现,但是终商一代,骨镞和石镞一直在使用,例如后期的车马坑乙七基址
M20中,发现了两个装满箭的矢箙,每箙十箭,其中一个箙内的箭上装
着铜镞,而另一个箙内的箭上全装着石镞。另外,骨质的箭镞也一直被
使用。至于弓,根据杨泓的研究,商代战车上的弓长为160厘米,与人身

① (晋)杜预注:《春秋左传集解》,第537页。
② 顾颉刚、刘起釪:《尚书校释译论》,第1095、1098页。
③ 成东:《先秦时期的盾》,《考古》1989年第1期。
④ 华陆综注译:《尉缭子注译》,第8页。
⑤ (汉)宋衷注,(清)秦嘉谟等辑:《世本八种》,上海:商务印书馆,1957年,第359页。

相近。^①

　　短兵器。这一时期用于卫体的短兵器还很少,在殷墟发现的短兵器主要是直柄刀,^②但这种直柄刀的数量是极其有限的,根据刘一曼的统计,共有27件,其中属于Ⅰ式的7件,Ⅱ式的6件,Ⅲ式的14件。需要说明的是,根据刘氏的研究,Ⅰ、Ⅱ式中规格较大的属于武器,Ⅲ式直柄刀用于武器的很少,一般用作厨刀或礼器。另外在殷墟出土的兽首刀(约10件)一直被认为是武器,^③但刘一曼秉承陈梦家的观点,^④排除了兽首刀和环首刀是武器的可能,并作了进一步的阐述:"其一,如果兽头刀果真是车兵随身必备的格斗武器,那么在殷代的战车上它应常与铜戈、铜镞同出。殷墟发掘以来共发现二十座车马坑,其中九座随葬武器,车厢内放铜戈(或石戈)、铜镞、骨镞、弓形器等兵器,属战车。九辆战车中,出铜刀的有小屯M20、M40、大司空村M175、M292四座,不足二分之一,而出兽头刀的又只M20一座,可见战车上放置兽头刀是一个特殊的例子。……其三,兽头刀的刀身与环首刀近似,其功能也应大体相同,即用作生产工具和生活用具。"^⑤在排除了兽首刀和环首刀作为武器的可能性之后,剩下的就只有直柄刀了。上文说过,直柄刀共发现27件,其中也只有部分属于兵器,如此一来,殷墟中用作武器的直柄刀就少之又少了。据此我们认为在商代用作卫体的短兵器使用还不很广泛,可能只是军队中的中上层武官,其身份也应当是贵族。周边地区的考古遗址也能证明这一看法,在殷墟以外,属于商代晚期的短兵器发现也是很有限的,主要有河北张化出土的鹿首曲柄剑,青龙抄道沟出土的羊首曲柄剑,山西石楼后兰家沟出土的镂空蛇纹短刀,保德林遮峪商代晚期青铜器中

---

① 杨泓:《中国古兵器论丛》,北京:文物出版社,1985年,第200页。
② 殷墟出土刀的分类、命名和式别,我们以刘一曼在《殷墟青铜刀》一文中的观点为依据。刘文参见《殷墟青铜刀》,《考古》1993年第2期。
③ 石璋如认为出土于小屯M20车马坑的三把兽首刀是兵器,参看石璋如:《殷墟最近之重要发现附论小屯地层》,《中国考古学报》第二册,1947年。李济也曾谈道:"三兽头刀显然是车上三武士武装之一部,与矢镞及句兵放置在同一地位,好像是战国时所用的'剑'的前身,预备短兵相接作白刃战的。"李说见《记小屯出土之青铜器》(中篇),《中国考古学报》第四册,1949年。
④ 陈梦家以为兽首刀和环首刀都是一种工具刀,是维修兵器时用的,其凸起的锋刃利于削和割。成套兵器之中,戈需要安秘并用绳革等物绑缚。箙也需要绑缚。因此这种小刀是用来削竹木与割绳革的。陈说见《殷代铜器》,《考古学报》第七册,1954年。
⑤ 刘一曼:《殷墟青铜刀》,《考古》1993年第2期。

的铃首剑,河北藁城台西的兽首匕,陕西码头村出土的蛇首匕,[①] 这些青铜刀剑大都在北方地区出土,根据郑绍宗的研究,其时代应该在商代晚期,其数量不过几件。[②] 显然周边地区和中原地区一样,用于防身卫体的短兵器非常少,因此佩带这些短兵器的只能是高级贵族或武官。

长兵器。商代的长兵器主要是戈和矛,钺、卷头刀主要用于军事礼仪。

钺。钺的前身是斧,二者形制不好区分,在一些考古报告中常常斧钺混称,《左传·昭公十五年》疏:"钺大而斧小。" 显然古人也是分不清钺和斧的。斧产生的时间很早,在旧石器中晚期的河套文化和山顶洞文化中就有发现,斧之所以能够成为原始人最先发明的有刃工具,这取决于它特有的形制。斧刃薄内厚,质量大,在挥舞时动能大,因此具有较强的瞬时切割效能。进入文明时代以后,斧自然就成了首选的武器,这就是钺了。在新石器时代的考古文化遗存中已经出现了石钺,如安徽潜山薛家岗、湖北天门石家河遗址就出有这种石钺。在二里头遗址中也发现了钺形器。能够确定为商代的青铜钺在二里冈时期已经出土较多,其中二里冈出土一件,[③] 湖北黄陂盘龙城出土二件,河北藁城台西和北京平谷刘家河各一件铁刃铜钺,另外在江西清江吴城发现了钺范。河南灵宝出土的一件雷纹铜钺,根据简报讲,其时代晚于二里冈而早于殷墟。商代后期,也就是考古学上的殷墟时期,钺的数量增多,仅殷墟就发现18件,[④] 此外,山东益都苏埠屯一号墓室后部并列有两件铜钺。这一时期的铜钺往往体型较大,如妇好墓中的铜钺一件通长达39.5厘米,一件通长达38.5厘米。而二里冈时期的青铜钺一般较小,除过盘龙城的一件为通长41厘米外,其余均在10到20厘米。除过体型大之外,这一时期的

① 郑绍宗:《中国北方地区青铜短剑的分期及形制研究》,《文物》1984 年第 2 期;河北省文物局文化工作队:《河北青龙县抄道沟发现一批青铜器》,《考古》1962 年第 12 期;郭勇:《石楼后兰家沟发现商代青铜器简报》,《文物》1962 年第 4 期;吴振录:《保德县新发现的殷代青铜器》,《文物》1972 年第 4 期;河北省博物馆、文物管理处:《河北藁城台西村的商代遗址》,《考古》1973 年第 5 期;朱捷元等:《陕西绥德墕头村发现一批商代窖藏铜器》,《文物》1975 年第 2 期。
② 郑绍宗:《中国北方青铜短剑及形制研究》,《文物》1984 年第 2 期。
③ 关于铜钺的考古资料均来自于杜酒松的统计,参看杜文《青铜钺的初步研究》,《考古与文物》1983 年第 5 期。
④ 刘一曼:《论安阳殷墟墓葬青铜武器的组合》,《考古》2002 年第 3 期。

青铜钺一般都具有透雕或浮雕的装饰纹样,如苏埠屯出土的青铜钺上有浮雕人面,妇好墓钺铸有平雕的二虎食人象,有的铜钺上还镶嵌有绿松石作为装饰。上述情况说明,这些青铜钺都不是实用武器,应该是用于军事礼仪中的礼器。这一点从文献中也能得到证明。《诗经·大雅·长发》曰:"武王载旆,有虔秉钺,如火烈烈,则莫我敢曷。"① 武王指成汤。显然这里的钺象征着一种强大的军事力量。又《史记·殷本纪》云:"赐弓矢斧钺,使得征伐,为西伯。"② 这种通过赐斧钺来给与军事上的征伐权限的礼仪一直延续下来,西周孝王时期的虢季子白盘(《集成》10173)铭云:"赐用钺,用征蛮方。"《左传·昭公十五年》载:"戚钺……文公受之,抚征东夏。"由于钺是一种军事礼器,它便常常被把持在高级贵族的手中,如《史记·殷本纪》:"汤自把钺,以伐昆吾,遂伐桀。"《尚书·牧誓》:"王左杖黄钺,右秉白旄以麾。"《史记·周本纪》:"周公旦把大钺,毕公把小钺,以夹武王。"顺便说一下,文献中还有一种称为"戚"的兵器,其形制同钺类似而形体更小,这也不是实用兵器,而是一种道具。《礼记·明堂位》:"朱干玉戚,冕而舞大武。"《夏小正》"万用入学"句下戴传云:"万也者,干戚舞也。"③ 由此看来,古人的武舞和万舞④就是一手执干,一手执戚,即"执干戚舞"是也。1960 年,湖北荆门县车桥大坝地区一竖穴墓中发现了一件战国时期的铜戚,上面有铭文"大武開兵",俞伟超先生曾有专文讨论,谓其为宗庙祭祀时歌舞所用。⑤

　　卷头刀。商周金文中有卷头刀的象形字,如子刀父辛鼎(《三代》2.39)上的"刀"字,刀头弯卷,其下部与金文"戈"字一样,长柲之下有鐏。父辛簋(《三代》6.16)上的人持卷头刀的字与人持戈的字结构相似,反映出卷头刀的功能与铜戈是一样的,用作武器。这类刀形体较大,刀锋勾卷,刃较长,刀背大多有穿或有銎,使用时要安上长柲,便于砍伐。卷头刀在殷墟出土 7 次,其中侯家庄 M1355 一次就出土 9 把,且与多具

---

① (唐)孔颖达:《毛诗正义》,第 1459 页。

② (汉)司马迁:《史记》,第 106 页。

③ (清)王聘珍撰,王文锦点校:《大戴礼记解诂》,北京:中华书局,1983 年,第 31 页。

④ 《诗经·邶风·简兮》毛传云:"以干羽为万舞。"这是文舞。戴传所指是武舞,周人用于宗庙的文、武二舞都是大舞。

⑤ 俞伟超:《"大武開兵"铜戚与巴人的"大武"舞》,《考古》1963 年第 3 期。

被斩头人骨架同出，[①] 所以卷头刀是武器无疑。但是这种武器似乎也不是普遍装备使用的武器，它跟钺一样具有军礼器的性质。"应当指出的是，卷头刀与戈、矛一类的武器在墓葬中出土的情况是有差别的。后者出土相当普遍，大、中、小墓（包括不出青铜礼器、没有棺椁的小墓）都有发现。可见它们是从将领到普通战士都使用的武器，而前者则不然，出土数量较少，在只随葬陶器的小墓中至今没有发现。"[②] 比殷墟更早的西安老牛坡遗址出土过一件卷头刀，在山西石楼义牒、陕西绥德后任家沟各出一件銎内卷头刀。

　　总体来说，卷头刀和钺的数量较少，且所从出的墓规格一般较高，因此它们都不是普通战士使用的武器，尤其是钺，更多的是一种体现军事礼仪的礼器。而戈和矛则不同，其出土数量远远大于前者，而且大中小墓中都有发现，说明它们是普通和常用的武器，下面我们加以分析。

　　矛。商代的青铜矛在晚期大量出现，其总数超过了戈，为970件，戈是800件左右，[③] 这970件矛中有900件左右出自安阳殷墟。但商代青铜矛最早出现的地点不在中原地区，而是在北方的吉林奈曼后班鸠和南方的黄陂盘龙城，就连殷墟的矛也是在二期才开始出现的。从出土情况来看商代中期的矛只有7件，其中湖北黄陂盘龙城3件，吉林奈曼后班鸠1件，河北藁城台西2件，河南安阳三家庄1件。根据沈融先生的研究，商代中期青铜矛的发展存在南群和北群两个谱系，渐次向中原移动，这一情况与戈由中原呈放射状向四周发展刚好相反。中原地区最早的青铜矛出土于河南安阳三家庄，时间相当于商代的中期，进入殷墟二期以后，矛开始大量出现，安阳侯家庄M1004一次出土731件，安阳大司空村出土30余件，安阳殷墟西区出土100余件。毫无疑问，青铜矛在商代晚期达到了鼎盛时期，但奇怪的是，进入西周以后，青铜矛出土的数量却出现了锐减的趋势，终西周之世不过37件。其数量变化是这样的：商中期7件，商晚期964件，西周早期25件，西周中期7件，西周晚期2件。可图解如下：

---

① 郭宝钧:《殷周的青铜武器》,《考古》1961年第2期。
② 刘一曼:《殷墟青铜刀》,《考古》1993年第2期。
③ 有关青铜戈矛的相关数据如无特别注明的,均来自沈融:《商与西周青铜矛研究》,《考古学报》1998年第4期。

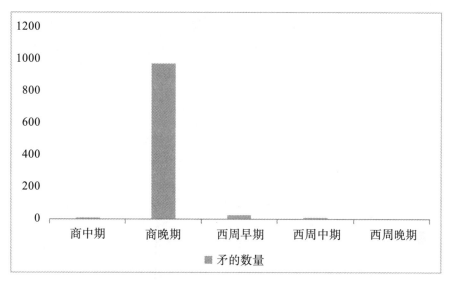

图三　商周时期考古出土青铜矛数量变化图

　　造成这一情况的原因需要从戈矛的构造及当时的授兵制度去寻找。沈融在比较矛和戈的性能时说："商族武士的传统兵器是青铜戈，主要是无胡无穿的早期青铜戈……以啄击为主，是一种啄兵。啄兵可用于步战，但存在明显的不足之处：打击方向不易改变，使敌人易于回避；进攻频率较低，易于丢失战机。矛是一种刺兵，可以灵活地调整进攻方向，使敌人难以回避；进攻频率较高，易于把握战机。在步战条件下，青铜戈、矛孰优孰劣是显而易见的。"他又说："矛刺一点，只有在高低左右均无差池的前提下才可以奏效，这在车战条件下是不易做到的。"这说明矛是一种适合于步战而不适合于车战的兵器。我们知道车战最早是从中原兴起的，南方和北方地区以步战为主，因而矛率先在南方和北方得到发展，再向中原传播。商代晚期步兵的大量出现，使矛得以发展。矛是配置给步卒徒兵的武器，而徒兵在商代社会是由下层平民充当，不像车兵一样是贵族身份，这些徒兵往往没有属于自己的兵器，在临战时由国家或所属贵族授予兵器。因此矛这种武器也就不可能像戈一样大量随葬，著名的妇好墓出土戈达91件，却没有一件矛。戈是中国独有的兵器，起源于中原地区，在二里头文化三期就已经有直内戈和曲内戈，^①然后呈放射态势向周围地区传播。戈的形制比矛复杂得多，因此研究戈的学者对戈的类型划分也就五花八门，这里不打算对戈的类型进行具体的讨论，只是想指出戈的几个类型特征是怎样发生变化的，并据此来说明戈的攻杀功能如何由啄转化为勾的。

　　为了讨论方便，我们在这里用图示的方式说明戈各部位的名称（图四）。

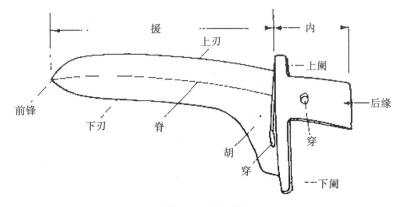

图四　戈头示意图

　　我们主要从两个方面讨论戈形制的变化。一、安柄方式，即内（銎）的变化。早期青铜戈大概有三种装柲方式：裂柄式，即将戈柲劈开或锯开一条数寸长的缝，将内部沿栏夹入柲缝，再用兽筋皮条把戈体缠缚在戈柲上；銎内式，即将柲端稍加削制后插入銎孔，再在銎壁和柲端之间打上木楔；榫孔式，即在近柲端处凿一大小与内截面相当的长方孔，将内插入柲孔，再用兽筋皮条予以固定。^②从上面三种不同的安柄方式可以明显看出，銎式戈和曲内戈容易前脱，^③说明其设计的受力点在援的喙部，援的下部不能承受太大的力量，否则戈头会脱落，这是啄兵的特点。而直内戈，尤其是那些无阑直内戈，喙部不能受力，否则戈体会后陷，由于内插入柄中，不易前脱，下援便成了主要的受力部位，这是勾兵的特点。

――――――――――
① 中国社会科学院考古研究所二里头工作队：《偃师二里头遗址新发现的铜器和玉器》，《考古》
　　1976 年第 4 期。
② 郭宝钧：《商周的青铜武器》，《考古》1961 年第 2 期。
③ 由于是曲内，所以装柄方式是裂柲式。

二、援和胡的变化。援的上翘和胡的出现以及不断加长,使戈援下部和紧贴柄的胡形成一个钝角,这个钝角以内是戈完成勾、伐等攻杀功能的区域,这是戈成熟为一种勾兵的标志。

有了这样的认识,我们便能对商代出土的青铜戈作一个简单分析。

《殷墟的发现和研究》一书将殷墟的青铜戈可以分为以下几式:

ＡⅠ式:窄长援,长方形内,有上下阑,内中部一穿或援末一穿。

ＡⅡ式:三角形援,长方形内,有上下阑,有的有侧阑,内中部一穿。

ＡⅢ式:三角形援,较短。长方形内,较长。援末有一个长方形穿。

ＢⅠ式:窄长援,磬折形曲内,有上下阑,内部有穿。有些内上有纹饰;有些援、内上都有瑰丽的纹饰。

ＢⅡ式:形似ＢⅠ,但援较宽,内部有銎。

ＢⅢ式:长条形援,屈内歧冠,有上下阑,内上一穿。内大多作鸟形。

ＢⅣ式:长条形援,内呈方钩形,内末有歧冠。多数质轻薄,无纹饰,似为明器。

ＣⅠ式:三角长条形援,短胡一穿或二穿,长方形内。有的内部有纹饰。

ＣⅡ式:形似ＣⅠ式,但胡较长,有三穿或四穿。

ＤⅠ式:援部呈舌状,较宽短,长方形銎内。

ＤⅡ式:长条三角形援,长方形銎内。有的内部有纹饰。

ＤⅢ式:长条形援,短胡一穿,长方形銎内,内较窄长。

基于上面的式别划分,书中对殷墟青铜戈演变的概况作了分析,并列出了一个简表:①

表3　殷墟青铜戈演化分析表

分期	第一期	第二期	第三期	第四期
戈的式别	ＡⅠ→ ＢⅠ→ ＤⅠ→	ＡⅡ→ ＢⅡ ＢⅢ ＤⅡ→	ＡⅢ ＢⅣ(铜质) ＤⅡ→	ＣⅠ→ＣⅡ ＢⅣ(铅质) ＤⅢ

① 中国社会科学院考古研究所:《殷墟的发现与研究》,第308—311页。

殷墟近二十多年来的墓葬分期及出土资料表明,AⅠ、AⅡ、BⅠ、DⅠ式戈在殷墟第一期墓的早段和晚段分别有所出土,有的墓(武官村M1)四种型式的戈同时并存;BⅢ、DⅡ式戈在第二期中分别有所出土,BⅠ、BⅡ式戈亦有所见,但不占主要地位;BⅣ式戈在第三期墓中较多见,偶然也在第二期偏晚阶段的墓中出现,BⅢ、DⅡ式戈数量不是很多;CⅠ、CⅡ、DⅢ式戈均见于第四期墓,其中的CⅠ、CⅡ式戈是第四期墓中最常见的式别。① 第四期中的铜戈主要是直内有胡戈,而DⅢ鋬式戈的数量很少,至于BⅣ式的曲内戈不仅数量不多,而且多是明器。

通过以上两方面的分析,我们可以简单勾勒商代青铜戈发展的基本脉络,这就是由前期的啄兵向后期的勾兵发展,作为勾兵的戈又增加了砍伐的功能。从二里头到二里冈期,青铜戈的使用方法以啄击为主,侧刃的作用一般不易发挥;从殷墟早期到殷墟中期,青铜戈的形制趋于多样化,使用方法也各有发展,表现为啄击功能的完善和其他功能的加强。侧刃,特别是下刃的作用受到重视。正如沈融先生指出的那样:"无胡无穿的早期青铜戈不是严格意义上的勾兵,而是啄兵。从啄兵到勾兵,是中国青铜戈进化史上的一次重大变革,这次变革始于殷墟晚期,以该阶段援部上仰的有胡穿戈的出现为标志,完成于西周年间。"

殳。《尚书·武成》:"血流漂杵",② 说的是牧野之战的情景,杵就是殳。史籍中有关殳的名称,最早见于《诗经·卫风·伯兮》,云:"伯也执殳,为王前驱。"③《周礼·夏官·司兵》云:"掌五兵、五盾⋯⋯军事,建车之五兵。"郑玄注:"郑司农云,五兵者,戈、殳、戟、酋矛、夷矛。"④ 西周晚期把殳列入"车之五兵",是实战兵器。至于殳的形制,汉代刘熙的《释名》解释说:"殳,殊也,长丈二尺而无刃。有所撞挃于车上,使殊离也。"⑤《说文》:"殳,以杸殊人也。《礼》:殳以积竹,八觚,长丈二尺,建于兵车。"⑥ 汉代人的解释显然是把礼仪用的"晋殳"误作先秦的实战兵器

① 中国社会科学院考古研究所:《殷墟的发现与研究》,第310页,此处所论戈的式别以原书为准。
② (汉)孔安国注:《尚书正义(二)》,济南:山东画报出版社,2004年,第364页。
③ (唐)孔颖达疏:《毛诗正义》,第242页。
④ (清)孙诒让:《周礼正义》,第2545、2548页。
⑤ (清)王先谦撰集:《释名疏证补》,上海:上海古籍出版社,1984年,第347—348页。
⑥ (汉)许慎:《说文解字》,北京:中华书局,1963年,第66页。

了。考古发掘所见多为战国时期的殳，如曾侯乙墓出土的锐殳，安徽寿县蔡侯墓、湖南长沙战国楚墓、秦始皇陵等也有殳的出土。[①] 这一时期的殳都有铁制的殳头，因而得以保存。商代的殳可能只是一个简单的木棒，所以能为流血所漂，才会有这一夸张性的描述。没有用金属制作的殳头，在考古发掘中就很难见到了。考虑到商代青铜武器制作的规模还不是非常大，士兵用殳是完全可能的。

在讨论了商代的兵器之后，我们可以对商代的战阵形式作一个初步的分析。我们认为殷代的车步联合作战队形应该是步兵方阵居前，战车排成横队殿后，战车之后应该有少量的护卫步兵，同样组合的军事组织共三组按左中右列开成为一个完整的战阵。步兵的兵器早期有戈、殳、弓矢，到晚期有矛、戈、殳、弓矢，其中矛应该是大量装备的。

有些研究者以殷墟小屯宫殿区乙七基址之南，乙十二基址之北和西发现的密集小葬坑来讨论殷代的战阵（图一），石璋如先生把葬区分为北、中、南三组。他认为："这三组墓也可以说是一个较大的结构，很可能的代表着军事的组织。"[②] "东边的十一行组成了一个方阵。这个方阵由左、中、右三队合成。"[③] 北京大学历史系考古教研室商周组编写的《商周考古》一书对此也有过分析，该书认为，以步卒列为方阵居前（即所谓"中组"葬坑），以车队及其所属徒兵随后（即所谓"北组"葬坑），并进一步分析道："'北组'葬坑是以车为中心，以徒为附从排列的。车共5辆，分列为车形的中、左、右3组：中组3辆车在前（南边），呈直线纵列，每车3人2马，每人一套弓、矢、戈、刀、砺石等兵器；左右两组各1辆车居后（北边），每车3人4马，每人也各有一套兵器，车上3人，前面（在舆侧者）1人，车后2人。从其所持武器及其他器具，可知也是中、左、右排列：御者居中，射者居左，击者居右，中组最前1车的左右，并列3个较大的坑，每坑埋5人，应是同时的，这15人大概是随车的徒兵。"[④] 实际上上面的分析是存在一定问题的，比如北组墓中的5辆车，仅有1辆发现了随葬兵器，这就是M20，而M40、M202、M204没有发现兵器，M45因为

---

① 张洪久：《"殳"考》，《辽宁大学学报》1985年第5期。
② 石璋如：《殷墟建筑遗存》，台北：历史语言研究所，1959年，第299页。
③ 石璋如：《殷墟墓葬之二·中组墓葬》，台北：历史语言研究所，1972年，第336页。
④ 北京大学历史系考古教研室商周组：《商周考古》，第76页。

与 M20 处于对称位置,推测具有兵器。所以真正能够作为战车讨论的只有后面的 M20 和 M45 两座,至于 M204 右边的三个随葬坑为随车徒兵的说法,从出土位置观察,显见很牵强。我们认为,乙七基址之南、乙十二基址之北和西发现的密集小葬坑,只能说明笔者所推测的战车横排于后,步兵方阵居前的阵形,至于具体情况如随车徒兵的数目及排列等,目前似乎还不能从考古学上给予说明。

三、兵器的管制与发放

从考古发掘来看,商代的贵族墓中常常能够发现随葬兵器,甚至一些中小贵族和推测为平民的墓葬中也能发现。但从卜辞透露的信息来看,商代应该有统一管制和发放兵器的机构,如:

> 甲子卜,□贞,出兵［若］。(《合集》7204)
> 甲□卜,□贞,勿出兵［若］。(《合集》7205)

该辞是在卜问是否要发放兵器。既然国家军队的兵器统一管理和发放,属于贵族族武装使用的兵器当然也由该贵族统一管制和发放,后世的文献记载中也存在贵族拥有军事器械而临事发放的例证。《左传·襄公十年》载:"子西闻盗,不儆而出,尸而追盗,盗于入北宫,乃归授甲。臣姜

《合集》7205

多逃,器用多丧。子产闻盗,为门者,庀群司,闭府库,慎闭藏,完守备,成
列而后出,兵车十七乘,尸而攻盗于北宫。"①这说明在春秋时期贵族拥有
自己的军械库,商代的族武装又异常发达,据此推理,商代的大贵族也和
国家一样拥有一定数量的军械,临事召集族兵,授甲授兵。考古发现的
商代青铜冶铸遗址也大都在王侯贵族的都邑,如郑州商城、安阳殷墟等。
而且这些青铜作坊似乎存在着分工现象,至少不是所有的作坊都可以生
产武器,②这些青铜冶铸作坊中出土不少青铜兵器实物和陶范,可见青铜
兵器是由贵族统一生产,统一管理,统一发放的。但对许多墓葬随葬青
铜兵器的现象如何解释呢? 这就要涉及到商代的兵役制度。我们在上
文反复说明商代主要是临时征集制,就连师旅也是临时征集的,符合条
件的士兵平时为农,战时或演练时才予以征集,因此武器统一由国家管
理(贵族的族武装当然由贵族管理)。这只是问题的一个方面,另一方面
是,我们也指出商代存在一定数量的常备军,这些常备武装属于禁卫部
队,而这些士兵则是贵游子弟,他们是终身职业兵,因此他们就拥有属于
自己的兵器,死后可以随葬。为了验证上面的推论是否准确,我们可以
对只随葬矛和只随葬戈的墓进行比较分析。根据刘一曼在《论安阳殷墟
墓葬青铜武器的组合》一文中的统计,单独出青铜矛的墓有8座,每墓出
土1件或2件,其中7座无铜礼器,只有西区的M275出土礼器2件,也
都是质地粗劣的明器。而单独出青铜戈的墓竟达114座,占青铜武器墓
的57.87%。单墓出土最多的有13件戈,其中出土铜礼器的墓有38座,
占此类墓的33.33%。出土青铜礼器的铜戈墓,早期占的比例大,晚期所
占比例小。如殷墟第一期单出铜戈的墓8座,其中出土铜礼器的5座,
占62.5%;第二期铜戈墓53座,出土铜礼器的21座,占39.62%;第三
期铜戈墓15座,出土铜礼器的只有2座,占13.33%。③刘氏的统计显
示,持矛者的墓葬中几乎没别的礼器,说明他们社会地位低下,应该是平
民,在部队中充当步兵。而铜矛墓只有7座,仅仅相当于铜戈墓的5%
强,说明终身作为职业兵的持矛者极少,这完全符合我们在前文所作的

① (晋)杜预注:《春秋左传集解》,第873页。
② 参看中国社会科学院考古研究所:《殷墟的发现与研究》,第83—92页。
③ 刘一曼:《论安阳殷墟墓葬青铜武器的组合》,《考古》2002年第3期。

推论：大量的步卒由平民充当，战时临时征集，由国家或贵族配给武器，平时为农，这些人的职业性质自然是农了，而且他们手头也没有现成的兵器供其随葬。而持戈者则不同，他们的身份是各级贵族，战时作为各级军吏随军作战，平时各司其职，[①]但这里面有相当一部分中下级贵族本身就是职业兵，平时组成禁卫部队，担任驻跸和宿卫任务，战时作为车兵（也可以是武官）或随车的甲士参战。由于是贵族，也由于是职业兵，他们就有权拥有自己的武器，而这种武器恰恰就是戈，死后随葬也就是司空见惯的事了。刘一曼先生统计资料显示的"出土青铜礼器的铜戈墓，早期占的比例大，晚期所占比例小"这种现象，也很好解释，由于早期军队规模有限，担任职业兵的贵族都是地位较高者，而后期军队规模扩大，担任职业兵的人员范围进一步扩大，平民也在其中，这一点与铜矛墓多出现于后期是一个道理。

由于临时征集的是身份较低的贵族或平民，他们一般充当徒兵步卒，其使用的武器多为矛，由国家统一管理，这也是矛在墓葬中集中发现的原因。而常备的职业兵大都是贵游子弟，身份高，临战时往往是士官、车兵或随车甲士，其使用的武器也以戈为主，这也是戈在墓葬中所见较多，而集中发现较少的原因。

第四节　殷商王朝武装力量的领导体制

毫无疑问，殷商作为早期国家的典型形态，其最高首领，也就是商王拥有充分和绝对的权力，集族权、神权、政权和军权于一身。作为最高军事首长，商王处于王朝武装力量领导体制的顶端。但也需要看到，商王对王畿内和方国武装力量的领导权限有明显不同，即便王畿之内，王对师旅和族武装的领导权限也有差别。

---

① 有些学者认为殷代职官文武不分，诚然是这样，如郭家庄 M50 中出土有"作册"铭文的铜礼器，但墓中随葬了戈、矛、镞共 14 件，说明这个"作册"生前从事过军事活动。我们的意见是，遇到战事，殷代贵族都有参与作战的权利和义务，那些文职人员参战不是因为他们的职务，而是他们的贵族身份使然。既然这些贵族都是潜在的预备役军官，平时习武拥有武器也就成了其贵族身份的一个象征，随葬一部分兵器就是很自然的事情了。

一、作为最高军事首长的商王

首先,王有征发士卒、组建师旅的权力,在商王直接领有的王畿之内,这一权力似乎为王独有。卜辞中有关"登人"、"登旅"的辞条均为王卜辞,如:

> 庚子卜,宾贞,勿登人三千乎[伐]舌方,弗[其]受业又。(《合集》6169)

> 贞[登人]三千[乎伐]舌[方]受业又。贞,勿乎伐舌方。贞,勿登人三千。(《合集》39861)

> 庚寅卜,㱿贞,勿冒人三千乎望舌[方]。(《合集》6185)

> □寅卜,㫷贞,冒三千人伐。(《合集》7345)

> ……三千登旅……受……(《合集》5822)

同样,"作某师"卜辞也仅见于王卜辞,如:

> 丁酉,贞,王作三师,右、中、左。(《合集》33006)

这些由王下令征发的士卒所组建的师旅受王或王授权的将领率领参加军事作训,卜辞中甚至有"王旅"(《合集》5823)的称谓,是明显的证据。王与骑射部队的关系似乎更为密切,这与我们上文推测其承担宿卫任务是相吻合的。如:

> 癸卯卜,争贞,王令三百射。(《合集》5775 正)

> 王弜爻(学)马,无疾。(《合集》13705)

其中《合集》13705条卜辞似乎说明王指导了一次骑兵的训练。

王在王畿之内可以直接调动的武装力量还有王族的族武装,这与王既是王朝的最高首脑,也是王族的族长有关。卜辞中习称为"王族",如:

> 己亥,贞,令王族追召方及于□。(《合集》33017)

> 甲子卜,以王族伐兂方……(《屯南》2301)

> 王族其𡄞人方邑……(《屯南》2064)

> 贞勿乎王族凡于㐬。(《合集》6343)

王也可以授权某位将领率领王族,如下面的卜辞:

> 甲子卜,争,雀弗其乎王族来。
>
> 雀其乎王族来。(《合集》6946)

"子族"是与王族关系密切的同姓宗族,其武装力量仍然听从王的调遣。如:

> 贞,令多子族罘犬侯寇周叶王事。
>
> 贞,令多子族从犬罘盲咢叶王事。(《合集》6813)
>
> 癸未卜,争贞,令旒氏多子族寇周叶王事。(《合集》6814)

上引卜辞中的"叶王事"均与军事行动有关。由于王本人是王族的族长,当调动王族族武装采取军事行动时,多数情况下王无需亲自指挥军队,故此会授权一些高级将领率领王族,如前引《合集》6946条卜辞中的"雀"即代替王率领王族的将领。但其他宗族自有其族长,因此无需王或王指派将领来率领他们的族武装。王有时候出于军事行动的需要,甚至可以同时征发若干族武装共同行动,如:

> 己亥,历贞,三族王其令追召方及于Ⅰ●。(《合集》32815)
>
> □戌卜,争[贞],令三族从沚蔑伐土[方],受[又]。(《合集》6438)
>
> 王叀羡令五族戍羌[方]。(《合集》28053)
>
> 癸巳卜,王其令五族戍畓……伐弋。(《合集》28054)
>
> 五族其雉王众。(《合集》26879)
>
> □丑卜,五族戍,弗雉王[众],吉。(《合集》26880)

以上所论是王在王畿之内的军事领导权限。在王畿之外的方国,商王只是诸侯之长,而不像西周那样君臣名分已经明确,为诸侯之君,[①] 因而其军事领导权也是有限的。王可以调动诸侯的部队,如:

> 贞,呼涉吴师。(《合集》36482)
>
> 丙戌卜,贞,𦏧师在𢆉,不灾。(《通》558)

---

① 王国维:《殷周制度论》,《观堂集林》,第462—466页。

这些诸侯军队征调后可以由王亲率,亦或配合王族、子族的军事行动,如:

> 贞王重侯告从征人。(《合集》6460)
> 甲午王卜……余步从侯喜征人方。(《合集》36482)
> 丙子卜,今日执召方……令王族从甶……(《屯南》190)
> 己卯卜,允贞,令多子族从犬侯寇周。(《合集》6812)
> 贞,令多子族从犬眔甶罟叶王事。(《合集》6813)

尽管在卜辞中确实能够找到"某侯"的武装被调动随王、王族、子族行动的例子,但很少见到"某伯"的武装被调动的情形。我们推测,"侯"往往是处于王畿之内的小诸侯国,而伯居于一方,实力强大,商王很难调动其领有的军事力量。为此,商王采用加封其官爵,令其统领一方的策略或许更为妥当。比如商王文丁在"周人伐余无之戎,克之"以后,就曾命王季历为殷牧师。[①]

二、武官系统

在商王的领导之下,商王朝的军队构建了完整的武官系统。

师长。商代最大的军事编制单位是"师",师长应该是军队内部最高的军职。"师长"一词最早见于《尚书·盘庚》,殷王盘庚讲道:"邦伯、师长、百执事之人。"顾颉刚以为这里的"师长"是武官。[②]卜辞中常见"师某",如"师般"、"师高"等,当是担任"师长"之职的武官。

亚。卜辞所见"亚"多与征伐有关,如:"王令□亚其从钛伯伐□方"(《合集》36346),"贞亚伐□无灾"(《合集》39973)。又有"马亚"(《合集》5707、5709正、5710)、"射亚"(《合集》27941),当属兵种不同。无论从文献还是卜辞来看,"亚"的职位不低于甚至高于"师(长)",《尚书·牧誓》记武王的誓词中有"亚旅、师氏、千夫长、百夫长",这里的"亚旅"一职显然高于"师氏"。卜辞中"亚"可率领方伯出征,如上引《合集》36346:"王令□亚其从钛伯伐□方。"又以"亚"名者有"亚

---

① 方诗铭、王修龄:《古本竹书纪年辑证》,第35页。
② 顾颉刚、刘启釪:《盘庚三篇校释译论》,《历史学》1979年第1期。

《合集》27941

《合集》36346

雀"(《合集》5679），此为武丁卜辞，"雀"为武丁朝的一位高级将领，这也能说明"亚"的级别不低于"师（长）"。但"亚"所统领的军队数量是有限的，如《合集》26899："贞其令马亚射麋。"这样的射猎活动当不会动用万人这样的大建制军队。卜辞中常见"多亚"，如《合集》5677、5678、21704、21705、21706、21707，在上文论述"子族"时常见的"多子族"与此类同。卜辞中没有"多师"，是因为每"师"所统军队数量庞大，"师"的数量有限，反之，"多亚"习见，说明"亚"的数量较多，每"亚"所统军事力量必然有限。那么，"亚"的级别何以不低于甚至高于"师（长）"呢？我们认为"亚"属于常备的卫戍部队，卜辞中有"乃乎归卫射亚"（《合集》27941）是显证。正是由于其特殊的职能，才形成其规模小于"师"而级别高于师的情况，《尚书·牧誓》中"亚旅"排在"师氏"之前也可以作这样的理解。郭家庄 M160 出土铜戈、矛、大刀等武器 1127 件,青铜礼器达 41 件,显示墓主生前是一位高级武官。殷墟西区 M1713 随葬的青铜礼器铸有"亚鱼"的铭文,墓主人显然担任过"亚"的官职,铭文记载墓主人屡立战功,多次得到了商王的赏赐。从墓中随葬的器物来看,礼器有觚 2、爵 33、鼎 4,武器中引人注目的有 2 件青铜钺、2 件大刀,另外还有戈、矛各 30 件。这说明墓主人生前在军队中担任过很高的职务。[①]

有些书中认为"射"、"马亚"等都是武官,并把它单列出来,[②] 这样可能是不合适的。"马亚"跟"亚"是同一级别的武官,只是兵种不同,同样"射"也只是对兵种的界定,卜辞中自有"射亚"(《合集》27941)。

史。卜辞中可见"史"常参与征伐,如:

> 令我史步伐舌方。(《殷图》12.13)
> 癸亥卜,殼贞,我史戋缶。(《合集》6834)

"史"显然是一种武官,由其单独征伐舌方,可知其掌管的军队人数不少,但其级别如何,无从考证。

戍。卜辞中有"戍"参与征伐的记载,如:

> 戍畣羌方。(《合集》27977)
> 戍及戲方。(《合集》27997)
> 戍执征敠方。(《屯南》2651)

又,《屯南》2320 中"戍"有左、中、右之分。

小臣。卜辞中有"马小臣"参与军事行动。

> □来告,大方出伐我师,唯马小臣令。(《合集》27882)

"马"为兵种之区别,因此可以认为有"小臣"这样的武官,由于卜辞中"小臣"非常习见,这种称谓是否一种泛称,不能断定。况且未见"小臣"直接参与征伐的卜辞,所以只能判定"小臣"为一辅助性的军事官吏。

---

① 刘一曼:《论安阳殷墟青铜武器的组合》,《考古》2002 年第 3 期。
② 刘展:《中国古代军制史》,第 47 页。

《合集》27882

第五节　军事训练与赏罚

士兵的单兵技能训练以及作战单元的战阵训练是早期军事训练的主要内容,赏罚是军队中重要的激励机制。尽管受史料限制,我们不能系统讨论有商一代的军训和赏罚体制,但通过卜辞中透露的信息,也可做初步的说明。

一、训练与演习

军事训练。《孟子·滕文公上》云:"设为庠序学校以教之。庠者,养也。校者,教也。序者,射也。夏曰校,殷曰序,周曰庠。学则三代共之。"[①]说的是夏商周三代都有自己的学校,在学校的课程设置中射、御占有重要地位。《礼记·内则》云:"成童舞象,学射御。"[②]《尚书·尧典》中帝命夔"典乐,教胄子"。[③]成童、胄子、国子都是贵族子弟。《论语注疏》卷七《述而》云:"游于艺。"注云:"六艺谓礼、乐、射、驭、书、数也。《周

---

① (清)焦循:《孟子正义》,石家庄:河北人民出版社,1988年,第202页。

② (清)孙希旦撰,沈啸寰、王星贤点校:《礼记集解》,北京:中华书局,1989年,第770页。

③ 顾颉刚、刘起釪:《尚书校释译论》,第192页。

礼·保氏》云：'掌养国子,教之六艺。一曰五礼,二曰六乐,三曰五射,四曰五驭,五曰六书,六曰九数。'"①这些受教育的人当然是贵族,尤其在商代,更是如此。贵族天生就是职业兵,所以练习射、御自然是必不可少的了。卜辞中也不乏这样的记载,如：

> 癸巳卜,殻贞,令皁庠射。
> 贞,令皁庠三百射。(《合集》5770)
> 贞,令昊庠三百射。(《合集》5771)

未经训练的射手为新射,如：

> 令内以新射。(《合集》32996)
> 取□新射。(《合集》5784)
> 子画致先新射。(《合集》5785)

又有王亲自参与的训练活动,如：

> 王弜爻(学)马,无疾。(《合集》13705)
> 王学众伐于莞方。(《合集》32)

这里的"学"当是教的意思,"学众"就是"教众"、"训练众"的意思。②参与的人员有王、王子(子画),显见是贵族的军事训练。对贵族而言,这种单兵技术的训练应该是经常开展的。有时也有战阵的训练：

> 丁酉卜,其呼致多方小子小臣。
> 其教成。
> 亚立,其于右立。
> 其于左立。(《粹》1162)

军事演习。卜辞中常见田猎,如：

> 贞登人……呼涿……田。(《合集》40159)
> 乙卯卜,出贞,王行逐。(《合集》24445)
> 王其田于……惟犬师从。(《合集》27915)

---

① (曹魏)何晏注,(宋)邢昺疏：《论语注疏》,第97页。
② 孙海波：《甲骨文编》,北京：中华书局,1965年,第147页。

　　田猎的时候有军队参与,如上引卜辞中的"王行"就是指王的步兵部队,"犬师"就是犬侯的军队。《说文》云:"田,敶也",敶是陈的繁体字,陈与"阵"通。可见,当时的田猎犹如现在的实战演习一样,目的是演练军队的阵法和临战时的协同能力。也有"振旅"的卜辞:

　　　　丙子卜,贞,翌日丁丑王其振旅,征迤,不遘大雨,兹御。(《安明》3139)

　　　　丁丑,王卜,贞,其振旅,征迤于盂,往来无灾。王占曰,吉。(《合集》36426)

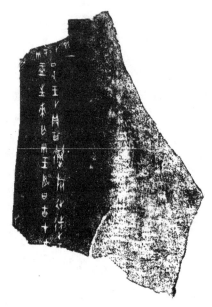

《合集》5771　　　　　　　　　　　　　《合集》36426

　　李学勤先生曾谈到:"商王的狩猎,有时和周代的田蒐相同,也带有军事演习的性质","此辞记振旅之后即往弋于盂,表明了军事演习与狩猎的直接关系。"① 姚孝遂先生也说:"(商代)田猎的性质,都应该是与军事行动有关","与战争甚至有直接关系","在行军过程中,沿途都要行

_____

① 李学勤:《殷代地理简论》,第7页。

猎。这既是训练士卒,习军讲武,同时也是猎兽以补充食用。"① 蓝永蔚先生认为:"大量史料还展示了另外一个重要现象,即狩猎与军事的密切联系。"② 后世文献对通过狩猎进行军事演习的制度也多有记述。《左传·隐公五年》载鲁大夫臧僖伯讲"古制"云:"故春蒐夏苗,秋狝冬狩,皆以农隙以讲事也。"③《国语·齐语》曰:"春以蒐振旅,秋以狝治兵。是故卒伍整于里,军旅整于郊。"④ 这些后世文献也折射出早期以狩猎为主要方式的军事演练制度。实际上这里面也包含着制度性的原因,我们说过商代常备军的数量极少,为了保持部队的作战能力,就有必要每年定期对预备役人员进行召集,并通过狩猎的方式进行演练。

二、赏罚

有军队就得有纪律,这就得有赏有罚。《尚书·汤誓》载:"尔尚辅予一人,致天之罚,予其大赏汝。尔无不信,朕不食言。尔不从誓言,予则孥戮汝,罔有攸赦。"⑤ 这是商代的开国君主商汤在伐桀时所作的誓词,其对士兵的赏罚政策是很分明的:如果你作战英勇,就"大赏汝",否则就会"孥戮汝"。甲骨文中有"师惟律用"(《怀特》1581),是强调在军队中应该使用军法来约束。《尚书·多士》云:"惟殷先人,有册有典。"⑥ 看来商代的法律制度是比较成熟的,在军队中引入法律理念,强化军事管理是不成问题的。《易经·师》云:"初六:师出以律,否臧凶。"⑦ 说的也是这个道理。从出土的金文资料来看,商王也时常对作战有功的将士进行赏赐,以资鼓励。如小臣艅尊(《集成》5990)云:

> 丁巳王省夒,且王赐小臣艅夒贝。唯王来征人方,唯王十祀又五肜日。

---

① 姚孝遂:《甲骨刻辞狩猎考》,《古文字研究》第六辑,北京:中华书局,1981年。
② 蓝永蔚:《春秋时期的步兵》,第15页。
③ (晋)杜预注:《春秋左传集解》,第30页。
④ 上海师范大学古籍整理研究所点校:《国语》,第232页。
⑤ 顾颉刚、刘起釪:《尚书校释译论》,第884页。
⑥ 顾颉刚、刘起釪:《尚书校释译论》,第1517页。
⑦ (曹魏)王弼、(东晋)韩康伯注,(唐)孔颖达等疏,何锡光、虎维铎整理:《周易正义》,济南:山东画报出版社,2004年,第58页。

5990-8

小臣艅尊铭文

　　商王因小臣艅参与征人方有功而赏以贝,这是一次论军功而行赏的真实记载。

第二章　西周兵制

西周时期,随着社会生产力的提高,冶金和铸造技术也有了长足的发展,车辆制造技术和工艺日趋成熟。有了这样的技术支持,战车的作战功能进一步加强,四马战车成为主流,车兵地位逐步凸显。[①]另一方面,基层社会组织在发生着潜移默化的细微变化,这一切都在推动着西周兵制的变迁。

第一节　国野分治与西周兵役制度的基本特点

国野制度是西周社会最根本的制度之一,国和野、国人与野人的区别对西周兵役制度的安排有着重要的影响。事实上,在整个西周时代,只有国人才有"执干戈以卫社稷"的权利和义务。

一、国野分治的形成

赵世超先生在《周代国野制度研究》一书中讲道:"粗略观察夏、商、西周的国家形态及其发展,我们已明显感到有一种点和面的区分。夏代的点便是文献所记的那些夏都;商代后期的点最主要的有安阳的大邑商、沁阳田猎区的衣和商丘的商;西周的点有丰镐、成周及各诸侯国所在的大邑等。点与点之间存在着广大的面。这种点和面的区分同西周时的国、野之别是一致的。"[②]赵世超的贡献在于把国野制度放在更加广阔的历史视域中去观察,指出了国野之分形成于三代,非特西周所独有。

我们赞同赵先生的观点,并认为国野分治作为一种制度出现和作为一种事实的存在是两个概念。为了能够很好地说明问题,我们在这里首

---

① 杨英杰:《先秦战车形制考述》,《辽宁师大学报》1984年第2期。
② 赵世超:《周代国野制度研究》,西安:陕西人民出版社,1991年,第5页。

先对国野分治形成的社会机理作一个简单的分析。我们知道国家不同于部落，更不同于氏族，虽然它不一定代表大多数人的利益，但它必须代表足够多人的利益，否则，其政权存在的基础就不够牢固。西周王朝无疑首先代表了少数不直接从事（农业）生产的贵族的利益，但这些贵族的人数显然是有限的，因此它必须从多数直接从事（农业）生产的劳动者中寻找政权的社会基础，这样从政策上就有将之区分的必要，国野分治也就应运而生了。国野分治的核心就在于区别两种不同的劳动者："国人"① 在政治上享有广泛的权利，在经济上承担较少的义务；"野人"在经济上承担较多的义务，而享有的政治权利则很有限。如此一来，"国人"便成了西周政权的维护者，他们参加军队，对外与戎狄、淮夷等异族作战，对内维护西周政权的稳定。

事实上，国野分治的历史形成过程也是很自然的。按照宗法制和分封制的原则，贵族的分封是采取层级展开的方式，高级贵族的数字总是维持在一个相对稳定的水平，而下层贵族的数字就较大，这是一个金字塔式的结构，最下面的是士一级的贵族，而士的儿子大量沦为平民，不得不从事农业生产，甚至于士本身也要参加农业生产，② 这就构成了"国人"的主体。而另一方面，周人在扩张的过程中，许多被征服的土著和异族自然成了周王朝的对立面，其族众也就沦为没有任何政治权利的"野人"。从西周早期的一些铭文来看，这样的身份区别是存在的。如康王时的宜侯夨簋（《集成》4320）铭云：

> 惟四月，辰在丁未，［王省］武王、成王伐商图，徟省东国图，王［卜］于宜，［入于南］乡，王令虞侯夨曰："繇，侯于宜。"易（锡）□鬯

---

① 如果认为贵族也属于"国人"，这自然没有什么不可以，但作为"国人"的贵族与作为劳动者的"野人"其区别是显而易见的，也就没有讨论的必要。因此，我们在这里没有严格界定"国人"的概念，而把讨论重点放在从事农业生产的两种人——"国人"和"野人"的区别上，其目的是看清国野分治的政治意义。

② 《礼记·少仪》曰："问国君之子长幼，长，则曰'能从社稷之事矣'，幼，则曰'能御'、'未能御'。问大夫之子长幼，长，则曰'能从乐人之事矣'，幼，则曰'能正于乐人'、'未能正于乐人'。问士之子长幼，长，则曰'能耕矣'，幼，则曰'能负薪'、'未能负薪'。"很显然士的子弟是要直接从事农业生产的，这当然是由分封制不断推行和有限的土地资源不断减少所决定的，越往下层，能够用以支配的可分土地越少，躬耕便不可避免了。参见（清）孙希旦撰，沈啸寰、王星贤点校：《礼记集解》，第935页。

宜侯夨簋铭文

一卣、商瓒、彤弓一、彤矢百、旅弓十、旅矢千,赐土厥川二百口,厥百
又口,厥口邑卅又五,厥口百又四十,赐在宜王人[十]又七生(姓),
赐奠七白(伯),厥因[千]又五十夫,赐宜庶人六百又六[十]夫。宜
侯矢扬王休,作虞公父丁尊彝。

宜侯矢簋记述了西周康王改封虞侯于宜时的封赐情况,其中在宜王人应
该是周王在原先宜地的管理者,从其有生(姓)这点来看,应该是贵族。
奠七伯当是当地土著族的首领,这些人属于贵族身份。剩下的两种人是
直接从事农业生产的,一为"庶人六百又六[十]夫","庶人"是具有自
由人身份的"国人";另一种人便是"因[千]又五十夫",显见这一千又
五十夫的"因"[①]身份要低于"庶人",应该是"野人"。依据行文次第,这
些被称为"因"的人可能是奠七伯的族众,因此紧跟在奠七伯之后,称为
"厥因[千]又五十夫"。从铭文看来,被称为"因"和"庶人"的人数是最
多的,他们应该是直接从事生产劳动的人员。尽管如此,这两种人之间
的区别还是很明显的。

这样的身份区别在西周早期是普遍存在的,同为康王时器的大盂鼎
(《集成》2837)铭云:

易(锡)女邦司四白(伯),人鬲自驭至于庶人六百又五十九夫;
赐尸(夷)司王臣十又三白(伯),人鬲千又五十夫。

这是康王册命并赏赐盂的一片铭文,康王赐给盂的人员和宜侯的大致相
等,这可能是巧合,但显示的比例关系应该反映了当时周人人数少于土
著的实际情况。其中,作为"人鬲"的有一千零五十人,"庶人"六百五十
九人。从叙述次第可知,"庶人"归邦司四伯掌管,而"人鬲"则归尸(夷)
司十三伯掌管。足见同为劳动者的"庶人"地位要高于"人鬲"。也许有
人以为这里的"人鬲"属于家内奴隶,笔者以为,在劳动生产率极低的西
周初期,如此多的人不可能只从事家务劳动,只能是用于农业生产的劳
动力。

以上我们说的是西周早期的情况,虽然不能说国野制度已经出现,

---

① 此字郭沫若先生隶定为"盅",但造型奇诡,唐兰先生隶定为本字,解释为农业奴隶,与盅的意
义相同。参见杨向奎:《"宜侯矢簋"释文商榷》,《文史哲》1987 年第 6 期。

但从事农业生产的直接劳动者发生了分化则是很明显的。根据《周礼》①一书的记载,进入西周后期,国野之间的区别已经通过行政区划的方式被逐步确定下来了。《周礼》以"体国经野,设官分职"为宗旨,系统体现了国野分治这一西周晚期行政区划的核心制度,其具体的职官设置、职责划分和人员配置虽不一定反映周代的事实,但所体现出来的乡遂(国野)制度本质应该是接近真实的。

《周礼》把天子直接统治的王畿,划分为"国"和"野"两大区域,对整个王畿的经营布置,称为"体国经野"。在这国和野两大区域中,"郊"是个分界线,"郊"以内是"国中及四郊","郊"以外是"野"。"郊"的得名就是因为它是"国"和"野"的交接之处。

"国"的本义,是指王城和国都。在王城的城郭以内,叫做"国中";在城郭以外,有相当距离的周围地区,叫做"郊"或"四郊"。在"国"和"郊"以内分设有"六乡",这就是"乡遂"制度的"乡"。从广义的"郊"而言,所有"六乡"地区,都可以称为"郊"或"四郊"。相对"野"而言,以王城为中心,连同四郊六乡在内,可以总称为"国"。《周礼·地官·比长》载:"比长各掌其比之治。五家相受相和亲,有罪奇邪则相及。徙于国中及郊,则从而授之;若徙于他,则为之旌节而行之。若无授无节,则唯圜土内之。"郑注:"圜土者,狱城也。"② 这也说明"国中及郊"和"郊"以外是性质不相同的政区。

在"郊"以外有相当距离的周围地区叫"野"。在"郊"以外和"野"以内,分设有"六遂"。此外,卿大夫的采邑称为"都鄙",细分起来有甸、稍、县、都、鄙等名目。就广义的"野"而言,指"郊"外所有的地区,包括"六遂"和"都鄙"等。

大体来说,王城连同四郊六乡,可以合称为"国";六遂及都鄙等地可以合称为"野"。六乡和六遂分布在两个不同的行政区域内。③

以上是杨宽先生在《西周史》中所描述的西周国野制度在行政区划中的基本情况,需要注意的是国野乡遂之分主要在于政治属性,与城乡

---

① 《周礼》一书成书时间多有争议,但笔者以为其所记周代的制度多为西周晚期至春秋时代。
② (清)孙诒让:《周礼正义》,第887—889页。
③ 参见杨宽:《西周史》,上海:上海人民出版社,1999年,第395—397页。

之分不同。①就研究西周的兵制而言,我们更多注意国人和野人在身份上的等级差异,至于具体的行政区划,不会涉及太多。下面着重谈谈国人和野人政治身份和经济地位的差别。

"国人"和"野人"的差别首先表现在政治地位上。

《周礼·地官·乡大夫》载:"国大询于众庶,则各帅其乡之众寡而致于朝。"郑注:"大询者,询国危,询国迁,询立君。"②《周礼·秋官·小司寇》载:"掌外朝之政,以致万民而询焉,一曰询国危,二曰询国迁,三曰询立君。"这些受"询"的"众庶"无疑是"国人",他们享有很高的参政议政的权利,这种权利来自于氏族时代原始民主制的遗风。《尚书·盘庚》载,盘庚迁殷时也曾作过训诰,告诫"民"、"小人"、"百姓"、"众"等明晓迁都的道理,这正是《周礼》所说的"询国迁"。《左传·定公六年》载:"阳虎又盟公及三桓于周社,盟国人于亳社。"阳虎作乱,欲借助民力而不得不盟"国人",足见"国人"所具有的政治地位是不容忽视的。以上两事,一在商代,一在春秋,处在两者之间的西周时期,"国人"也应该具有同样的政治权利。《国语·周语上》载:

> 厉王虐,国人谤王。邵公告曰:"民不堪命矣!"王怒,得卫巫,使监谤者,以告,则杀之。国人莫敢言,道路以目。王喜,告邵公曰:"吾能弭谤矣,乃不敢言。"邵公曰:"是障之矣,防民之口,甚于防川……"王不听。于是国人莫敢出言,三年流王于彘。③

《国语》中的这段记述反映了"国人暴动"前的一些事件背景。事件发生在西周晚期,"国人"通过公众舆论监督王的行为,甚而至于采取暴力手段,将王流放,其政治地位可见一斑。

相比之下,"野人"的政治地位显然不如前者,在《尚书》《诗经》的雅颂部分以及西周金文中,几乎见不到"野人"的字眼。而"国人"(或称为"邦人")一词,曾出现在《尚书》中的《君奭》、《金縢》等篇和盠盨(《集成》4469)铭文。至于《诗经》国风中"国(邦)人"一词更是不胜枚举。

---

① 马新:《乡遂之制与西周春秋之乡村形态》,《文史哲》2010年第3期。
② (清)孙诒让:《周礼正义》,第858页。
③ 上海师范大学古籍整理研究所点校:《国语》,第9—10页。

当然,任何时代的政治权力都要通过经济利益来体现和落实,西周时期也概莫能外,"国人"和"野人"对国家或采邑贵族所承担的经济义务也是截然不同的。

有关西周的赋税制度,由于资料所限,一直没有定论。学界大都以《孟子·滕文公上》中孟子所讲的话展开论述:

> 夏后氏五十而贡,殷人七十而助,周人百亩而彻,其实皆什一也。彻者,彻也;助者,藉也。……《诗》云:"雨我公田,遂及我私。"惟助为有公田。由是观之,虽周亦助也。[1]

夏代的贡是实物税,统治者直接收取实物,商代是劳役税,由被统治者提供劳役,无偿为统治者耕种土地,并将所获归统治者所有。唯周代的赋税制度,孟子也语焉不详,所谓"彻者,彻也",同义反复,使人不得其解。问题之所以如此复杂,就在于西周的劳动者有了"国人"与"野人"的分化。

首先看"野人"承担的赋税负担。《孟子·滕文公上》载:

> 夫滕,壤地褊小,将为君子焉?将为野人焉?无君子莫治野人,无野人莫养君子。请野九一而助,国中什一使自赋。卿以下必有圭田,圭田五十亩。余夫二十五亩。死徙无出乡,乡田同井,出入相友,守望相助,疾病相扶持,则百姓亲睦。方里而井,井九百亩,其中为公田。八家皆私百亩,同养公田。公事毕,然后敢治私事,所以别野人也。此其大略也。[2]

这是孟子为滕文公设计的行政区划和税收政策,前面一句话说得很明白:"夫滕,壤地褊小,将为君子焉?将为野人焉?无君子莫治野人,无野人莫养君子。"因此,上面所引《滕文公》篇中的这段话,只能看作孟子根据自己所了解的西周井田制下的赋税制度,基于滕国"壤地褊小"的事实而提出的一种构想,反映了井田制下的一些数量比例关系。但据此认为这就是孟子心目中的井田制显然是不对的,更不要说西周的井田制本身。从文本来看,"野人"的赋税制度是"九一而助",后面又讲到:"方里

---

[1]（清）焦循:《孟子正义》,第 197—202 页。
[2]（清）焦循:《孟子正义》,第 206—212 页。

而井,井九百亩,其中为公田,八家皆私百亩,同养公田。公事毕,然后敢治私事,所以别野人也。此其大略也。"这是指"野"中的土地规划。在孟子看来,"野人"是主要的剥削对象,所谓"无野人莫养君子",讲的就是这个道理。文中"所以别野人"一句话,赵岐注:"则是野人之事,所以别于士伍者也。"笔者以为,这里的"别"是指将举族而居的"野人"分开并用"井田制"的方法加以部编的意思,目的无非是弱化其凭藉血缘纽带的自组织能力。

"国人"承担的赋税,按孟子的话就是"什一使自赋"。这句话如何理解是问题的关键,"什一"说的是一种比例关系,自不必言。"赋"在春秋时期的文献中常指军队而言,既包括车马甲兵,又包括士徒。[①]如《左传·隐公四年》,卫州吁对宋国说:

> 君若伐郑以除君害,君为主,敝邑以赋与陈、蔡从,则卫国之愿也。

《左传·文公十七年》郑子家对晋国说:

> 将悉敝赋以待于鯈,唯执事命之。

《左传·成公二年》载齐侯向晋请战时说:

> 子以君师辱于敝邑,不腆敝赋,诘朝请见。

《左传·襄公八年》王子伯骈告于晋说:

> 君命敝邑:"修而车赋,儆而师徒,以讨乱略。"蔡人不从,敝邑之人,不敢宁处,悉索敝赋,以讨于蔡,获司马燮,献于邢丘。

《左传·昭公十三年》载周卿士言:

> 天子之老,请帅王赋。"元戎十乘,以先启行",迟速唯君。

《国语·鲁语下》中,子服惠伯说:

> 我先君襄公不敢宁处,使叔孙豹帅敝赋,踦跂毕行,无有处人,

---

① 陈恩林:《先秦军事制度研究》,第 119 页。

以从军吏。

《国语·楚语上》载子晳问范无宇时讲到：

> 今吾城三国，赋皆千乘，亦当晋矣。又加之以楚，诸侯其来乎？

上面所引文献，无论《左传》还是《国语》，其中的"赋"均指军队组织而言。在西周时期，"赋"和"税"是完全不同的，国家征取的税主要用于祭祀以及其他行政开支。《国语·周语上》载："上帝之粢盛于是乎出，民之蕃庶于是乎生，事之供给于是乎在。"[1] 指的就是农业税收，其实物就是农民田地里的收获所得。而"赋"在周代包括兵役和军需两项，《汉书·食货志》说古者"有赋有税"，"赋共车马甲兵士徒之役，充实府库赐予之用"。[2] 两者相合就成了具有一定战斗能力的军队组织了，这也是在春秋时期用"赋"来指代军队的缘由。

明白了这层道理，我们就很容易理解"国人"的经济负担小于"野人"的事实了。孟子所谓的"自赋"当是指"国人"自备武器装备，并以己身服兵役。随身的武器可以一次性置备，至于车马等重型装备，可能由国家统一筹办，孙诒让《周礼·夏官·叙官》考证说："六乡之士卒出于乡里，而兵车、大车、马牛出于官，将重车之人盖出于四郊，六遂之士卒出于遂邑，车马牛亦出于官府，将重车之人盖出于近遂之公邑，所谓出兵而不出车也。"[3] 当然，孙诒让关于六遂出士卒的说法应该属于春秋后期的事情了。此外，在临战状态时，"国人"也要缴纳一些军粮及战马的草料，试看《尚书·费誓》所载鲁公伯禽的一段训诰：

> 甲戌，我惟征徐戎。峙乃糗粮，无敢不逮，汝则有大刑。鲁人三郊三遂，峙乃桢干。甲戌，我惟筑，无敢不供，汝则有无余刑，非杀。鲁人三郊三遂，峙乃刍茭，无敢不多，汝则有大刑。[4]

《费誓》是周公旦之子鲁公伯禽在征伐淮夷、徐戎前对鲁国将士和各郊民众所作的誓师辞。居于三郊三遂的相当一部分是具有"国人"身份的

---

① 上海师范大学古籍整理研究所点校：《国语》，第 15 页。

② （汉）班固：《汉书》卷二十四，北京：中华书局，1962 年，第 1120 页。

③ （清）孙诒让：《周礼正义》卷五十四，第 2243 页。

④ 顾颉刚、刘起釪：《尚书校释译论》，第 2138 页。

鲁国子民,在临战的时候,国君反复要求要按时缴纳军需粮草,说明平时是不用缴纳的。《国语·鲁语下》孔子云:"有军旅之出则征之,无则已。其岁收,田一井,出稯禾、秉刍、缶米,不是过也。"韦昭注:"其岁,有军旅之岁也。"① 这里说得就更加明白了。

"国人"战时为国家服兵役,平时也要服力役。这一点可以从西周一直实行的"籍田礼"中窥测其信息。《国语·周语上》载:

> 宣王即位,不籍千亩。虢文公谏曰:"不可。夫民之大事在农,上帝之粢盛于是乎出,民之蕃庶于是乎生,事之供给于是乎在,和协辑睦于是乎兴,财用蕃殖于是乎始,敦庞纯固于是乎成,是故稷为天官。古者,太史顺时覛土,阳瘅愤盈,土气震发,农祥晨正,日月底于天庙,土乃脉发。
>
> "先时九日,太史告稷……稷以告王……王乃使司徒咸戒公卿、百吏、庶民,司空除坛于籍,命农大夫咸戒农用。
>
> "先时五日,瞽告有协风至,王即斋宫,百官御事,各即其斋三日。王乃淳濯飨醴,及期。郁人荐鬯,牺人荐醴,王裸鬯,飨醴乃行,百吏、庶民毕从。及籍,后稷监之,膳夫、农正陈籍礼,太史赞王,王敬从之。王耕一坺,班三之,庶民终于千亩,其后稷省功,太史监之;司徒省民,太师监之;毕,宰夫陈飨,膳宰监之。膳夫赞王,王歆大牢,班尝之,庶人终食。
>
> ……
>
> "是时也,王事唯农是务,无有求利于其官,以干农功,三时务农而一时讲武,故征则有威,守则有财。若是,乃能媚于神而和于民矣,则享祀时至而布施优裕也。"②

"籍"是"借"的意思。《说文解字》在"耤(籍)"字条下说:"耤,帝耤千亩。古者使民如借,故谓之耤。"③《诗经·周颂·载芟》郑玄注道:"籍之为言借也,借民力治之,故谓之籍田。"④《孟子·滕文公上》也说:"助者,

---

① 上海师范大学古籍整理研究所点校:《国语》,第218—219页。
② 上海师范大学古籍整理研究所点校:《国语》,第15—21页。
③ (汉)许慎撰,(清)段玉裁注:《说文解字注》,上海:上海古籍出版社,1981年,第184页。
④ (唐)孔颖达:《毛诗正义》,第1354页。

籍也。"所谓籍田,实际上是一种力役。但服这种力役的人是"庶民",而整个籍田礼与"野人"无涉。从整个礼仪的过程来看,始终笼罩着一种温情脉脉的气氛,就连王本人也要亲耕,这正体现了周礼"亲亲"的一面。众所周知,"国人"中的劳动者多为士的"隶子弟",他们与贵族在血缘上有着千丝万缕的联系,这也正是他们所受的剥削要大大少于"野人"的原因。在籍田上劳作就是他们应尽的义务,也是他们承担的主要经济负担。至于军赋,我们上面已经简单分析过了,一次性置备武器不会是一个太大的负担,且可以代代相传,而临战出征和供给一定的军粮只是偶尔发生的事情,毕竟战争的发生不是经常性的。

除过在籍田上服劳役之外,"国人"大概每年要从事军事训练,这就是虢文公所讲的"三时务农而一时讲武"。

通过上面对"野人"和"国人"经济负担的对比分析,不难看出,"国人"的政治地位要高于"野人",其经济负担却大大低于"野人"。有的书中认为"野人"和"国人"的负担相等,都是"什一"之税,如顾德融、朱顺龙主编的《春秋史》中讲道:"公田的赋税为'周人百亩而彻,其实皆什一也'(《孟子·滕文公上》),要将收获的十分之一上缴给国家。余下的收藏起来用于祭祀祖先、聚餐、救济等共同的开支。私田的收获归各家所有。"[1] 如此轻的税制是不可能的,这实际上跟清代学者为了弥合"什一"的税制与"请野九一而助"这句话的矛盾而对井田制所做的迂曲的解释本质上一样的。[2] 而事实上,"野人"的经济负担是比较重的,孟子所说"无野人莫养君子"就是这个道理。

综上所述,在国野分治的基本制度之下,西周时期的"国人"和"野人"相比,由于与贵族在血缘上有着千丝万缕的联系,他们在政治上享有相当的权利,在经济上承担较轻的负担,这一切都使得他们成为政权的维护者,成为西周王朝主要的兵源。

---

[1] 顾德融、朱顺龙:《春秋史》,上海:上海人民出版社,2001年,第222页。

[2] 如焦循《孟子正义·滕文公上》于"所以别野人也"句下疏云:"助法,八家皆私百亩,同养公田,则每以二亩半为庐井宅园圃,余八十亩,八家同养。是八百八十亩,税其八十亩,名为九一,实乃什一分之一也。"(清)焦循:《孟子正义》,第361页。

二、只有"国人"才有当兵的权利

陈恩林先生在《先秦军事制度研究》一书中指出,先秦时期军事制度的两大特点之一就是"国人当兵,野人不当兵"。[①]《周礼·小司徒》的职守之一就是"以启军旅",而管理遂的"遂人"却没有这样的职责,"六乡"出兵、"六遂"不出兵在这里是很明显的。"国人"被称为"士",管仲实行"参国伍鄙"之法,把"国人"所居之乡称为"士乡",又称"士农之乡"。《礼记·曲礼上》云:"四郊多垒,此卿大夫之辱也;地广大,荒而不治,此亦士之辱也。"[②]吕思勉先生解释说:"士则战士,平时肆力于耕耘,有事则执干戈以卫社稷者也。"[③]在西周社会,"执干戈以卫社稷"不仅是"国人"的义务,也是他们的权利。这种权利和义务实来自于氏族时代的孑遗。在原始社会,无论是氏族、部落,还是部落联盟,保卫本组织利益的基本武装就是所有的氏族成员组成的"全民武装"。而在对外征服过程中,那些被征服部落的族众就丧失了作为战士的权利,沦为被统治者,这就是西周"野人"的最初来源。恩格斯曾讲道:"有两个自发产生的事实,支配着一切或者几乎一切民族的古代历史:民族按亲属关系的划分和土地公有制。日耳曼人的情况也是如此。他们从亚洲带来了这种按部落、亲族和氏族的划分,他们在罗马时代编制战斗队时就使有近亲关系的人总是并肩作战,所以,当他们占领莱茵河以东和多瑙河以北这一带新领土的时候,也受到了这种划分的支配。各个部落在这个新地区里定居下来,但这不是任意的或偶然的,而是像凯撒所明白指出的那样,以部落成员的亲属关系为依据的。亲属关系较近的较大集团,分配到一定的地区,在这个地区里面,一些包括若干家庭的氏族,又按村的形式定居下来。"[④]中国的早期社会也不例外,西周时期的国野制度正体现了"以氏族为基础的社会和以领土与财产为基础的国家并存"[⑤]的事实。在西周时代,甚至一直到春秋时期,血缘关系一直长期存在,但地缘关也正在逐步确立。那些居于"国中"及"四郊"的"国人"从血缘上从属于一定

①　陈恩林:《先秦军事制度研究》,第5—10页。
②　(清)孙希旦撰,沈啸寰、王星贤点校:《礼记集解》卷四,第89页。
③　吕思勉:《先秦史》,上海:上海古籍出版社,1982年,第293页。
④　《马克思恩格斯全集》第十九卷,北京:人民出版社,2016年,第353页。
⑤　[德]马克思:《摩尔根〈古代社会〉一书摘要》,北京:人民出版社,1965年,第209页。

的贵族,或者其可追述的祖先与贵族具有"大小宗"的关系,他们始终是政权的维护者,而"野人"往往是被征服的土著部落的族众,他们自然就成为社会最下层的劳动阶级,也是所受剥削最深重的群体,不能想象他们可以成为政权的维护者。

不仅周天子的王畿如此,诸侯国也是如此。前引宜侯矢簋铭中的"奠七伯"应该是土著部族的族长,其所率的"闲[千]又五十夫"自然是被征服而沦为受剥削的"野人";而"在宜王人[十]又七生(姓)"是贵族,"宜庶人六百又六[十]夫"自然是"国人"。这种情况还可以得到考古资料的证明。今以曲阜鲁故城西周墓地[①]说明之。

从 1977 年起,曲阜鲁国故城内的西周墓葬共发掘了三处,分别是:1. 斗鸡台墓地,位于故城西南角;2. 药圃墓地,位于故城西北角;3. 望父台墓地,位于故城西部偏东、孔林神道以西。

斗鸡台已探明墓地范围,东西约 165 米,南北约 240 米。共发掘小墓 28 座,可判明期别者,多属西周时期,墓室面积在 5 平方米左右,其中 12 座墓有腰坑,一般有棺椁,头多南向,多数墓无随葬品,有少数随葬有陶器,但未见铜礼器和兵器。

药圃墓地分西北、东北两片,西周墓集中在东北,共有 14 座,基本皆有葬具,有腰坑,头多南向,墓室面积在 5 平方米以下,均不出铜礼器和兵器。

望父台墓地南北约 80 米,东西约 50 米,"估计这个墓区最多不过四五十座墓"。[②] 现已发掘的 38 座西周墓中,除过 M48 属中型墓外,余皆小型墓,无腰坑,头多北向。多数属于西周晚期,也有部分属于早期和中期。该群墓葬虽同为小型墓,但出铜礼器者 9 座,出铜戈者 10 座,不少墓的墓底有铜鱼和蚌鱼。

朱凤瀚先生曾指出:"三处墓地在墓制(如有无腰坑)、葬俗(如头向,随葬器物所放位置)等方面均有一定的差异。按先秦墓葬的一般规律看,这种差异可能是族属差别的反映。相比起来,斗鸡台与药圃二处墓

---

① 以下所引考古资料可参见山东省文物考古研究所:《曲阜鲁国故城》,济南:齐鲁书社,1982 年。

② 张学海:《试论鲁城两周墓葬的类型、族属及其反映的问题》,《中国考古学会第四次年会论文集》,北京:文物出版社,1985 年。

地的墓葬有较多共同处,如皆有腰坑,皆多南向,随葬器物放置位置同等。望父台墓地则无一有腰坑者,且多北向,随葬器物放置亦与以上二墓地不同。这种状况反映出斗鸡台、药圃墓地可能有较近的族属关系,而望父台墓地由于与前二者差异较大,则可能属不同的族属。"①朱先生还举出了望父台墓地中属于春秋早期的 M48 中型墓中所出"鲁司徒中齐"器、M30 所出"鲁伯念"器,来证明望父台墓地为鲁国内的周人葬地。这些分封到鲁国的周人也带来了周人早期的一些葬俗,比如望父台墓葬中多发现铜鱼或蚌鱼,当是棺椁上的饰品,此种铜鱼、蚌鱼也在浚县辛村卫国墓地、张家坡西周墓地、上村岭虢国墓地等有所发现,以鱼为棺椁饰品很可能是周人的习俗。另外两处墓地的族属,根据张学海先生的研究,是当时的东夷土著。

明白了三个墓区的族属,我们就可以对兵器的随葬情况加以分析了。从发掘报告可知,斗鸡台墓地和药圃墓地均没有发现兵器,而属于周人的望父台墓地小墓出土兵器的比例却极高,除过一座中型墓(M48)以外,37 座墓葬中葬戈墓就达 10 座,如果考虑到妇女和早夭的儿童以及不能参战的残疾人,男性随葬戈的比例不低于 70%,如果再考虑到部分墓葬被盗的事实,这个比例会继续上升。据此得出该族成年男性人人皆兵的结论绝不过分。这种征服民族人人可以而且应该当兵,被征服民族人人不可以当兵的现象,是早期社会历史发展的共性,周人克商及其以后的大规模东征只不过构成了一种特殊的历史动因而已。曲阜鲁国墓地的考古材料不可辩驳地证明了这一点。唯一令人感到意外的是,这两个不服兵役的土著东夷族人居然也住在鲁国国都曲阜附近,这似乎不合国野分治的特点。这里我们应该注意,国野分治主要是针对从事农业生产的劳动者推行的一种制度,至于那些具有一定手工技能、从事工业生产的部族,情况则有所不同,而鲁国故城斗鸡台墓地和药圃墓地的主人应该是被征服的东夷人中从事手工业生产的宗族,因而得以在国都生活和居住,但其地位显然要低于周人,没有服兵役的权利。

以上只是通过鲁国故城简单说明了"国人"服兵役而"野人"不服兵役的事实。从更宏观的角度看,商周考古中发现的兵器大量在王城、

---

① 朱凤瀚:《商周家族形态研究》,第 254 页。

诸侯国的国都以及一些重要的边境重镇,出土时往往非常集中。商代的如安阳、河北藁城台西、湖北黄陂盘龙城、汉中城洋地区、江西新干大洋洲等,西周的如周原和丰镐遗址。

　　考古学上兵器的发掘地实际上反映了当时士兵的居住地和来源地,这是因为当时实行的是亦兵亦农的临时征集制,具有服兵役义务的农民一般居住相对集中,这样训练和临战时便于召集,最理想的布局就是集中在重要的城周围,最理想的人选就是与统治阶级有着血缘联系,竭力维护现有统治秩序的"国人",而"野人"作为被征服者,从来都是被剥削的对象,也是国家机器对内镇压的对象,因此从出生的那一刻,其服兵役的权利就自然被剥夺了。不光中国如此,古希腊的斯巴达也存在同样的情况。[①]

第二节　由"师"到"军":西周中央王朝军队编制的变革

　　早期文献和西周金文材料表明,西周前期军队编制的最大单位是"师",承殷制,一师万人。西周后期的军制发生了变化,根据《周礼》的记载,这一时期的军队最大编制单位是"军",西周军队编制的变化有着深刻的社会原因。

一、"西六师"、"殷八师"不是常备军

　　周人在武王克商以前已经有了"六师"的军队,《国语·周语下》载:"王以黄钟之下宫,布戎于牧之野,故谓之厉,所以厉六师也。"[②]《吕氏春秋·古乐》载:"武王即位,以六师伐殷,六师未至,以锐兵克之于牧野。"[③] 这"六师"的军队在克商后,随着时局的稳定,移驻宗周,这便是"西六师"。反映西周史事的早期文献也经常能够看到"六师",如《尚书·康王之诰》云:"张皇六师,无坏我高祖寡命。"[④]《康王之诰》是康王

---

① 李天祜:《古代希腊史》,兰州:兰州大学出版社,1991年,第106—108页。
② 上海师范大学古籍整理研究所点校:《国语》,第141页。
③ 陈奇猷:《吕氏春秋校释》,第286页。
④ (汉)孔安国注:《尚书正义》,济南:山东画报出版社,2004年,第656页。

继位后所作的诰誓,虽为古文经,但所记"六师"当有所本。《竹书纪年》载昭王南征,"丧六师于汉"。《诗经·大雅·棫朴》云:"周王于迈,六师及之。"[1]诗中的王指的是穆王。这是文献所见西周早期的"六师"。在西周金文中也可以见到"六师"。

夋贮簋(《集成》4047)铭云:

> 夋肇贮,罖子鼓䵼铸旅簋。唯巢来饮,王令东宫追以六自之年。

南宫柳鼎(《集成》2805)铭云:

> 唯王五月,初吉甲寅,王在康庙,武公右南宫柳,即立中庭,北向,王乎乍(作)册尹册命柳:䤔(司)六自牧阳,大□,䤔(司)羲、夷、阳佃史。易女赤市(韨)、幽黄(衡)、攸(鋚)勒。柳拜稽首,对扬天子休,用乍(作)朕烈考尊鼎,其万年子子孙孙永宝用。

"六师"由于长驻宗周,当与"八师"对举时,也称"西六师"。

禹鼎(《集成》2833)铭云:

> 王乃命西六自、殷八自曰:"□伐噩(鄂)侯驭方,勿遗寿幼。"肆自[弥]客匃匚,弗克伐噩。肆武公乃遣禹率公戎车百乘,斯御百,徒千,曰:"于匚朕肃穆,叀西六自、殷八自伐噩侯驭方,勿遗寿幼。"

禹鼎铭所记为厉王时讨伐鄂侯的战争,鄂侯是引导淮夷入侵的首领。可见这场战争是在东方进行的,而驻扎在西部的"西六师"也劳师远征,足见战争规模之大。

《尚书·洛诰》中有"洛师"一词,论者以为指成周八师,似不妥。[2]原文为周公对成王所言,云:"予惟乙卯朝至于洛师。"蔡传云:"洛师,犹言京师也。"[3]文献中虽未见"八师"之称,但金文中却明确出现了"八师"。

小克鼎(《集成》2799)铭云:

> 隹王廿又三年九月,王才宗周,王命善夫克舍令于成周,遹正八

---

① (唐)孔颖达:《毛诗正义》,第999页。
② 陈恩林:《先秦军事制度研究》,第59页。
③ 顾颉刚、刘起釪:《尚书校释译论》,第1457、1460页。

南宫柳鼎铭文

自之年。克乍朕皇且聾季宝宗彝,克其日用纛。朕辟鲁休,用匄康勵,纯佑眉寿,永令霝冬,万年无彊,克其子子孙孙永宝用。

"八师"或称"殷八师",如小臣逨簋(《集成》4238)铭云:

> 歔!东尸(夷)大反!白(伯)懋父以殷八自征东尸(夷)。(惟)十又一月,(遣)自豊自,述(遂)东,伐海眉(湄),(于)厥复归,才(在)牧自。白(伯)懋父承王令(命),易(锡)自(率)征自五齲贝。小臣逨蔑历,眔易(锡)贝,用作宝尊彝。

又称"成周八师",如舀壶(《集成》9728)铭云:

> 王乎尹氏册命舀曰:更(赓)乃且考,作冢司土于司成周八自。

既然称为"成周八师",也就可以简称为"成师",于省吾先生就认为"成师"是"成周八师"的省称,[①] 如竞卣(《集成》5425)就以"成师"称之,铭曰:

> 唯白屖(辟)父以成自即东,命伐南尸(夷)。

也称为"成周师氏",如录臷卣(《集成》5420)铭云:

> 王令臷曰:歔,淮夷敢伐内国,女其以成周自氏戍于甶自,白(伯)雍父蔑录历,易(锡)贝十朋,录拜稽首,对扬白(伯)休,用作文考乙公宝尊彝。

除过上面所引的禹鼎铭中"西六师"与"殷八师"并称之外,也有以"六师"与"八师"并举的器铭,如盠方彝(《集成》9899)铭云:

> 惟八月初吉,王格于周庙,穆公佑盠,立于中庭,北向。王册,令尹易(锡)盠赤市、幽亢、攸勒,曰:用嗣(司)六自、王行,参(三)有嗣(司):嗣(司)土、嗣(司)马、嗣(司)工。王令盠曰:缵嗣(司)六自眔八自埶。盠拜稽首,敢对扬王休,用作朕文祖益公宝尊彝。盠曰:天子丕睱丕其,万年保我万邦。盠敢拜頴首曰:烈烈朕身,更朕先宝事。

---

① 于省吾:《略论西周金文中的"六自"和"八自"及其屯田制》,《考古》1964 年第 3 期。

小克鼎铭文

盠方彝铭文

　　"六师"和"八师"在金文中并举至少可以说明三个问题:1."六师"和"八师"互不统辖,是两个独立并列的军队编组;2.周王朝除过这十四师以外,再没有大规模的军事编组,换言之,这十四师是周王朝全部的主力作战部队;3."成周八师"和"殷八师"应该指的是一个概念,因其驻扎在成周殷人的旧地,故名"殷八师"或"成周八师"。

　　其中,上面所讲的第三点,也就是"殷八师"和"成周八师"是两个"八师"还是一个"八师"的问题,学术界一直存有争议,在此加以说明。认为"成周八师"和"殷八师"是一支军队两个名称的学者有李学勤、于省吾二先生。李学勤先生说:"此铭(笔者按:指盠尊铭)只称'六师暨八师',可见周的军队只有此数。成周八师是用以镇压殷人,所以所谓'殷八师'和成周八师其实是一支军队。王的六师驻于西土,成周八师驻于故殷,故禹鼎铭称'西六师、殷八师'。"[1] 于省吾先生认为:"由于殷八师经常驻扎在成周,故也称'成周八师'。"[2] 也有学者主张"殷八师"和"成周八师"是两支独立的军队,如蓝永蔚先生就认为:"成周八师是独立于西六师和殷八师之外的另一军事系统。"[3] 徐中舒先生也说:"殷八师在故殷(即卫),成周八师在成周。"[4] 笔者以为,第一种说法是可以信从的,陈恩林先生在《先秦军事制度研究》一书中进行了详细的考证,指出殷八师和成周八师是一支军队[5],这里就不再赘述了。这里简单谈谈与该问题相关的两条金文材料。

　　第一条就是禹鼎铭:

　　　　呜呼哀哉!用天降大丧下或(国),亦唯噩(鄂)侯御方率南淮尸(夷)、东尸(夷)广伐南或(国),至于歷内。王乃命西六自、殷八自曰:"□伐噩(鄂)侯驭方,勿遗寿幼。"肆自……弗克伐噩。肆武公乃遣禹率公戎车百乘,斯御百,徒千,曰:"……重西六自,殷八自,伐噩侯驭方,勿遗寿幼。"

① 李学勤:《郿县李家村铜器考》,《文物参考资料》1957年第7期。
② 于省吾:《略论西周金文中的"六自"和"八自"及其屯田制》,《考古》1964年第3期。
③ 蓝永蔚:《春秋时期的步兵》,第109页。
④ 徐中舒:《禹鼎的年代及其相关问题》,《考古学报》1959年第3期。
⑤ 陈恩林:《先秦军事制度研究》,第57—61页。

根据铭文,鄂侯驭方率领的南淮夷、东夷进行的这次讨伐是一次大规模的战争。在战争初期,周王就投入了"西六师"、"殷八师"共计十四个师的兵力,但战局显然对周军不利,才动用了武公的军队。试想,如果成周还有八师,又何必动用远在西边的"六师"呢?再从战况来看,周王朝已经动用了全部的作战部队。设若还有八师,何不再投入一部分兵力呢?

另外一条是小臣谏簋铭:

> 戫!东尸(夷)大反!白(伯)懋父以殷八自征东尸(夷)。(惟)十又一月,(遣)自䣢师,述(遂)东,伐海眉(湄),(于)厥复归,才(在)牧自。白(伯)懋父承王令(命),易(锡)自(率)征自……

铭文中的"牧自",郭沫若先生释作"殷郊牧野",这便成了"八师"驻扎在殷地的依据。这种解释是不对的。首先,"牧"在先秦文献中是对"郊野"的通称,常与"郊"连用为"郊牧",《国语·周语中》云:"国有郊牧,疆有寓望。"① 所以《周礼·大司马》便有"建牧立监以维邦国"的说法,② 南宫柳鼎铭文云:"䶃(司)六自牧阳。"这都是显证。因此,不止殷有牧,成周、丰镐也有牧。退一步讲,即便这里的"牧"是殷旧都之牧野,也不过是军队的一个驻地而已,像这样的驻地在金文不少,旅鼎中有"螯自",或簋中有"塞自",录或卣中有"甜自",就小臣谏簋而言,铭文中除过有"牧自"外,尚有"䍐自"。所以,根据小臣谏簋铭中的"牧自"就判定"八师"驻地在殷,为成周八师外的另外一支部队,是不妥的。

前面说过,"西六师"是周人在灭商前就有的武装力量。而"成周八师"则是后来新建的军队,这支军队的建立当在成周营建完成以后。《尚书》中的《多士》和《多方》就是对迁到洛邑的殷及其方国的"多士"所作的训诰,《多士》开篇即言:"王若曰:'尔殷遗多士。'"③《书序》云:"成周既成,迁殷顽民,周公以王命诰,作《多士》。"④ 这些迁居洛邑的殷"多士"依旧保留着原来的贵族身份,"今尔惟时宅尔邑,继尔居",只不过要

---

① 上海师范大学古籍整理研究所点校:《国语》,第70页。
② (清)孙诒让:《周礼正义》卷五十五,第2281页。
③ 顾颉刚、刘起釪:《尚书校释译论》,第1512页。
④ (清)孙星衍:《尚书今古文注疏》卷三十,第602页。

求这些殷遗民"比事臣我宗多逊"、"尔惟克勤乃事"。[1]这些大量聚集在成周洛邑的殷和方国的多士就成了"八师"的主要兵源。正如杨宽先生在《西周史》中所说的那样："成周八师的大多数甲士,当是就地征发迁居洛邑的殷贵族编成。"[2]

为了理清"西六师"和"殷八师"在西周时期的基本情况,我们将相关资料列制成表。[3]

表4　"西六师"及"殷八师"相关资料分析表

时期	西六师		殷八师	
	文献摘要	材料来源	文献摘要	材料来源
武王	王以黄钟之下宫,布戎于牧之野,故谓之厉,所以厉六师也。	《国语·周语下》		
	武王即位,以六师伐殷,六师未至,以锐兵克之于牧野。	《吕氏春秋·古乐》		
	(武王在牧野之战后派出了六支部队追剿残寇,这六支部队分别是:)吕他命伐越戏方;侯来命伐靡集于陈;百弇以虎贲誓,命伐卫;陈本命伐磨;百韦命伐宣方;新荒命伐蜀。(也许这六支部队就是周人的六个师)	《逸周书·世俘解》		
成康	唯巢来攻,王令东宫追以六自之年。	夐貯簋(成康)		

---

① 顾颉刚、刘起釪:《尚书校释译论》,第1521、1517、1638页。
② 杨宽:《西周史》,第166页。
③ 我们在这里没有列入《诗经》中有关"六师"的诗篇,这是因为《诗经》是诗歌体裁的文献,由于修辞的需要常常将西周后期的"六军"也以"六师"称之,有时候也用"六师"来指代军队。

时期	西六师		殷八师	
	文献摘要	材料来源	文献摘要	材料来源
			叡！东尸（夷）大反！白（伯）懋父以殷八自征东尸（夷）。（惟）十又一月，（遣）自䜌自，述（遂）东，伐海眉（湄），（于）厥复归，才（在）牧自。白（伯）懋父承王令（命），易（锡）自（率）征自五齵贝。小臣谜蔑历，罘易（锡）贝，用作宝尊彝。	小臣谜簋
昭王	（昭王）十九年，天大曀，雉兔皆震，丧六师于汉。	《古本竹书纪年》		
穆王			王令戜曰：叡，淮夷敢伐内国，女其以成周自氏戍于甜自。白（伯）雍父蔑录历，易（锡）贝十朋，录拜稽首，对扬白（伯）休，用作文考乙公宝尊彝。	录戜卣
			唯白犀（辟）父以成自即东，命伐南尸（夷）。	竞卣
懿王			王乎尹氏册命曶曰：更（赓）乃且考，作冢司土于司成周八自。	曶壶
孝夷			王命善（膳）夫克舍令于成周、遹正八自之年。	小克鼎
	王册，令尹易（锡）盠赤市、幽亢、攸勒，曰：用嗣（司）六自、王行，参（三）有嗣（司）：嗣（司）土、嗣（司）马、嗣（司）工。王令盠曰：缵嗣（司）六自罘八自𩁹。			盠方彝
厉王	王乎乍（作）册尹册命柳：嗣（司）六自牧阳，大□，嗣（司）羲、夷、阳佃史。	南宫柳鼎		
	呜呼哀哉！用天降大丧下或（国），亦唯噩（鄂）侯御方率南淮尸（夷）、东尸（夷）广伐南或（国），至于歷内。王乃命西六自、殷八自曰："□伐噩（鄂）侯驭方，勿遗寿幼。"肆自……弗克伐噩。肆武公乃遣禹率公戎车百乘，斯御百，徒千，曰："……叀西六自，殷八自，伐噩侯驭方，勿遗寿幼。"			禹鼎

上面的资料可以为我们提供这样的印象：1."八师"最早见于金文是在康王时的小臣谜簋铭，而"六师"在武王时代已经出现。参照上引

《尚书·多士》篇,可以断定,杨宽先生关于"成周八师"是利用迁移到洛邑的殷和方国"多士"编制而成的结论是有道理的。只有等到康王之世,殷遗民顺服西周王朝的统治之后,才可能组建"殷八师",以对付来自东夷和南淮夷的入侵。2.在"八师"建立之前,"六师"也负责东方的防务。《逸周书·世俘解》载:"吕他命伐越戏方,壬申,荒新至,告以馘、俘。侯来命伐靡集于陈,辛巳,至,告以馘、俘。甲申,百弇以虎贲誓,命伐卫,告以馘、俘。……庚子,陈本命伐磿;百韦命伐宣方,新荒命伐蜀。乙巳,陈本命新荒蜀、磿至,告禽霍侯。俘艾侯、佚侯、小臣四十有六,禽御八百有三百两,告以馘、俘。百韦至,告以禽宣方,禽御三十两,告以馘、俘。百韦命伐厉,告以馘、俘。"① 这里共有吕他、侯来、百弇、陈本、百韦、新荒所率六支军队,共打击了七个地域的目标,其中百韦二次出征,由此可见六师在东方执行作战任务的基本情况。又时代上属于西周早期偏晚的夐贮簋铭载:"唯巢来妝,王令东宫追以六自之年。"这些都是显证。"八师"建成后,便成了西周王朝抵御东方和东南威胁的主要工具。② 具体而言,其作战对手是东夷(见于小臣谜簋铭和禹鼎铭)、淮夷(见于录戒卣铭和禹鼎铭)及南夷(競卣铭)。这些被称为"夷"的少数民族居住在今山东、安徽、江苏北部一带,地域上属于东方和东南方。西周王朝利用"殷八师"对付东夷等部族,首先是地域上的考虑,"殷八师"的征兵地域在成周和殷商故地,军队驻扎也在这一带,便于对东方作战。当然,利用商人和东夷之间的敌忾之情也是周人战略构想得以实现的原因。我们知道,东夷之人和商人之间也一直是对抗的,《左传·昭公四年》云:"商纣为黎之蒐,东夷叛之。"③ 又《左传·昭公十一年》:"纣克东夷而陨其身。"④ 卜辞中也大量存在伐人方(即文献中的"东夷")的记录,如:

　　癸亥王卜,贞,〔旬无〕……在九月,王征人方,在雈。(《合集》36485)

　　癸卯王卜,贞,旬无……在十月又一,王征人方,在商。(《英藏》

① 黄怀信:《逸周书校补注译》,第211—215页。
② 至于厉王时的禹鼎铭所记"西六师"征伐东夷、南淮夷之战,当是西周晚期"六师"和"八师"战斗力下降,不得不联合对敌。
③(晋)杜预注:《春秋左传集解》,第1243页。
④(晋)杜预注:《春秋左传集解》,第1337页。

2524）

　　□未王卜，贞，旬〔无〕……在十月又二，（王）征人方，在旧。
（《合集》36486）

　　癸卯卜，黄贞，旬无……在正月，王来征人方，在攸侯喜鄙永。
（《合集》36486）

这些卜辞均属五期。商代晚期，东夷之人和商人之间的矛盾尖锐，战争
频仍，进入西周以后，周人利用商人攻打东夷和南淮夷符合商人的利益
和民族情绪，这也是商人愿意效命于周人的原因所在。3."西六师"和
"殷八师"分属两个军区，其统领者是不同的。"西六师"似乎常常由王
直接统辖，如敔贮簋铭："……王令东宫追以六自……"《竹书纪年》载昭
王南征时，"天大曀，雉兔皆震，丧六师于汉"。① 当然也可以令其他人率
领。但金文和文献中未见王统领"殷八师"的记载。"殷八师"的统领者
多为"某公"，可考的有白（伯）懋父、白（伯）雍父、白犀（辟）父，其中白
（伯）懋父是康叔封的儿子，白（伯）懋父当是卫公。我很怀疑白（伯）雍
父、白犀（辟）父也是不同时代的卫公，对于成周而言，从地理上卫国成
了它东向的门户，因此对东方用兵时，由卫公担任统帅可能更便于后勤
补给的协调。而"西六师"作战的主要对象是西戎，便由王亲自统领了。
从金文来看，王对"西六师"的控制似乎更严密一些，师晨鼎铭（《集成》
2817）：

　　惟三年三月初吉甲戌，王在周师录宫。旦王格大室，即立（位）。
司马共右晨，入门立中廷。王乎（呼）作册尹令（命）师晨，疋师俗
嗣（司）邑人，惟小臣、善夫、守□、官犬、眔奠人、善夫、官守友。赐
赤舄。晨拜稽首，对扬天子丕显休，令用乍朕文且辛公□鼎，晨其百
世，子子孙孙其永宝用。

铭文中的"周师"当指"西六师"，"成周八师"常简称为"成师"，未见有
称"周师"的。这是王亲自在"西六师"公所册命师晨的纪录。孙作云
先生说："'西六师'和'成周八师'是西周朝廷的支柱。这两支军队都
归西周天子统帅，而由两大军区的最高军事首领指挥：在武成时代，西六

① 方诗铭、王修龄：《古本竹书纪年辑证》，第 43—44 页。

师归召公指挥，成周八师归周公指挥。"①孙先生把西六师和成周八师放在两大军区的概念下看待的确是很好的见解。不过由于当时的资料所限，孙先生认为在"武成时代，西六师归召公指挥，成周八师归周公指挥"就不一定对了，因为在武成时代，"八师"还没有建成。"八师"首见于康王，而周公殁于成王之世，召公虽寿，也不能到康王晚期。这样看来，孙先生后面的说法不能成立。

西六师和殷八师临战受命时由"某公"或"王"率领，各个师的长官是"师氏"，统领师的将领与己名相连称为"师某"，如师克、师询、师酉等。早在周原甲骨文中就有"师氏"，见于H11：4：

其微楚，毕裁，师氏受裁。

根据此辞显示，师氏是王的高级官僚。王有时亲自册封"师氏"，如上引师晨鼎铭。

《尚书·牧誓》载："王曰：'嗟！我友邦冢君、御事、司徒、司马、司空、亚旅、师氏、千夫长、百夫长，及庸、蜀、羌、髳、微、卢、彭、濮人，称尔戈，比尔干，立尔矛，予其誓。'"②"师氏"是高级官僚，但它居于三公之后，《尚书·顾命》载："乃同召太保奭、芮伯、彤伯、毕公、卫侯、毛公、师氏、虎臣、百尹、御事。"③成王临终之前，召集重臣，布达遗命，其中就有师氏，但它的排名在太保奭、芮伯、彤伯、毕公、卫侯、毛公之后，正和前面几条材料相一致。

从一些金文材料反映的情况来看，"师氏"率领的武装力量是有限的，似乎达不到万人。请看彧簋一器的铭文：

惟六月初吉乙酉，才（在）宣自，戎伐𫗲，彧率有嗣、师氏奔追御戎于棫林，博（搏）戎𫗲。朕文母竞敏启行，休宕厥心，永袭厥心，卑克厥啻（敌），只（获）馘百，执讯二夫，孚（俘）戎兵：盾、矛、戈、弓、备（箙）、矢、裨、冑，凡百又（有）卅又（有）五款，将戎俘人百又（有）十又（有）四人。衣（卒）（搏）无𡧛于彧身，乃子彧拜稽首，对扬文母福

---

① 孙作云：《说酄在西周时代为北方军事重镇——兼论军监》，《河南师大学报》1983年第1期。
② 顾颉刚、刘起釪：《尚书校释译论》，第1095页。
③ 顾颉刚、刘起釪：《尚书校释译论》，第1712页。

剌,用乍文母日庚宝尊簋,卑(俾)乃子戜万年,用夙夜尊享于厥文母,其子子孙孙永宝。

从俘获的人数和军械来看,这是一次规模很小的战斗,而周王朝方面投入的兵力中就有"师氏"。这里透露出的信息是:"师氏"所指挥的军队不是很多。我们认为,金文中凡称师氏的,大都是"师氏"率领其常备武装出动,再如史密簋铭:

> 唯十又二月,王令师俗、史密曰:"东征。"会南夷卢、虎,会杞夷、舟夷,讙,不悆,广伐东国,齐师、族徒、遂人乃执鄙宽恶。师俗率齐师、遂人左[周]伐长必;史密右率族人、厘伯、僰、夷周伐长必,获百人。[①]

官职为师氏的师俗所率的军队主要有齐自、遂人,所获不过百人,看不出他应该率领的"万人大军"。

我们认为,西周和商代一样也实行临时征集制,所谓的"六师"、"八师"只是临战可征集的军队编制。在平时,负责这些军队的长官,也就是"师氏"只带领一些常备部队,人数不会很多,可以估计为千人。遇有小规模军事冲突,个别师氏可能受王命率领常备部队及事发地的诸侯军队作战,如上引史密簋铭文中的师俗就带领齐自作战,又如师袁簋(《集成》4313)铭文:

> 王若曰:师袁,哎!淮尸(夷)旧我贠晦臣,今敢博厥众叚,反厥工吏,弗速我东国。今余肇令女率齐师、曩、厘、僰、尿、左右虎臣正淮尸(夷),即质厥邦兽(首)……

在西周王朝近三百年的历史中,大规模的战争毕竟不是常常发生的,更多的时间是和平与小规模的冲突。这样,那些师氏所率的常备部队,其日常任务就是担任京畿地区的卫戍。元年师旋簋(《集成》4279)铭就载有戍守丰镐地区的两个师氏。铭文云:

[①] 史密簋 1986 年发现于陕西安康,释文主要参考了李学勤先生的文章,在不影响语意的前提下,尽可能使用通行文字。参看李学勤:《史密簋铭所记西周重要史实考》,《中国社会科学院研究生院学报》1991 年第 2 期。

惟王元年四月既生霸,王在减应,甲寅,王各庙,即立(位),遲公入右(佑)师旋,即立中廷。王乎乍(作)册尹册命师旋,曰:备于大左,官嗣丰还(苑)左右师氏,赐女(汝)赤市、冋黄(衡)、麗般(鞶),敬夙夕用事。旋拜稽首,敢对扬天子丕显鲁休命,用乍(作)朕文祖益仲尊簋,其万年子子孙孙永宝用。

文献中的记载就更加明确了,《周礼·地官·师氏》载:"(师氏)掌国中失之事,……凡祭祀、宾客、会同、丧纪、军旅,王举则从,听治亦如之。使其属帅四夷之隶,各以其兵服守王之门外,且跸。朝在野外,则守内列。"[①]《周礼》所记能反映西周晚期的制度,但这里所记跟金文却可相互印证,读之给人以若合符契的感觉,试看师酉簋(《集成》4288)铭:

惟王元年正月,王在吴(虞),各吴(虞)大庙,公族□鳌入右(佑)师酉,立中廷。王乎(呼)史牆册命师酉:嗣(司)乃且(祖)啻(嫡)官邑人、虎臣、西门尸(夷)、鳧(夷)、春尸(夷)、京尸(夷)、弁身尸(夷)。新赐女(汝)赤市、朱黄(衡)、中綱、攸(鋚)勒,敬夙夜勿灋(废)朕令。酉乃拜稽首,对扬天子不(丕)显休令(命),用乍(作)朕文考乙伯、宄姬尊簋,酉其万年子子孙孙永宝用。

又如师询簋(《集成》2747)铭:

今余令女(汝)啻(嫡)官嗣(司)邑人,先虎臣后庸:西门尸(夷)、春尸(夷)、京尸(夷)、鳧尸(夷)、师笭侧新、□华尸(夷)、由□尸(夷)、匪人、成周走亚、戍秦人、降人服尸(夷)。

师询是师酉之子,按照西周的世官制度,父子相继为师氏,其职务也大致相同,所领属官也一致,值得注意的是师酉和师询都掌管了不少夷人。这些人从其称为"夷"这点来看,应该是被征服的东夷部族,他们是奴隶的身份。既然是掌管军队的官吏,何以要管理作为奴隶的夷人呢?或许恩格斯在《家庭、私有制和国家的起源》中的一段论述会给我们一定的启示,他讲道:"雅典在当时只有一支国民军和一支直接由人民提供的舰队,他们被用来抵御外敌和压制当时已占人口绝大多数的奴隶。对

① (清)孙诒让:《周礼正义》卷二十五,第1005—1008页。

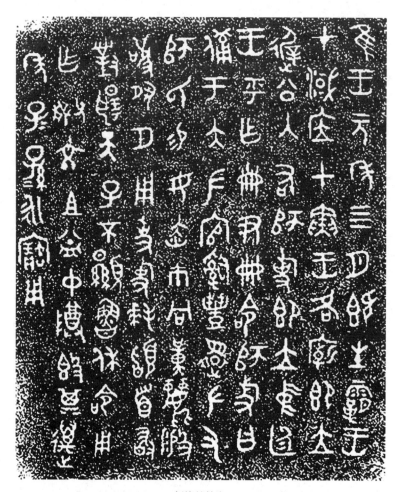

师旋簋铭文

于公民,这种公共权力起初只不过当作警察来使用,警察是和国家一样古老的……所以,雅典人在创立他们国家的同时,也创立了警察,即有步行的和骑马的弓箭手组成的真正的宪兵队……。不过,这种宪兵队却是由奴隶组成的。这种警察职务,在自由的雅典人看来是非常卑贱的,以致他们宁愿叫武装的奴隶来逮捕自己,而自己却不肯干这种丢脸的事,这仍是旧的氏族思想。国家是不能没有警察的,不过国家还很年轻,还未享有充分的道义上的威望,足以使那种必然要被旧氏族成员视为卑贱的行业受到尊敬。"[①]我们认为,"师氏"在平时掌管着警察部队,维护京畿周围的治安,这是师氏的一项职能。

师氏的第二项职能就是对贵族子弟的教育,《周礼·地官·师氏》载:"(师氏)掌国中失之事,以教国子弟,凡国之贵游子弟,学焉。"[②]而其主要的教学内容就是射御,《礼记·内则》云:"十有三年,学乐、诵诗、舞勺。成童舞象,学射御。"[③]说的就是贵族子弟应学的技能。著名的静簋(《集成》4273)铭文也记有贵族子弟学射的情景:

> 惟六月初吉,王在蒡京。丁卯,王命静嗣(司)射学官,小子眔服眔小臣眔尸(夷)仆学射,雩八月初吉庚寅,王以(与)吴忝、吕犅佮齝蓝师邦君射于大池,静学(教)无斁。王赐静鞞刿,静敢拜稽首,对扬天子不(丕)显休,用乍(作)文母外姞尊簋,子子孙孙其万年用。

这些受过正规训练的贵族子弟就构成了西周王朝常备军,在师氏的率领下驻扎在京畿地区,成为国家日常安全的支柱。其中一部分经过遴选成为王宫禁卫部队,由虎臣率领,这将在本节第三部分讨论。

师氏的第三个职能就是对"邑人"和"甸(奠)人"的管理。上引师西簋铭云:"王乎(呼)史墙册命师西:嗣(司)乃且(祖)啻(嫡)官邑人、虎臣。"其中虎臣为王宫禁卫的头领,而"邑人"相当于《周礼》中的乡大

---

① [德]恩格斯:《家庭、私有制和国家的起源》,《马克思恩格斯选集(四)》北京:人民出版社,1995年,第116—117页。
② (清)孙诒让:《周礼正义》卷五十五,第1005—1006页。
③ (清)孙希旦撰,沈啸寰、王星贤点校:《礼记集解》卷二十八,第770页。

静簋铭文

夫。[①] 再看师晨鼎铭：

> 惟三年三月初吉甲戌，王在周师录宫。旦王格大室，即立（位）。
> 司马共右晨，入门立中廷。王乎（呼）作册尹令（命）师晨，疋师俗嗣
> （司）邑人隹（与）小臣、善夫、守□、官犬，眔奠人、善夫、官守友。

师晨被任命和师俗掌管"邑人"及其所属小臣、善夫、守□、官犬等官吏，
还有"奠人"及其所属善夫等官吏。从文法来看，在"奠人"前用连词
"眔"，可以推知"奠人"和"邑人"是相类的职官，"奠人"即"甸人"，《周
礼·春官·序官》郑注和《通典·凶礼》中引《礼记》卢植注均说："郊外
曰甸。"而《周礼》中"遂"在"郊"之外，以此知师酉簋铭的"奠人"相当
于《周礼》中的"遂人"，而"遂人"与"乡大夫"正好相类，前者治"遂"，
后者治"乡"。

西周早期的"师氏"比《周礼》中的"师氏"权限要大，这是因为"西
周时代的'六师'和'八师'是一种军队编制和乡邑编制相结合的组
织"。[②] 正因为是一种乡邑组织，才会有对农业生产的管理。前引盠方
彝铭文云：王令盠曰："缵嗣（司）六𠂤眔八𠂤𦣞。"于省吾认为"𦣞"是
"蓺"的初文，象双手植草木于土中，典籍中"艺"训种植者习见。这是王
令盠掌管六𠂤和八𠂤的谷物种植之事。[③] 又前引南宫柳鼎铭云：

> 王乎乍（作）册尹册命柳：嗣（司）六𠂤牧阳，大□，嗣（司）羲、
> 夷、阳佃史。

于省吾先生认为"史"与"事"古字相通，佃史即佃事，这是王命柳掌管
畜牧和羲、夷、阳三地农事。于先生对上面两则铭文的解释是很好的，但
他据此认为，"这样一来，就打破了典籍上所称，以为我国屯田制始于汉
代昭、宣之世的一贯说法，而且应该把它提早到西周时代了"，[④] 却是不
对的。事实上，这是西周前期军事组织和乡邑组织结合，寓兵于农，战时

---

① 我们在绪论中和本章第一节分别谈到，西周的国野分治由来已久，而国野制度的确立（即按
　照《周礼》一书所载体系化）则是在西周后期的事情，我们在这里说早期的"邑人"相当于
　《周礼》中的乡大夫也就是在这层意义上讲的。
② 杨宽：《西周史》，第 418 页。
③ 于省吾：《略论西周金文中的"六𠂤"与"八𠂤"及其屯田制》，《考古》1964 年第 3 期。
④ 于省吾：《略论西周金文中的"六𠂤"与"八𠂤"及其屯田制》，《考古》1964 年第 3 期。

为兵、平时为农的临时征集制的反映。① 试看曶壶铭：

> 王乎尹氏册命曶曰：更（赓）乃且考，作冢司土于司成周八自。

这是王令曶继承祖父和父亲的职司，担任成周八师的"司土"之职。有关司土的职责，载簋（《集成》4255）铭称："王曰：载，令女（汝）作嗣（司）土，官嗣（司）耤田。""司土"又作"司徒"，《诗经·大雅·绵》云："乃召司空，乃召司徒，俾立室家。"郑笺："司空掌营国邑，司徒掌徒役之事，故召之。"② 由此看来，"司土（徒）"职司就是掌管土地和徒役之事。而王命曶为成周八师的司土，足见成周八师内也存在徒役征发的事务，如果是军屯，人人皆兵，又何必征发。早期文献中也能看出军中存在"三有司"的信息。《尚书·牧誓》载："王曰：'嗟！我友邦冢君、御事、司徒、司马、司空、亚旅、师氏、千夫长、百夫长。'"③ 针对这段文字，王鸣盛《尚书后案》说："窃谓三公兼卿，虽立制如此，此时出师征伐，六卿且不必尽从，又何用三公遍摄六卿以行？则知此经'三卿'自为军中有执掌之人，所以举之，无庸牵引三公。"④ 因此，所谓成周八师和西六师一定是一种军事和乡邑相结合的组织，遇有战事或演习，就要征发士兵。至于师晨鼎铭中师氏对不具备服兵役资格的"甸（奠）"的统御，目的是临战时征发在军中服役的厮徒。

其实像这样一种军民结合的社会组织在早期社会是普遍存在的。恩格斯在《家庭、私有制和国家的起源》一书中就曾列举过雅典国家中的这种社会组织，当时雅典的军队也是由自由民构成，自由民居住的自治区叫"德莫"，十个德莫构成一个部落，不过这时的部落已经与过去的血族部落不同，恩格斯称它为地区部落，地区部落不仅是一种自治的政治组织，也是一种军事组织。恩格斯在这里使用地区部落这个概念，无非是为了强调新部落的地域性，并以此区别于原始部落的血缘性特征。在中国，由于宗法制的实行，血缘关系更加强固，直到西周晚期，地缘关

---

① 王晖对季姬尊铭的研究也表明了这一点。参看王晖：《季姬尊铭与西周兵民基层组织初探》，《人文杂志》2014 年第 9 期。
② （唐）孔颖达：《毛诗正义》，第 987 页。
③ 顾颉刚、刘起釪：《尚书校释译论》，第 1095 页。
④ （清）王鸣盛：《尚书后案》，《嘉定王鸣盛全集》，北京：中华书局，2010 年，第 520 页。

系才逐步占据主导地位并引起了军队编制的变化。但这种亦兵亦农、军民结合的社会组织在西周早期已经出现。另外，其他少数民族在早期历史发展中也不乏这样的例子，如宋代辽东生女真完颜部建立的"猛安（千、千夫长）谋克（百、百夫长）"制度，铁木真在统一蒙古以后，也取消了原先的氏族组织，按十、百、千、万的方式部编居民，清入关前的建州女真所建立的"八旗"制度等，其共同的特点都是"出则为兵，入则为民"的民兵制度。

二、《周礼》中的"王六军"

《周礼·夏官·序官》云："凡制军，万有二千五百人为军，王六军，大国三军，次国二军，小国一军，军将皆命卿；二千有五百人为师，师帅皆中大夫；五百人为旅，旅帅皆下大夫；百人为卒，卒长皆上士；二十有五人为两，两司马皆中士；五人为伍，伍皆有长。"[1]《周礼》所论的以军为最大单位的编制与万人为师的编制显然是两个截然不同的体系，这不仅仅是一个军队编制体系发生变化的问题，隐藏在它后面的是社会组织形式的变迁。我们认为这种编制应该形成于西周晚期。陈恩林先生在《先秦军事制度研究》一书中专辟一节，论证了西周晚期的军事制度变革，他甚至以为这场军制的改革在周厉王的时代，其文献上的依据就是《国语·周语下》所载太子晋言及"厉王革典"一事。陈氏在分析了厉王时期西戎、猃狁、淮夷交侵中原的形势后，说："东南和西北，淮夷戎狄相继肆虐，周王室的十四师兵力屡战不克，日感窘迫，宗周面临危机。为了适应抵御外侮的需要，周厉王进行军事制度的改革是极有可能的。"[2]陈先生能够看到西周晚期社会制度的巨大变化尤其是军制的改革，确实很有见地，至于这场变革是否发生在厉王朝则有待进一步讨论。

我们在前文反复说过，国野分治于西周早期就已经存在，而国野制度的最终形成和推广则是在西周中晚期，具体说来就是《周礼》中所描述的乡遂制度。这种制度带有明显的地域特征，它淡化了早期社会基层组织中的血缘因素。而基层组织的变化就必然首先反映在军制的变化

---

[1]（清）孙诒让：《周礼正义》卷五十四，第2237页。
[2] 陈恩林：《先秦军事制度研究》，第80页。

上。《国语·齐语》所载管仲制国云:"五家为轨,轨为之长;十轨为里,里有司;四里为连,连为之长;十连为乡,乡有良人焉。以为军令:五家为轨,故五人为伍,轨长帅之;十轨为里,故五十人为小戎,里有司帅之;四里为连,故二百人为卒,连长帅之;十连为乡,故二千人为旅,乡良人帅之;五乡一帅,故万人为一军,五乡之帅帅之。"①这很能说明在乡遂制度下,社会基层组织对军队编制的强烈影响。从逻辑上讲,国野制度的推行和最终确立在先,军队编制的变化在后。由于资料所限,我们无法考知这一变革发生的时间,但笔者以为,陈恩林先生推测的厉王时代可能是不对的。《后汉书·东夷传》载:"厉王无道,淮夷入寇,王命虢仲征之,不克。宣王命召公伐而平之。"②由于这场战役历经厉宣(中间还有共和14年)三朝,极有可能在厉王后期战事才起。而禹鼎铭所载就是这场战役,动用的军队有"西六师"和"殷八师",这说明在厉王朝晚期六师和八师还存在。不过六师和八师的战斗力已经今非昔比,到了非改不可的前夜。这也能说明在国野制度确立以后,旧的军事体制已经不能适应新的军事斗争的需要,需要有一场彻底的改革。联系到宣王时期的"不籍千亩"、"料民太原"等一系列革新措施,我们怀疑这场军制的变革很有可能发生在宣王时期。《诗经·小雅·采芑》云:"方叔莅止,其车三千。"《诗序》说:"宣王南征也。"③按每车配置二十五人计算,共约七万五千人,正合"六军"兵员总数,这显然是宣王时期军制改革后的情况。所以陈恩林先生也认为"师"制向"军"制的转变到宣王时已经完成。

　　下面着重讨论两个相关问题,以进一步确证上面的分析。

　　首先,西周晚期是否发生过军制方面的改革。这也是一些学者怀疑的一个问题,如蓝永蔚就曾说:"《周礼》的天子六军之制,早已被这些斑驳陆离的青铜古器砸得粉碎了。"④显然是说《周礼》中的天子六军之制是子虚乌有的事情了。目前出土的青铜器铭文中虽然没有见到过六军的记载,但六师和八师在厉王后也就不再见于古器。《左传·隐公五年》载:"郑祭足、原繁、洩驾以三军军其前,使曼伯与子元潜军军其后。燕人

---

① 上海师范大学古籍整理研究所点校:《国语》,第231—232页。
② (刘宋)范晔:《后汉书》卷八十五,北京:中华书局,1965年,第2808页。
③ (唐)孔颖达:《毛诗正义》,第641、643页。
④ 蓝永蔚:《春秋时代的步兵》,北京:中华书局,1979年,第106页。

畏郑三军,而不虞制人。"①《左传·庄公十六年》载:"冬,王使虢公命曲沃伯以一军为晋侯。"②这两条材料均在春秋初年,完全符合《周礼》要求的"大国三军,次国二军,小国一军"的制度,而且第二条材料说的正是王命晋侯建一军,应该是按照《周礼》的规定做出的。既然各诸侯国在春秋时期的"军"制如此完善,而在厉王时尚有禹鼎铭文载"六师"、"八师"的军制,因此在这一段时间发生过变革当是没有疑问的。考虑到入春秋以后王权旁落的事实,这次包括诸侯国在内的重大军制改革应当在西周晚期,只是是否在厉王之后的宣王时期,倒是可以讨论。

其次,《周礼》能否反映西周晚期的制度变迁。《周礼》一书晚出,在疑古思潮中,被认为是战国阴谋之书。我们认为,即使《周礼》成书在战国时代,其内容也不会是平空出现的,应该有其来源。西周时期的许多重要的制度如井田制、乡遂制、村社制、族葬制等都在《周礼》中能够直接或间接看到。李学勤先生就曾指出:"近年发现的青铜器铭文,许多必须参考《左传》、《周礼》才能说明。"③说的就是这个道理。具体到军制方面也是如此,一些见于青铜器铭文的军职,可以与《周礼》相合(见下表)。

表5　《周礼》所见职官与金文资料对照表

《周礼》所载	周金所见
《周礼·地官·师氏》载:"师氏,……使其属帅四夷之隶,各以其兵服守王之门外,且跸。朝在野外,则守内列。"	师西簋铭载: 王乎(呼)史牆册命师西:翩(司)乃且(祖)啻(嫡)官邑人、虎臣、西门尸(夷)、䚅尸(夷)、秦尸(夷)、京尸(夷)、弁身尸(夷)。 师询簋铭载: 今余令女(汝)啻(嫡)官翩(司)邑人,先虎臣后庸:西门尸(夷)、秦尸(夷)、京尸(夷)、䚅尸(夷)、师笒侧新、□华尸(夷)、由□尸(夷)、匼人、成周走亚、戍秦人、降人服尸(夷)。
《周礼·司马》属官有"家司马、射人、司右、大仆、祭仆、御仆、隶仆、戎仆、齐仆、道仆、田仆"。	趞鼎(《集成》4266)铭载: 趞,命汝作幽师家司马,啻(嫡)官仆、射、士、讯小大右鄰。

①（晋）杜预注:《春秋左传集解》,第33页。
②（晋）杜预注:《春秋左传集解》,第167页。
③李学勤:《重新估价中国古代文明》,《人文杂志》增刊,1982年。

《周礼》所载	周金所见
《周礼·司马》有"小子、虎贲氏"，《周礼·司徒》有"师氏"。	令鼎（《集成》2803）铭载： 王射，有司眔师氏、小子佮射。 毛公鼎（《集成》2841）铭载： 小子、师氏、虎臣眔朕执事。 师遽簋（《集成》4214）铭载： 王廷正师氏。
《周礼》大司马之属有"趣马"，郭沫若先生以为文献中的"趣马"就是金文中的"走马"，其说甚是。据《周礼》，趣马"掌赞正良马而齐其饮食，简其六节。掌驾说之颁，辨四时之居。治以听驭夫"。	休盘（《集成》10170）铭载： 益公右走马休入门，立中廷，北乡。 元年师兑簋（《集成》4274）铭载： 王乎内史尹册命师兑：胥师龢父司左右走马、五邑走马。

上表中所列的军队职官称谓，同见于《周礼》和西周金文，而不见于《左传》等文献，这很能说明《周礼》一书所载西周晚期军制可能是渊源有自的。

西周晚期形成的这种以"军"为最大编制单位的军制一直延续到春秋，在《左传》常常能够见到"三军"、"二军"的记载，至于春秋中后期部分诸侯国建有"五军"，超越了《周礼》所规定的"大国三军"之数，自是因为王权旁落，诸侯坐大所致。

这种编制方式以五进制为原则，与商代和西周前期以十进制编制的"师旅"不只是军队编员总数发生了变化，它反映出在寓兵于民的基本制度之下，基层社会结构发生了变化。原先那种带有强烈血缘性质的氏族社会不复存在，新的以地域关系为纽带的乡遂制度已经确立。这种新兴的乡邑社会结构深刻地影响了西周晚期和春秋时代的军制，前文所引《国语·齐语》中有关管仲制国的一段文字很能说明两者之间的关系。

清代学者已经注意到了这次军制变革的重大意义。江永在《群经补义》的《春秋》篇中曾经谈道：

> 春秋之时兵农固已分矣。管仲参国伍鄙之法，制国以为二十一乡，工商之乡六，士乡十五，公帅五乡，国子、高子各帅五乡，是齐之三军悉出近国都之十五乡，而野鄙之农不与也。五家为轨，故五人为伍，积而至于一乡二千家，旅二千人，十五乡三万人为三军，是此

十五乡者,家必有一人为兵。其中有贤能者五乡,大夫有升选之法,故谓之士乡,所以别于农也。其为农者处之野鄙,别为五鄙之法,三十家为邑,十邑为卒,十卒为乡,三乡为县,十县为属,五属各有大夫治之,专令治田供税,更不使之为兵。故桓公问五鄙之法,管仲对曰:"相地而衰征则民不移征,不旅旧则民不偷。"谓随地之善恶而差其征税,则民安;土著不移徙,农恒为农,不以其旧为农者忽隶于师旅,则民无贰志,不偷惰。岂非兵农已分乎? 十五乡三万家,必有所授田。而相地衰征之法惟施于伍鄙,则乡田但有兵赋,无田税,似后世之军田、屯田,此外更无养兵之费也。他国之兵制,亦大略可考。[①]

他在《周礼疑义举要》中也有类似的说法:

> 天子六军,取之六乡。……管仲变成周之制,以士乡十五为三军,则犹是六乡为六军之遗法。他国军制大约相似,虽云寓兵于农,其实兵自兵而农自农,虽云无养兵之费,而六乡之田即是养六军之田,犹后世之屯田也。六乡之民,六军取于斯,兴贤能亦取于斯,齐之士乡亦如此。此则古今制度大不相同者也。[②]

朱大韶曾竭力称赞江永的说法,他在"司马法非周制说"中讲道:"六军之众出于六乡。……其六遂及都鄙尽为农,故乡中但列出兵法,无田制。《遂人》但陈田制,无出兵法。兵自为兵,农自为农。"[③]

清代学者的这番议论是针对管仲在齐国的改革而发的,但这场军制变革不限于齐国,也不限于春秋初期,而是开始于西周晚期,管仲不过是借用了《周礼》所论述的那种军制罢了。当然,江永、朱大韶所谓的"兵农之分"是就服兵役的兵"乡"和不服兵役的"农"人聚居区而言的,实际上就是"国"与"野"、"乡"与"遂"的区别,与我们所说的"寓兵于农"、"寓兵于民"并不矛盾。尤为重要的是,他们也注意到了"国人"和"野人"经济负担的差异。即:"其为农者处之野鄙,别为五鄙之法……专

---

① (清)江永:《群经补义·春秋》,阮元编《皇清经解》卷二百五十七,咸丰十一年学海堂刻本,第11页。
② (清)江永:《周礼疑义举要》,北京:中华书局,1985年,第15—16页。
③ (清)朱大韶:《实事求是斋经义》卷二,光绪十四年南菁书院刻皇清经解续编本,第33页。

令治田供税,更不使之为兵,""而相地衰征之法惟施于伍鄙,则乡田但有兵赋,无田税。"这一点与我们在本章第一节国野分治所论是完全一致的。

三、"虎贲"、"旅贲"与"五隶之兵"

周天子的警卫人员称为"虎贲",诸侯的警卫人员称为"旅贲"。《国语·鲁语下》载:"天子有虎贲,习武训也;诸侯有旅贲,御灾害也。"① 我们在这里主要讨论"虎贲"。"旅贲"职能跟"虎贲"无二,只是它是诸侯的警卫队,规模小于天子的"虎贲"而已。

《周礼·夏官·虎贲氏》载:"掌先后王而趋以卒伍。军旅、会同亦如之。舍则守王闲。王在国,则守王宫。国有大故,则守王门。大丧亦如之。及葬,从遣车而哭。适四方使,则从士大夫。若道路不通有征事,则奉书以使于四方。"② 这一点可以得到早期文献的证实,《尚书·顾命》载成王崩,"太保命仲桓、南宫毛俾爰齐侯吕伋,以二干戈、虎贲百人,逆子钊于南门之外"。③ 作为王的警卫人员,必须勇力过人,"虎贲"大都是经过挑选的,《周礼》说虎贲氏的属官有"下大夫二人,中士十有二人,府二人,史八人,胥八十人,虎士八百人"。关于这八百名虎士,郑注云:"不言徒,曰虎士。则虎士,徒之选,有勇力者。"④ 挑选的对象就是我们所说的师氏所率的常备军,其人员多为贵族子弟。我们在前文说过,在平时,无论前期的"六师"、"八师",还是后期的"六军",都不常备,常备的是由贵族子弟组成的军队,他们平时由师氏进行训练,其中有勇力的则可能被选为"虎贲"之士。西周文献缺失,但后来的文献可窥其端倪。《战国策·赵策四》"赵太后新用事"条中,触龙曾请求赵太后说:"老臣贱息舒祺,最少,不肖。而臣衰,窃爱怜之。愿令得补黑衣之数,以卫王宫,没死以闻。"⑤ 触龙身为左师公,儿子想成为王宫的一名警卫尚要通过太后,足见"虎士"选拔的严格。

---

① 上海师范大学古籍整理研究所点校:《国语》,第 195 页。
② (清)孙诒让:《周礼正义》,第 2485—2486 页。
③ 顾颉刚、刘起釪:《尚书校释译论》,第 1737 页。
④ (清)孙诒让:《周礼正义》,第 2257 页。
⑤ (汉)刘向集录:《战国策(中)》,上海:上海古籍出版社,1978 年,第 769 页。

"虎贲"的头领是"虎臣","虎臣"也是王的近臣,但地位要低于师氏。《尚书·顾命》载:"乃同召太保奭、芮伯、彤伯、毕公、卫侯、毛公、师氏、虎臣、百尹、御事。"[①]虎臣位列师氏之下。周金中也常常能够见到虎臣,如师衮簋铭载:"王若曰:师衮,变!淮尸(夷)旧我贠晦臣,今敢博厥众叚,反厥工吏,弗速我东国。今余肇令女率齐师、曩、釐、僰、尸、左右虎臣正淮尸(夷),即质厥邦兽(首)";师酉簋铭载:"王乎(呼)史墙册命师酉:䚂(司)乃且(祖)啻(嫡)官邑人、虎臣、西门尸(夷)、㝃尸(夷)、秦尸(夷)、京尸(夷)、弁身尸(夷)";师询簋铭载:"今余令女(汝)啻(嫡)官䚂(司)邑人,先虎臣后庸";毛公鼎铭载:"小子、师氏、虎臣眔朕执事。"从金文中也不难看出,"虎臣"要受"师氏"的节制,但由于"虎贲"部队的特殊性,师氏帅"虎臣"出征要得到王的准许,师衮簋中左右虎臣是受王命随师氏出征的。这一点与武王时期不同,根据《尚书·牧誓》所载,"亚旅"排在"师氏"之前,我们曾推测亚旅是王的禁卫部队的首领,其职司相当于此后的"虎臣"。

由于"虎贲"之士都是经过挑选的精壮勇士,而且都是贵族出身,忠于朝廷,在作战时就成了精锐部队,如武王伐纣时就有"虎贲三千",《逸周书·克殷解》说:"周车三百五十乘,陈于牧野。帝辛从,武王使尚父与伯夫致师。王既以虎贲戎车驰商师,商师大败。"[②]在没有王参加的战争中,虎臣也受王命出征,充当战斗中的中坚力量,如上引师衮簋中的"左右虎臣"。在春秋战国时期的文献中也常常用"虎贲"来指代勇力之士,如《战国策·楚策一》"张仪为秦破纵连横"条中,张仪在讲到秦国的军力时说:"虎贲之士百余万,车千乘,骑万匹,粟如丘山。"[③]《吴子兵法·料敌》云:"然则一军之中必有虎贲之士,力能扛鼎,足轻戎马,搴旗取将,必有能者。若此之等,选而别之,爱而贵之,是谓军命。"[④]

《周礼》中又有"旅贲氏",其职能是:"掌执戈盾夹王车而趋,左八人,右八人,车止则持轮。凡祭祀、会同、宾客,则服而趋。丧纪,则衰葛

① 顾颉刚、刘起釪:《尚书校释译论》,第 1712 页。
② 黄怀信:《逸周书校补注译》,第 178 页。
③ (汉)刘向集录:《战国策(中)》,第 504 页。
④ (战国)吴起撰,江苏师范学院学报组等注释:《吴子兵法注释》,第 16—17 页。

执戈盾。军旅，则介而趋。"① 以此看来，"旅贲"也在王的左右。陈恩林以为"旅贲"是诸侯的禁卫部队。② 前引《国语·鲁语下》也说："天子有虎贲，习武训也；诸侯有旅贲，御灾害也。"大概旅贲的人数和级别低于虎贲，天子的禁卫军可以配置虎贲，其下辖旅贲，而诸侯只能配置到"旅贲"这个级别，故《国语》说"诸侯有旅贲"。验之于春秋典籍，《左传·僖公二十八年》载，楚王的禁卫军为"西广"，太子的禁卫军是"东宫"。③《左传·宣公十二年》载："楚子为乘广三十乘，分为左右。右广鸡鸣而驾，日中而说。左则受之，日入而说。"晋下军佐栾书说这就是楚王的禁卫军："其君之戎，分为二广，广有一卒，卒偏之两。右广初驾，数及日中；左则受之，以至于昏。"杜预作注说："十五乘为一广。《司马法》：百人为卒，二十五人为两。车十五乘为大偏。今广十五乘，亦用旧编法，复以二十五人为承副。"④ 一广十五乘就有三百七十五人，两外再有一卒，即一百人，这样下来共有四百七十五人。虽然两广另加两卒为九百五十人，但由于要换班，当值的共为四百七十五人。而天子的虎贲，据《周礼》所记，仅虎士就有八百人，加上其他人员，约有九百人。春秋时期的楚国自然有所僭越，这样看来也比较符合。

　　下面谈谈"五隶"之兵。

　　《周礼》所载的"五隶"之兵是一种警察部队，其职责主要是"搏盗贼"和"囚执人"，活动范围大体在"王宫与野舍之厉禁"，其人员构成为被俘异族的"隶民"，主要包括"罪隶"、"蛮隶"、"闽隶"、"夷隶"、"貉隶"，五隶各为一百二十人，总计六百人。所以《周礼》载："掌帅四翟之隶，使之皆服其邦之服，执其邦之兵。"⑤ 孙诒让认为"翟"就是"狄"，"四翟"和"四夷"意同。金文中有"四夷"的痕迹，当指这些"五隶"之兵。如师酉簋铭载：

　　　　王乎（呼）史牆册命师酉：嗣（司）乃且（祖）啻（嫡）官邑人、虎臣、西门尸（夷）、䵼尸（夷）、秦尸（夷）、京尸（夷）、弁身尸（夷）。

---

① （清）孙诒让：《周礼正义》，第 2487—2489 页。
② 陈恩林：《先秦军事制度研究》，第 90 页。
③ （晋）杜预注：《春秋左传集解》，第 373 页。
④ （晋）杜预注：《春秋左传集解》，第 586—588 页。
⑤ （清）孙诒让：《周礼正义》，第 2883 页。

又，师询簋铭载：

> 今余令女（汝）啻（嫡）官翩（司）邑人，先虎臣后庸：西门尸（夷）、春尸（夷）、京尸（夷）、衾尸（夷）、师筌侧新、□华尸（夷）、由□尸（夷）、匫人、成周走亚、戍秦人、降人服尸（夷）。

上述两器中的"某尸（夷）"归师氏统领，很容易让人联想到被冠以"四翟"或"四夷"之称的"五隶"之兵。

刘展《中国古代军制史》把"五隶"之兵归入禁卫军，以为其职能与汉代的司隶校尉相同，[①] 这是不对的。在周代，禁卫军都是有着贵族身份的子弟，而且需要经过严格遴选才能进入。赵国左师公触龙之子为"补黑衣之数"，尚要通过"太后"，其入选之难，可见一斑。这些身为异族战俘的"五隶"之人怎么能够成为禁卫军呢？他们不过是普通的警察。而警察在当时是一种为自由人所不齿的职业。至于他们活动于王宫周围，可能是因为这里的治安要求更高使然。

第三节　中央对地方军事力量的控制

西周以分封立国，诸侯国拥有独立的军事力量，中央王朝为了实现对诸侯国军队的有效管理也采取了一定的措施，如命卿制度。但总体来看，中央对地方军队的管控力还是有限的，这一点是由分封制度本身造成的。

一、诸侯国军力的估计

《国语·鲁语下》载鲁国将作三军时，叔孙穆子劝阻道：

> 天子作师，公帅之，以征不德。元侯作师，卿帅之，以承天子。诸侯有卿无军，帅教卫以赞元侯。自伯子男有大夫无卿，帅赋以从诸侯。是以上能征下，下无奸慝。[②]

[①] 刘展：《中国古代军制史》，第58—59页。
[②] 上海师范大学古籍整理研究所点校：《国语》，第188页。

　　叔孙穆子在这里讲的是古制,从中能够看出西周时期诸侯拥有军事力量的基本情况。根据叔孙穆子所讲,诸侯分为三个等次,即:"元侯","诸侯"和"伯、子、男",对应于《周礼》所说的大国、次国、小国,《穀梁传》分别称为上国、次国、下国。《国语》和《周礼》都是后来的文献,周初分封是否用这样的称谓区分大、中、小国,不得而知,但分封时以大统小、制衡一方的规划还是有的。《汉书·诸侯王表》序中说道:

> 　　昔周监于二代,三圣制法,立爵五等,封国八百,同姓五十有余。周公、康叔建于鲁、卫,各数百里;太公于齐,亦五侯九伯之地。《诗》载其制曰:"介人惟藩,大师惟垣。大邦惟屏,大宗惟翰。怀德惟宁,宗子惟城。毋俾城坏,毋独斯畏。"[①]

除过齐、鲁、卫,晋也是分封的大国。为了方便,我们不妨就按照"元侯"(对应大国)、"诸侯"(对应中国)和"伯、子、男"(对应小国)的次序,稍加说明。

　　"元侯"(对应大国或上国)。西周时代是一个"礼乐征伐自天子出"的时代,[②]西周王朝吸取了商灭亡的教训,为了避免诸侯坐大,尾大不掉,在天子拥有重兵的情况下,还分封了一些重要的诸侯国,这些诸侯国坐镇一方,享有征伐大权。韦昭注:"元侯,大国之君。"[③] 大国指的就是这些享有征伐大权的诸侯重国。卫、鲁、晋、齐等国就是这样的大国。周公在封其弟卫康叔时说:"孟侯,朕其弟,小子封。"[④]《汉书·地理志》载:"故《书序》曰:'武王崩,三监畔',周公诛之,尽以其地封弟康叔,号曰孟侯,以夹辅周室。"[⑤] 在文献中周初受封的诸侯国,若被要求"夹辅周室"或"辅周室",就往往具有征伐之权力,这也道出了周王室分封该国的政治意图。颜师古在作注时讲到:"康叔亦武王弟也。孟,长也,言为诸侯之长。"[⑥] 依颜注,"孟"与"元"的意思相近,称"孟侯"即"元侯"之意。《诗经·鲁颂·閟宫》云:"王曰叔父,建尔元子,俾侯于鲁。大启尔宇,

---

① (汉)班固:《汉书》,第 391 页。
② (曹魏)何晏注,(宋)邢昺疏:《论语注疏》,第 263 页。
③ 上海师范大学古籍整理研究所点校:《国语》,第 189 页。
④ 顾颉刚、刘起釪:《尚书校释译论》,第 1299 页。
⑤ (汉)班固:《汉书》,第 1647 页。
⑥ (汉)班固:《汉书》,第 1648 页。

为周室辅。"① 鲁国是周公之子伯禽的封国,和上面的卫国以及晋国都是周天子的至亲之人。

关于晋国,传世的晋公盆(《集成》10342)铭云:"惟王正月初吉丁亥,晋公曰:我皇祖唐公膺受大命,左右武王,㲋四百蛮,广治四方,至于大廷,莫不事王……"此铭所言虽出自晋公之口,但也能看出唐叔虞初封时候左右周王、镇抚百蛮的地位。

关于齐国,《史记·齐太公世家》对其立国也有交代:"太公至国,修政,因其俗,简其礼,通商工之业,便鱼盐之利,而人民多归齐,齐为大国。及周成王少时,管蔡作乱,淮夷畔周,乃使召康公命太公曰:'东至海,西至河,南至穆陵,北至无棣,五侯九伯,实得征之。'齐由此得征伐,为大国。都营丘。"② 鲁僖公四年,齐国率领诸侯讨伐楚国,管仲曾对楚王说:"昔召康公命我先君太公曰:'五侯九伯,女实征之,以夹辅周室。'赐我先君履,东至于海,西至于河,南至于穆陵,北至于无棣。"③ 上引两种文献虽有重复,但能彼此印证,亦足见齐国作为东方大国的显赫地位。

显然以上这四国国君可以"元侯"当之,这四国也是周代所分封的主要大国,都负有"夹辅周室"的责任,当然它们的征伐权力必须得到天子的认可,即如《礼记·王制》所言:"诸侯赐弓矢,然后征;赐斧钺,然后杀。"④ 韦昭在对上面所引的《国语·鲁语下》的一段文字作注云:"元侯,大国之君。师,三军之众也。"⑤ 但何休《公羊传·隐公五年》注云:"天子六师,方伯二师,诸侯一师。"陈恩林先生以为何休所说的"方伯二师"是对的。⑥ 实际上何休和韦昭的说法都是有道理的,只是所论的时代不同而已。西周时代,天子的军制发生了由"师"向"军"的转变,这几个国家的军队编制也不会一成不变。何休所说"方伯二师"当是西周早期和中期的情况,这个时候周王室异常强大,共有十四师的军力,而诸侯的军力则很有限。班簋(《集成》4341)载:"王令吴(虞)白(伯)曰:'以

---

① (唐)孔颖达:《毛诗正义》,第 1412 页。
② (汉)司马迁:《史记》,第 1480—1481 页。
③ (晋)杜预注:《春秋左传集解》,第 244 页。
④ (清)孙希旦撰,沈啸寰、王星贤点校:《礼记集解》,第 331 页。
⑤ 上海师范大学古籍整理研究所点校:《国语》,第 189 页。
⑥ 陈恩林:《先秦军事制度研究》,第 64 页。

乃自左比毛父。'王令吕白(伯)曰:'以乃自右比毛父。'"吴伯和吕伯属
于内诸侯,够不上方伯一级。就连齐国这样的大国,金文中仅见过"齐
师"(史密簋),未见"二师"、"三师",这大概是诸侯国军队较少的反映。
而到了西周晚期则不同,王室衰微,军队也由十四师、约十四万人,变为
六军、约七万五千人。而与之相反的是诸侯国军力大增,以郑国为例,郑
本伯爵,是一个小诸侯国,西周晚期才受封于郑,应只有一军。但是入春
秋以后,郑武公、庄公先后为平王卿士,所以也建立了"三军"。因此《左
传·隐公五年》云:"燕人畏郑三军。"综上所述,何休所论"方伯二师"
是西周前期的情况,韦昭所论"三军之众"是西周后期的情况。这样看
来,西周前期,方伯军队不会超过二师,西周后期,不会超过三军,以鲁国
为例,《尚书·费誓》曾说:"鲁有三郊三遂。"① 以此推论当有三军。韦昭
注《国语·鲁语下》之"季武子为三军"条云:"鲁,伯禽之分,旧有三军,
其后削弱,二军而已。"② 后来直到襄公十一年才又建三军。③

　　"诸侯"(对应次国)。对于《国语·鲁语下》所载"诸侯有卿无军"
一语,韦昭注:"无军,无三军也。"④ 这是不对的,这里应该理解为诸侯没
有征发军队的权力。事实上,在国野制度之下,一个诸侯拥有的土地和
人口,能够组建一支军队。《白虎通》云:"(诸侯)所以一军者何? 诸侯,
蕃屏之臣也。任兵革之重,距一方之难,故得有一军也。"⑤ 金文中也能见
到诸侯的军队称"师"的,如上引班簋载:"王令吴(虞)白(伯)曰:'以乃
自左比毛父。'王令吕白(伯)曰:'以乃自右比毛父。'"这是诸侯有军队
的铁证。只不过在临时征集制之下,诸侯没有得到王的命令是不能征发
组建军队的。但他的一些禁卫部队和担任军中教练的常备力量是存在
的,所以说"诸侯有卿无军,帅教卫以赞元侯"。当然这只是西周时期的
制度,到了春秋时期,"礼乐征伐自诸侯出",诸侯自主组建军队,也就不
再听命于周天子了。

　　"伯、子、男"(对应小国或下国)。这是一些小诸侯,他们军事力量

---

① 顾颉刚、刘起釪:《尚书校释译论》,第 2138 页。
② 上海师范大学古籍整理研究所点校:《国语》,第 188 页。
③ (晋)杜预注:《春秋左传集解》,第 881 页。
④ 上海师范大学古籍整理研究所点校:《国语》,第 188、189 页。
⑤ (清)陈立:《白虎通疏证》卷五,北京:中华书局,1994 年,第 201 页。

就更加弱了,所以在行动时只能跟从诸侯,即"帅赋以从诸侯"。

但诸侯无论大小,其所率领的军队都有随从天子军队出征的义务,如班簋(《集成》4341)铭:

> (惟)八月初吉,才(在)宗周。甲戌,王令毛白(伯)更(赓)虢城公服,(屏)王立(位),作四方丞(极),秉繁、蜀、巢令。易(锡)铃、(勒),咸。王令毛公以邦冢君、土(徒)驭(御)、铖人伐东或(国)猾戎,咸。王令吴(虞)白(伯)曰:"以乃自左比毛父。"王令吕白(伯)曰:"以乃自右比毛父。"

这是内诸侯随王军出征的例子,又师袁簋(《集成》4313)铭文:

> 王若曰:师袁,叟! 淮尸(夷)旧我员晦臣,今敢博厥众叚,反厥工吏,弗速我东国。今余肇令女率齐师、曩、厘、僰、尿、左右虎臣正淮尸(夷),即质厥邦兽(首)……

这是元侯(齐国)和一些小诸侯(曩、厘、僰、尿)在王的"师氏"率领下出征的例子。

周天子不仅对大小诸侯可组建军队的规模、数量有规定,而且还通过命卿的方式对各诸侯的军队进行间接的领导和指挥,下一部分我们将集中讨论命卿制度。

二、命卿制度

所谓命卿制度,就是由周天子任命诸侯卿士的制度。通过这种制度周天子实现了对诸侯国军政大权的间接管理,以前的学者也在相关论著中讨论过这一制度,[①]下面依据传世文献的记载和学者的研究,对命卿制度稍作梳理。

从文献来看,春秋时期命卿制度还非常盛行。《左传·僖公十二年》载管仲朝见周天子,周王欲以上卿之礼接待管仲,管仲辞谢道:

---

① 参见陈恩林:《先秦军事制度研究》,第64—66页;徐勇、张焯编著:《简明中国军制史》,哈尔滨:黑龙江人民出版社,1991年,第12—13页;黄水华:《中国古代兵制》,天津:天津教育出版社,1991年,第5页;刘展:《中国古代军制史》,第75页。

班簋铭文

> 臣，贱有司也。有天子之二守国、高在。若节春秋，来承王命，何以礼焉？陪臣敢辞。

杜预作注云："国子、高子，天子所命为齐守臣，皆上卿也。"① 国、高二子便是天子任命的卿士。

齐国经过管仲的治理，军制在春秋初期具有代表性。《国语·齐语》载：

> 管子于是制国以为二十一乡：工商之乡六；士乡十五，公帅五乡焉，国子帅五乡焉，高子帅五乡焉。
>
> ……
>
> 五乡一帅，故万人为一军，五乡之帅帅之。三军，故有中军之鼓，有国子之鼓，有高子之鼓。②

齐国为大国，依《周礼》有三军，其统帅分别是齐公、国子和高子。国子和高子为天子的命卿，按照"军将皆命卿"③ 的原则，二子各将一军，中军由国君直接掌控，这是春秋时期的制度。但据《礼记·王制》所载，西周时期可能三军都归命卿统帅，原文云：

> 大国三卿，皆命于天子，下大夫五人，上士二十七人。次国三卿，二卿命于天子，一卿命于其君，下大夫五人，上士二十七人。小国二卿，皆命于其君，下大夫五人，上士二十七人。④

郑玄不赞同"小国二卿，命于其君"的说法，他纠正道："小国亦三卿，一卿命于天子，二卿命于国君。此文似有脱误。"⑤ 郑注是可取的，因为根据《周礼》所记，"小国"也有一军的编制。有一军就有一命卿，西周时期军制和命卿是相统一的。正如《国语·鲁语》所言："元侯作师，卿帅之，以承天子。"⑥

在春秋中期，随着王权的衰落，情况就发生了微妙的变化，如《左

---

① （晋）杜预注：《春秋左传集解》，第 281 页。
② 上海师范大学古籍整理研究所点校：《国语》，第 229—232 页。
③ （清）孙诒让：《周礼正义》，第 2237 页。
④ （清）孙希旦撰，沈啸寰、王星贤点校：《礼记集解》，第 320—321 页。
⑤ （清）孙希旦撰，沈啸寰、王星贤点校：《礼记集解》，第 321 页。
⑥ 上海师范大学古籍整理研究所点校：《国语》，第 188 页。

传·宣公十六年》载："晋侯请于王。戊申,以黻冕命士会将中军,且为
大傅。"[1] 这种由诸侯国君请命来任命卿士和王任命已经大大不同了,它
实际上只是得到王的认可而已,和春秋早期卿士为"天子之守"已不可
同日而语了。

陈恩林先生对"命卿制度"在西周军事领导体制中的作用有过概
述,他说:"由天子来委任地方诸侯国'命卿'的制度,是西周一元化军事
领导体制的重要组成部分。它表明周天子享有对全国军队的最高领导
权。'命卿'是代表天子来统帅地方诸侯国军队的。"[2] 上引徐勇、黄水华
等先生也不同程度地表达了近似的看法。现在看来,以前的学者似乎过
高地估计了命卿制度在西周军事领导体制中的作用。我们认为,西周时
期的命卿制度可能是西周晚期军制改革的产物。从西周金文和文献中
我们看不到西周早期命卿制度的痕迹,陈汉平先生在《西周册命制度研
究》一书中虽然讲道:"是大国卿之任命须请于周王册命",[3] 但金文中关
于命卿的材料非常少,能举出的首先是叔夷镈(《集成》285),铭文中齐
公策命叔夷说:"余命汝职差正卿,为大事(吏),司命于外内之事。"不过
该器为齐国国君(一般认为是齐灵公)对叔夷的策命,这或许跟上引《左
传·宣公十六年》所讲晋公请命于周王而后命卿是一个道理。近年来在
山东高青县陈庄发现的引簋似乎与命卿制度有某种联系,其铭文云:

> 惟正月壬申,王格于龚(共)大室,王若曰:"引,余既命汝更乃
> 祖,觐司齐师,余惟申命汝,锡汝彤弓一、彤矢百、马四匹,敬乃御,毋
> 败绩。"引拜稽首,对扬王休。同随追,俘兵。用作幽公宝簋,子子
> 孙孙宝用。[4]

龚(共)大室是周共王的宗庙,由此知道这件彝器当在共王以后,文中王
命引"觐司齐师"应该是指掌管齐国的军队,但文中没有提及任命引为
"卿"的事,值得注意。类似"司齐师"的策命还见于其他铜器铭文。如

---

① (晋)杜预注《春秋左传集解》,第623页。
② 陈恩林:《先秦军事制度研究》,第65页。
③ 陈汉平:《西周册命制度研究》,上海:学林出版社,1986年,第170页。
④ 铭文参考了其他学者的释文,尽量使用通用字移写。详见李学勤:《高青陈庄引簋及其历史
　背景》,《文史哲》2011年第3期;赵庆森:《高青陈庄引簋铭文与周代命卿制度》,《管子学
　刊》2015年第3期。

史密簋铭：

> 惟十又二月，王令师俗、史密曰：“东征。”会南夷卢、虎，会杞
> 夷、舟夷，雚，不悊，广伐东国，齐师、族徒、遂人乃执鄙宽恶。师俗率
> 齐师、遂人左［周］伐长必；史密右率族人、厘伯、僰、夷周伐长必，获
> 百人。对扬天子休，用作朕文考乙伯尊簋，子子孙孙其永宝用。

铭文中“师俗率齐师”是此处讨论的关键。关于师俗其人，李学勤先生
说：“师俗这个人曾出现于师永盂和师振鼎，这就有助于判断本器的年
代。另外，大家所知，五祀卫鼎和庚季鼎里的伯俗父，也是同一个人。我
们以前讨论过，五祀卫鼎、师永盂应为懿王时器，由其铭文知道，师俗在
懿王五年、十二年均是六卿之一。”[1]师俗既然为懿王朝中近臣，史密簋又
发现在陕西安康，无论如何师俗不当为齐国之卿士。从铭文文意来看，
应是周王令师俗临时率领齐国同叛乱的夷人作战。同样的例子还可见
于上引的师袁簋，铭文中有王令师袁“率齐师、曩、厘、僰、尿、左右虎臣
正淮尸（夷）”的记载，这里的“率齐师”应和史密簋铭文中的意思一样，
同理，师袁也不是齐国的卿士。

这样看来，并没有一件青铜器铭提及周王为诸侯国“命卿”并让其
率领诸侯国军队的例子。引簋中的“引”显然不是卿，如果王确实命其
为齐国之卿，这番荣耀自然会在铭文中大书特书。西周一朝有十二王，
所封诸侯亦不少，按照上引《礼记·王制》所言，金文中王为诸侯命卿，
大国多达三位，小国也有一位。这些由王任命的卿并非一次受命之后
家族世袭，《礼记·王制》载：“大国之卿不过三命，下卿再命；小国之卿
与下大夫一命。”注文举例言道：“《周礼》公侯伯之‘卿三命，其大夫再
命’，‘子男之卿再命，其大夫一命’。《左传》‘晋侯以三命命先且居将中
军，以再命命先茅之县赏胥臣’，‘以一命命郤缺为卿’。”[2]由此看来，有的
命卿退职后还要重新任命。如此一来，周王命卿并令其统帅军队的例子
当有不少。对于受命为卿的人，此等大事自然应该琢于盘盂，而考古所
获竟无一例，这提醒我们所谓的命卿制度是值得思考和怀疑的。

---

① 李学勤：《史密簋铭所记西周重要史实考》，《中国社会科学院研究生院学报》1991年第2期。
② （清）孙希旦撰，沈啸寰、王星贤点校：《礼记集解》，第324页。

　　不过,结合文献来看,我们发现命卿制度的一些基本原则似乎与"军"制建立后的情况相吻合。《周礼·夏官·序官》云:"凡制军,万有二千五百人为军,王六军,大国三军,次国二军,小国一军。"① 又据上引《礼记·王制》及郑玄注所论,大国有三位命卿,次国有两位命卿,小国有一位命卿。"军将皆命卿",② 一命卿领一军,这样两者刚好相合。

　　综合上面的分析,我们认为,西周早期周天子在军事上具有绝对的优势,他握有十四师的兵力,而诸侯中被称为方伯的一些大国,也不过拥有一师的兵力,显然不会对中央王朝构成威胁,为了使方伯更好地行使夹辅周室的职能,没有必要对其作进一步的限制。到了西周晚期,由于天子能够直接控制的兵源所限,不得不缩编为"六军",诸侯的军力却相对上升,达到了"大国三军,次国二军,小国一军"的水平,诸侯稍有联合,甚至一些大诸侯单独即可对周天子构成威胁。在此情况下,对诸侯的军队进行有效管理势在必行,于是便有了命卿制度。所以,相对于春秋时代而言,西周后期的命卿制度是中央王朝军事领导体制的重要组成部分,周天子通过这一体制实现了对全国武装力量的统一管控。但如果跟西周早期相比,这其实是中央王朝军力衰弱,无力统御诸侯军队的一种折中方案。这只是问题的一个方面,另一个方面是,西周的命卿制度是后期兵制改革的产物,它的历史前提是周天子实力的大大衰弱,到了春秋时期,命卿制度表现为公请命天子然后任命的形式,所以周天子真正为诸侯命卿的时间其实非常有限,这也正是出土青铜器铭文没有命卿记录的根本原因。

三、各级司马

　　军队的最高长官负责军队的领导和指挥,司马则负责军队日常的管理、训练等,前者对军队的管理是纵向的,后者是横向的。如果非要和今天的军队体制相比,那么,司马则相当于国防部和各级武装部的职能。以前的学者也分别强调了司马在西周军制系统中的重要性,但对其在军队领导体制中的作用没有做深入的分析,将其与各级军事指挥人员的职

---

① (清)孙诒让:《周礼正义》,第 2237 页。
② (清)孙诒让:《周礼正义》,第 2237 页。

能混为一谈。①

记载商末周初史事的《尚书·牧誓》中最早出现了"司马":

> 王曰:"嗟! 我友邦冢君、御事、司徒、司马、司空、亚旅、师氏、千夫长、百夫长……"②

这是武王牧野战前的训诰,在这一系列称谓中,"友邦冢君"属于其他诸侯,从"御事"开始都是周人的职官,"司徒、司马、司空"并列,显然是极其重要的官职。周人当时为商的属国,由此看来,商王朝当自有"司马"。不过,殷墟卜辞中尚未发现"司马"的记载,王贵民先生认为商代的甲骨文中有"马亚"、"多马亚"、"马小臣"等,可以看做"周代司马的滥觞",③这样的说法是没有太多根据的,卜辞中的"马亚"、"多马亚"、"马小臣"常常随军征战,显然是一级军事指挥长官。而司马承担的是军事管理职能,两者从分工上是根本不同的。因此,即便商代有司马一职,也不可以"马亚"、"多马亚"、"马小臣"当之。

"司马"也被称为"圻父",《尚书·酒诰》云:

> 矧惟若畴,圻父薄违,农父若保,宏父定辟。④

伪孔传以为圻父是司马,农父是司徒,宏父是司空,这是对的。《诗经·小雅·祈父》云:"祈父,予王之爪牙。"《毛传》:"祈父,司马也,职掌封圻之兵甲。"⑤从西周金文来看,司马的地位相当显赫。如师晨鼎铭载:

> 惟三年三月初吉甲戌,王在周师录宫。旦,王格大室,即立(位)。司马共右晨,入门立中廷。

又,痶盨(《集成》4462)铭载:

> 惟四年二月既生霸戊戌,王在周师录宫,格太室,即立(位)。司

---

① 参见陈恩林:《先秦军事制度研究》,第67—75页;黄水华:《中国古代兵制》,第5—6页;刘展主编:《中国古代军制史》,第62页。
② 顾颉刚、刘起釪:《尚书校释译论》,第1095页。
③ 王贵民:《就殷墟甲骨文所见试说"司马"职名的起源》,《甲骨文与殷商史》,上海:上海古籍出版社,1983年。
④ 顾颉刚、刘起釪:《尚书校释译论》,第1410页。
⑤ (唐)孔颖达:《毛诗正义》,第671页。

马共右痍。王乎史年。

师奎父鼎(《集成》2813)铭载：

> 惟六月既生霸庚寅，王格于太室，司马井白右师奎父。

师㝨簋(《集成》4277)铭载：

> 惟三年三月初吉甲戌，王在周师录宫。旦，王格大室，即立(位)。司马共右师㝨，入门立中廷。

司马经常在王的左右，是王的重臣，《周礼·夏官·大司马》载："王弔劳士庶子，则相。"[1] 此处需要注意的是，上引四篇金文中，由司马相王所策命的大都是师氏，即金文中的"师晨"、"师奎父"及"师㝨"。一般认为，金文中被称为"师某"的师氏往往是指挥军队的将领，王在策命师氏的时候，让司马为相，正说明了司马执掌军事的行政职责。当然，这种能在王之左右行事的自然是中央王朝中的大司马了。

西周的司马是一个职官系统，上自中央王朝，下到大夫之家，各级都有。陈恩林先生认为，除过朝中的大司马外，在两大军区，即"西六师"和"东八师"，也设有司马。他举出的证据有两件青铜器，第一件是盠方尊(《集成》6013)，其铭云：

> 惟八月初吉，王各于周庙，穆公右盠，立中庭，北向。王册令尹，易(锡)盠赤市、幽亢、攸勒，曰：用嗣(司)六自，王行，参(三)有嗣(司)：嗣(司)土、嗣(司)马、嗣(司)工。王令盠曰：执嗣(司)六自罘八自艺。盠拜稽首，敢对扬王休，用作朕文且益公宝尊彝。盠曰：天子不叚，不其万年，保我万邦。盠敢拜稽首曰：烈烈朕身，更朕先宝事。

陈恩林先生认为这是西六师有司马的证据。但仔细阅读盠方尊铭文，这里的"三有司：司土、司马、司工"与"六自"是并列关系，都是王命盠主管的部门，从文中能看得出，这里的"司马"显然是指朝中的大司马。至于后面的"执嗣(司)六自罘八自艺"可能另有所指。如果是任命为两大

---

① (清)孙诒让：《周礼正义》，第2356页。

军区的司马,则当分职而任,毕竟两大军区相去甚远,不能由一人兼任。

第二件青铜器是舀壶,其铭云:

> 惟正月初吉丁亥,王各于成官。井公内右舀,王乎尹氏册命舀
> 曰:更(赓)乃且考,作冢司土,于司成周八自。易(锡)女□芑一卣,
> 玄衮衣、赤市、幽黄、赤舄、攸勒、綴旗,用事。舀拜手稽首,敢对扬天
> 子丕显鲁休。令用作朕文考釐公□壶。舀用匄,万年□寿,永令多
> 福,子子孙孙其永宝用。

陈恩林先生认为,司土即司徒。文中的司徒、司马、司空常常连在一起,有司徒,想必也有司马。[1]但铭文的意思是说让舀作"冢司土",也就是大司徒,仍然是朝中之官。由此看来,两大军区,即西六师和东八师并没有类似朝中的"司马"一职。我们认为,司马和军队中的将领不同,它是王朝行政部门的一个执掌与军队有关事宜的行政职务,类似于现在的国防部和各级武装部,但并非部队中的直接领导和指挥士卒的将官。我们不能排除军队中存在以司马命名的职官的可能性,但这种设置跟各级政府中负责管理武装力量的司马在职责分工上有本质的不同。正像我们要在下面看到的那样,不止中央王朝,各诸侯国以及大夫等贵族也设有司马一职。

《周礼·都司马》云:"都司马掌都之士庶子及众庶、车马、兵甲之戒令,以国法掌其政学,以听国司马。"[2]这里的"国司马"是指诸侯国中的司马。《左传》中常能见到各诸侯国的司马,如宋国"孔父嘉为司马",子鱼也曾为宋国的司马。《左传·襄公十年》载,郑"子国为司马",鲁国三桓季孙氏为司徒,叔孙氏为司马,孟孙氏为司空,这是鲁国的司马。就连自称蛮夷的楚国也有司马一职,《左传·成公十六年》载:"楚子救郑,司马将中军。"[3]以上是春秋时候的情况。以前学者多举豆闭簋(《集成》4276)来证明"邦(国)司马"在金文中的存在,不得不说,这里存在以讹传讹的误读,该器原铭如下:

---

① 陈恩林:《先秦军事制度研究》,第74页。
② (清)孙诒让:《周礼正义》,第2705—2706页。
③ (晋)杜预注:《春秋左传集解》,第747页。

　　　惟王二月既生霸辰才（在）戊寅，王各于师戲大室。井伯入右豆
閉，王乎内史册命豆閉，王曰：閉，易（赐）女戠衣、赤市、繺旂，用抄
乃且（祖）考事，嗣（司）窒俞邦君，嗣（司）马、弓、矢。閉拜稽首，敢
对扬天子丕显休，命用作朕文考釐弔宝簋，用易（赐）眉寿万年，永宝
用于宗室。

　　在这篇铭文中，如果"嗣（司）马"二字上属，并与"邦君"连读，则可以看
成"邦君司马"，但后面"弓、矢"二字则与前后文句不相属连，因此，正确
的句读应该是"嗣（司）窒俞邦君，嗣（司）马、弓、矢。"这里，"嗣（司）马、
弓、矢"是指管理战马、弓和矢。《周礼》中以司某命名的职官很多，司某
就是掌管某项事务，除过习见的司马、司空、司土、司寇等，还有司勋、司
险、司兵、司戈盾等，不一而足。当然，这只是我们在此附带提出的一个
问题，邦（国）司马多次出现在《左传》一书中，金文中的有无并不影响
结论。

　　司马的职责既然是管理军队的，凡有军队就有司马。西周时期族武
装盛行，大夫也有家族武装，故此也有家司马。《左传》中多见家司马，
如《昭公二十五年》载："叔孙氏之司马鬷戾言于其众曰：'若之何？'莫
对。又曰：'我，家臣也，不敢知国。'"[1]《襄公二十三年》载："季氏以公
鉏为马正。"[2]《定公十年》载叔孙氏以"公南为马正"，[3] 注："马正，家司
马。"[4] "家司马"是与"公司马"对称的，"公司马"即"国司马"，命于王，
家司马则由大夫的家臣担任。《周礼·夏官·叙官》云："家司马，各使
其臣，以正于公司马焉。"郑注云："家，卿大夫采地，正犹听也。公司马，
国司马也。卿大夫之采地，王不特置司马，各自使其家臣为司马，主其地
之军赋，往听政于王之司马。王之司马其以王命来有事，则曰国司马。"[5]
由于家司马不同于国司马（公司马），非王所命，所以鬷戾说："我，家臣
也，不敢知国。"

　　《周礼》中虽列有家司马，但仅仅说"家司马亦如之"，指与都司马

---

① （晋）杜预注：《春秋左传集解》，第1523页。
② （晋）杜预注：《春秋左传集解》，第1000页。
③ （晋）杜预注：《春秋左传集解》，第1678页。
④ （晋）杜预注：《春秋左传集解》，第1003页。
⑤ （清）孙诒让：《周礼正义》，第2277页。

豆闭簋铭文

同,孙诒让以为是将序官中的部分语句误移过来的。注以为"大夫家臣为司马",是对的。金文中未见家司马的记载,以前的学者以趞簋铭文中载有"王若曰:趞,命汝作嗣自家司马,啻官仆射士讯"一句,认为这是任命家司马的记载,这种理解是有问题的。一个大夫的家司马由周王来任命不合常理,从原铭来看,这句当以释作"命女(汝)作嗣自家司马"为确。

此外,还有"都司马"。《周礼·都司马》云:"都司马掌都之士庶子及其庶众、车马、兵甲之戒令,以国法掌其政学,以听国司马。"①"都司马"设在一些大的采邑。《左传·昭公二十年》载:"王执伍奢。使城父司马奋扬杀大子,未至,而使遣之。"②这里的城父司马即《周礼》中的都司马。

到了战国时期,在玺印中常常还能见到各级司马,如:

司马之玺　　　　　　平阳司司马玺　　　　　　足莟司马

除过上面几方外,"某都司马"也很常见,玺印中所见司马有时分左右。③

综上所述,西周司马的职官系统应该包括朝中的大司马,诸侯国中的国司马,又称公司马,还有家司马和都司马。那么,司马职官系统的领导体制是怎样安排的呢?上引《左传·昭公二十五年》中叔孙氏之司马鬷戾曾说:"我,家臣也,不敢知国。"④从这句话中可以看出,司马只对所在行政单位的首长负责,而不对上一级司马负责。也就是说,王朝的大司马对周王负责,诸侯国的国(公)司马对诸侯之国君负责,大夫的家司马对大夫负责。同时,中央王朝的大司马对诸侯国的国(公)司马也

① (清)孙诒让:《周礼正义》,第2705—2706页。
② (晋)杜预注:《春秋左传集解》,第1447页。
③ 故宫博物院编:《古玺汇编》,北京:文物出版社,1981年,第4—11页。
④ (晋)杜预注:《春秋左传集解》,第1523页。

罢,诸侯国的国(公)司马对大夫的家司马也罢,均没有直接的行政领导权限。

关于大司马的主要职能,在《周礼·大司马》中是这样叙述的:

> 掌建邦国之九法,以佐王平邦国。制畿封国以正邦国;设仪辨位以等邦国;进贤兴功以作邦国;建牧立监以维邦国;制军诘禁以纠邦国;施贡分职以任邦国;简稽乡民以用邦国;均守平则以安邦国;比小事大以和邦国。以九伐之法正邦国。①

司马职官系统是西周王朝的主管军事事务的行政部门,其主要职能有两项,一项是兵役及军需物资的征集,另一项就是军队演习。需要注意的是,与军队中负责作战指挥的师氏不同,司马仅负责日常的军队管理。

在先秦时代,士兵的征发和军需的征集是放在一起的,称为"赋"。《汉书·食货志》说古者"赋共车马甲兵士徒之役,充实府库赐予之用"。② 这项职能是由司马来完成的。《荀子·王制》云:"司马知师旅、甲兵、乘白之数。"③《诗经·小雅·祈父》毛传云:"祈父,司马也,职掌封圻之兵甲。"④ 与荀子的说法大略一致。赋是由国人来承担的,一定的赋额必须从一定的土地上征取,由此司马便有必要对土地多寡有一个掌握。《左传·襄公二十五年》载:"楚蒍掩为司马,子木使庀赋,数甲兵。甲午,蒍掩书土田,度山林,鸠薮泽,辨京陵,表淳卤,数疆潦,规偃猪,町原防,牧隰皋,井衍沃,量入修赋。赋车籍马,赋车兵、徒兵、甲楯之数。既成,以授子木,礼也。"⑤ 这是春秋时期楚国司马所做的工作,他首先对全国的土地进行了一次规划整理,因为这是征收赋税的基本依据。正如《国语·鲁语下》所说:"先王制土,籍田以力,而砥其远迩,赋里以入,而量其有无,任力以夫,而议其老幼。"⑥ 对赋的征取要"量其有无",这就要事先对全国的土地有一个基本的掌握。因此司马虽主要掌管军赋的征

---

① (清)孙诒让:《周礼正义》,第2280—2284页。
② (汉)班固:《汉书》,第1120页。
③ (清)王先谦:《荀子集解》,第166页。
④ (唐)孔颖达:《毛诗正义》,第671页。
⑤ (晋)杜预注:《春秋左传集解》,第1038—1039页。
⑥ 上海师范大学古籍整理研究所点校:《国语》,第218页。

集,也参与土地的规划管理。西周金文中的散氏盘(《集成》10176)、裘卫盉(《集成》9456)、五祀卫鼎(《集成》2832)等器都能看到司马参与土地勘查、交割的记录。司马的这项职能相当于现在总装备部、总后勤部的工作职能。

司马的第二项职能就是组织每年的军事演习。陈恩林先生在《先秦军事制度研究》中认为,司马主管"军事训练和军事演习",[1]这是概括性的说法。我们知道,西周实行的是寓兵于农的临时征集制。日常保留的贵族子弟组成的常备军由师氏率领并对其进行基本的战术训练。但士兵中的大部分是以农为生计的,只有每年定期召集并加以训练才可以保持基本的战斗能力,另一方面,由于日常保留的常备军数量有限,无法进行大规模的军事演习,而古代作战阵形复杂,士兵必须通过演练才能熟悉。这样一来,每年举行一次集中训练和演习是非常必要的。所以《国语·周语上》中虢文公曾说:"王事唯农是务,无有求利于其官,以干农功,三时务农而一时讲武,故征则有威,守则有财。"[2]仲山父也曾讲道:"王治农于籍,蒐于农隙,狝于既烝,狩于毕时,耨获亦于籍。"[3]《左传·隐公五年》载鲁大夫臧僖伯讲"古制"云:

> 春蒐夏苗,秋狝冬狩,皆于农隙以讲事也。三年而治兵,入而振旅,归而饮至,以数军实,昭文章,明贵贱,辨等列,顺少长,习威仪也。[4]

这是春秋时人讲西周古制的一段话,结合上面《周语上》中所载,我们能够看出,利用农闲进行军事训练是当时的一项基本国策,至于《国语》上所讲"三时务农而一时讲武",可能是针对冬季大规模的演习来说的。《诗经·豳风·七月》云:"二之日其同,载缵武功。"[5]郑笺云:"其同者,君臣及民因习兵俱出田也。"这里讲的应该是冬季的这次演习。

事实上,军事训练是战术上的常规训练,是由"师氏"负责的。而司

---

① 陈恩林:《先秦军事制度研究》,第70页。
② 上海师范大学古籍整理研究所点校:《国语》,第21页。
③ 上海师范大学古籍整理研究所点校:《国语》,第24页。
④ (晋)杜预注:《春秋左传集解》,第30页。
⑤ (唐)孔颖达:《毛诗正义》,第500页。

马负责的是规模较大的军事演习,因为演习要征发大量有军籍的农民,师氏没有这个权限,得由司马组织,试看《周礼·大司马》中的一段话:

> 中春,教振旅,司马以旗致民,平列陈,如战之陈。……中夏,教茇舍,如振旅之陈。……中秋,教治兵,如振旅之陈。……中冬,教大阅,前期,群吏戒众庶修战法,虞人莱所田之野,为表,百步则一,为三表,又五十步为一表。田之日,司马建旗于后表之中,群吏以旗物鼓铎镯铙,各帅其民而致。①

司马以旗致民,群吏然后"戒众庶修战法","各帅其民而致"。这是召集军队进行大规模演习前的组织工作,这样大规模的演习是有限的,每年大致在各个季节的闲暇时间进行。

为了有效地组织军队,司马也就成了军法的执行者。《周礼·大司马》对司马的执法权限有着明确的规定:

> 司马建旗于后表之中,群吏以旗物鼓铎镯铙,各帅其民而致。质明弊旗,诛后至者。乃陈车徒如战者陈,皆坐。群吏听誓于陈前,斩牲以左右徇陈曰:不用命者斩之。②

春秋时期的文献留有大量司马执法的案例。如《左传·僖公二十八年》载:"祁瞒奸命,司马杀之,以徇于诸侯。"③《国语·晋语三》载:"司马说进三军之士而数庆郑曰:'夫韩之誓曰:"失次犯令,死;将止不面夷,死;伪言误众,死。"今郑失次犯令,而罪一也;郑擅进退,而罪二也;女误梁由靡,使失秦公,而罪三也;君亲止,汝不面夷,而罪四也。郑也就刑!'"④这是在战争中司马执法斩将的例子。

《左传·文公十年》载楚王与宋、郑两国国君围猎:"宋公为右盂,郑伯为左盂,期思公复遂为右司马,子朱及文之无畏为左司马,命夙驾载燧。宋公违命,无畏抶其仆以徇。或谓子舟曰:'国君不可戮也。'子舟曰:'当官而行,何强之有?《诗》曰:"刚亦不吐,柔亦不茹。""毋纵诡

---

① (清)孙诒让:《周礼正义》,第2299—2331页。
② (清)孙诒让:《周礼正义》,第2331—2333页。
③ (晋)杜预注:《春秋左传集解》,第377页。
④ 上海师范大学古籍整理研究所点校:《国语》,第333—334页。

随,以谨罔极。"是以非辟强也,敢爱死以乱官乎!'"① 这次受罚的本应为宋公,由于"国君不可戮",所以以其仆代之,执法者为左司马无畏,也就是文中的子舟。从中也可以看出司马在军中执法的权限很大。

对于影响行伍行进的,司马也有权斩杀,如《左传·襄公三年》载:"晋侯之弟扬干乱行于曲梁,魏绛戮其仆。"② 当时魏绛为中军司马。《国语·晋语五》载:"赵宣子言韩献子于灵公,以为司马。河曲之役,赵孟使人以其乘车干行,献子执而戮之。"③

总之,西周时期的司马担负着军队管理的重任,这些管理主要包括军赋的征集、士兵的征召和组织大规模军事演习等。正因为司马有着这样的职能,古代的兵书才常常以司马命名,称为《司马法》。④ 需要说明的是,司马只负责军队的管理,但统兵出战的权力归各级将帅,即便军队中具有执法权的左右司马也无统兵之权。

① (晋)杜预注:《春秋左传集解》,第472页。
② (晋)杜预注:《春秋左传集解》,第809页。
③ 上海师范大学古籍整理研究所点校:《国语》,第396页。
④ 《史记·太史公自序》云:"自古王者而有《司马法》。"

第三章　春秋兵制

春秋时期,王纲解纽,"礼乐征伐自诸侯出",各诸侯国的军事力量有了明显的增长,争霸战争愈演愈烈,也迎来了战争观念的第一次大转变。伴随着这一转变,各国的兵制在继承西周的基础上有了进一步的发展,建制步兵快速成长并逐步取代了车战部队的主体地位。进入春秋中后期,作为军队后勤保障的军赋在起征方式上也发生了根本性的变化。

第一节　"争霸"风起与诸侯军力的坐大

东迁以后,王室衰微,周天子对诸侯军力已经不能进行有效管控。随着争霸时代的到来,各诸侯国竭力扩充兵力,这一时期全国范围内的总兵力已大幅度超过前代。

一、先秦时期战争观念的第一次转变

先秦时期的战争观念基本上是沿着"争霸——兼并——统一"这个轨迹发展的。王国维曾论殷商为"诸侯之长":

> 自殷以前,天子诸侯君臣之分未定也。故当夏后之世,而殷之王亥、王恒累叶称王。汤未放桀之时,亦以称王。当商之末,而周之文、武亦称王。盖诸侯之于天子,尤后世诸侯之于盟主,未有君臣之分也。周初亦然。于《牧誓》《大诰》,皆称诸侯曰友邦君,是君臣之分未全定也。逮克殷践奄,灭国数十;而新建之国皆其功臣、昆弟、甥舅,本周之臣子。而鲁、卫、晋、齐四国,又以王室至亲为东方大藩。夏殷以来古国,方之蔑矣。由是天子之尊,非复诸侯之长,而为诸侯之君。其在丧服,则诸侯为天子斩衰三年,与子为父、臣为君

同。盖天子诸侯君臣之分始定于此。[1]

王氏的这番议论极为精到。殷商和周初"未有君臣之分","诸侯之于天子,尤后世诸侯之于盟主",这是问题的核心。春秋初期的诸侯争霸其实还是这种思想的延续。齐桓公在管仲辅佐之下"一匡天下,九和诸侯",争的也是这种霸主的地位。其时战争的目的也还是为了争霸,但是兼并之风已经悄然兴起。据传说,武王开国时有诸侯八百,到春秋初期,还有封国一百三十一,到战国开始时就只剩下秦、楚、齐、燕、韩、赵、魏等七个大国和十几个小国,其兼并之烈,可见一斑。

我们说春秋时期争霸战争向兼并战争过渡,是说这两种战争观念在这一时期有过一个此消彼长的过程,绝不是说兼并战争开始于这个时代。事实上早在西周晚期这种兼并已经出现了。厉王时的散氏盘(《集成》10176)铭云:

> 用矢扑散邑,乃即散用田。履:自瀗涉以南至于大沽,一封;以陟,二封;至于边柳,复涉瀗,陟雩,戲霋陵以西,封于播城、枉木,封于刍逨,封于刍道,内陟刍,登于厂湶,封剞桥、陕陵、刚桥,封于罥道,封于原道,封于周道以东,封于干东疆,右还,封于履道以南,封于緖逨道以西,至于堆莫。履邢邑田:自椇木道左至于邢邑封道以东,一封,还,以西,一封,陟刚,三封,降以南,封于同道,陟州刚,登桥,降棫,二封。

> 矢人有嗣,履田:鲜、且、微、武父、西宫襄、豆人虞丂、彔贞、师氏右、昚、小门人繇、原人虞荓淮、嗣工虎孝、匾豊父、堆人有嗣刑丂,凡十有五夫。正履矢舍(予)散田:嗣土乎咅、嗣马罥庆、靪人嗣工駅、君宰德父、散人小子、履田戎、微父、教粿父、襄之有嗣橐、州矗係从兾,凡散有嗣十夫。

> 惟九月辰在乙卯,矢卑(俾)鲜、且彝、旅誓曰:"我既付散氏田器,有爽,实余有散氏心贼,则爰千罚千,传弃之。"鲜、且彝、旅则誓。迺卑(俾)西宫襄、武父誓曰:"我既付散氏濕田、牆(壮)田,余有爽变,爰千罚千。"西宫襄、武父则誓。厥受(授)图。矢王于豆新

---

① 王国维:《殷周制度论》,《观堂集林》,第 466—467 页。

散氏盘铭文

宫东廷。厥左执缧史正中(仲)农。

　　散氏盘铭讲述了矢国将兼并的散国土地归还给后者的过程,铭文中有相当一部分是讲勘定疆界四至的,涉及许多地名,其具体地点虽不能详辨,但从文辞窥探,似乎所达范围广阔。《战国策·赵策》有云:"昔者,五国之王尝合横而谋伐赵,参分赵国壤地,著之盘盂,属之雠柞。"①结合看来,诸侯分地,著之盘盂也是一种早已有之的习惯。当然,这是一次不成功的兼并,或许在中央王朝的干涉下,兼并方将土地归还给被兼并的一方了。成功的兼并想必也是有的。这就说明,西周晚期随着王权的衰落,一些诸侯国之间的兼并之争已经开始。

　　在春秋初期,正是两种战争观念交替的时期,这个时候既有打着尊王攘夷旗帜的争霸战争,也有灭国绝祀的兼并战争。这种局面的出现与当时特定的历史环境是紧紧相联系的。《左传·襄公二十五年》载郑子产献入陈之功于晋时,与晋人有过一段对话,很能说明问题。

　　　　晋人曰:"何故侵小?"对曰:"先王之命,唯罪所在,各致其辟。且昔天子之地一圻,列国一同,自是以衰。今大国多数圻矣,若无侵小,何以至焉?"②

　　西周由武王开国至懿王(中间除过康王对鬼方一战),其主要的战争是在东方、东南和南方展开,其目的是征服土著民族,战争压力由受封的地方诸侯和中央王朝共同承担。懿王以后的战争主要在北方和西北展开,战争压力主要由中央王朝承担。随着东夷、南淮夷被征服,楚国被同化,东方诸国如齐鲁等与土著民族的矛盾开始缓解,而诸侯之间的矛盾开始上升,尤其是平王东迁以后,周天子的势力大大减弱,已经不再能够统领天下诸侯,各路诸侯处于群龙无首的状态,他们之间的矛盾也进一步表面化。在开始阶段,许多诸侯都还打着尊王的旗帜推行争霸的政策,追求一种道义上的胜利,而越到后来,兼并越为炽烈。这种战争观念的转变必然引起作战方式的变化。

　　"争霸"讲求战争的道义合法性,所谓"以至仁伐至不仁",战争的目

---

① (汉)刘向集录:《战国策(中)》,第 608 页。
② (晋)杜预注:《春秋左传集解》,第 1035 页。

的是"伐不祀,征不享",① 以此谋求诸侯对其势力和威望的认可,所以军事上讲"以仁为本,以义治之之谓正",主张宽容,如"不加丧,不因凶","不穷不能而哀怜伤病,是以明其仁也",② 作战方式为"结日定地,各居一面,鸣鼓而战,不相诈"。③《汉志》在总结兵书略时讲到:"下及汤武受命,以师克乱而济百姓,动之以仁义,行之以礼让,《司马法》是其遗事也。自春秋至于战国,出奇设伏,变诈之兵并作。"④ 但兼并战争不同,它讲求对敌方力量的有效杀伤,强调追击残寇,其作战目的是全部或部分占领敌方的土地。《左传·僖公二十二年》所载宋楚泓之战时,宋襄公和司马子鱼就代表了两种不同的作战观念。

> 楚人伐宋以救郑,宋公将战,大司马固谏曰:"天之弃商久矣。君将兴之,弗可赦也已。"弗听。冬十一月己巳朔,宋公及楚人战于泓。宋人既成列,楚人未既济。司马曰:"彼众我寡,及其未既济也请击之。"公曰:"不可。"既济而未成列,又以告。公曰:"未可。"既陈而后击之。宋师败绩。公伤股,门官歼焉。
>
> 国人皆咎公。公曰:"君子不重伤,不禽二毛。古之为军也,不以阻隘也。寡人虽亡国之余,不鼓不成列。"子鱼曰:"君未知战。勍敌之人隘而不列,天赞我也,阻而鼓之,不亦可乎? 犹有惧焉。且今之勍者,皆吾敌也,虽及胡耇,获则取之,何有于二毛? 明耻教战,求杀敌也,伤未及死,如何勿重? 若爱重伤,则如勿伤。爱其二毛,则如服焉。三军以利用也,金鼓以声气也,利而用之,阻隘可也。声盛致志,鼓儳可也。"⑤

许多学者在谈到泓之战时,总是认为宋襄公太过迂腐,才失去了这场战争。诚然,宋襄公在指挥战争时过于教条死板,但其根源还在于宋襄公不合时宜地沿用了一些早期的战争理念。他所说的"不重伤,不禽二毛"、"不以阻隘"、"不鼓不成列"等作战原则,在《司马法》等其他古籍

---

① 上海师范大学古籍整理研究所点校:《国语》,第4页。
② 褚玉兰、张大同编著:《兵法经典新解——孙子·吴子·尉缭子·司马法》,第286—287页。
③ (汉)何休注,(唐)徐彦疏:《春秋公羊传注疏》,济南:山东画报出版社,2004年,第108页。
④ (汉)班固:《汉书》卷三十,第1762页。
⑤ (晋)杜预注:《春秋左传集解》,第326页。

中也可以见到,如《司马法·仁本》云:"古者,逐奔不过百步,纵绥不过三舍,是以明其礼也;不穷不能而哀怜伤病,是以明其仁也;成列而鼓,是以明其信也;争义不争利,是以明其义也。"[1]《司马法》成书于战国时期,是一部兵书,其中的许多内容反映了商周时期的军事思想。武王在牧野之战前夕的誓词中曾要求将士"弗迓克奔",[2] 跟"逐奔不过百步"、"古者逐奔不远"如出一辙。这些早期的作战观念反映了当时的一些战争伦理,它是与争霸战争相适应的。争霸战争讲求以义服人,因此作战方式上要维护一些战争道义。但兼并战争则不同,它是一种赤裸裸的掠夺,其手段也更加讲求实用,战争的残酷性也进一步加强。为了备战,各国的军队数量也有了明显的增加。

　　根据《吕氏春秋·简选》所载,商代初期成汤有"良车七十乘,必死六千人"。[3] 而到了西周初年,周武王在牧野大战中动用的兵力为"戎车三百乘,虎贲三千人,甲士四万五千人"。[4] 商代有国五百五十多年,如果考虑到人口的自然增长,在这长达五百多年的历史发展中,军事力量的增加是比较缓慢的。但进入春秋时期,随着战争观念的逐步改变,军事力量也呈现出加速上涨的势头。以晋国为例:

　　公元前 678 年,"王使虢公命曲沃伯以一军为晋侯"。

　　公元前 661 年,"晋侯作二军,公将上军,太子申生将下军"。

　　公元前 633 年,"(晋)于是乎蒐于被庐,作三军,谋元帅"。

　　公元前 629 年,"晋蒐于清原,作五军以御狄"。

　　公元前 588 年,"十二月甲戌,晋作六军"。[5]

　　在短短 90 年的时间里,晋国的军力就扩大了 6 倍,这远远高于商和西周时期军队增长的速度。其他主要的诸侯国自然也在同步增长。如果对文献中的战车使用情况加以统计,也能得到同样的结论。考虑到《左传》中关于晋国的军事力量记载较多,我们在统计时还是以晋国为主,兼顾其他有记录的诸侯国,试说明问题。

---

[1] 褚玉兰、张大同编著:《兵法精典新解——孙子·吴子·尉缭子·司马法》,第 287 页。

[2] (清)孙星衍:《尚书今古文注疏》,第 289 页。

[3] 陈奇猷:《吕氏春秋校释》,第 441 页。

[4] (汉)司马迁:《史记》,第 121 页。

[5] (晋)杜预注:《春秋左传集解》,第 167、216、365、400、669 页。

表 6 《左传》所载晋及其他诸侯国军力统计表

时 间	计 数	原 文	出 处	备 注
前 632 年	700 乘	晋七百乘,韅、靷、鞅、靽。晋侯登有莘之虚以观师。	《左传·僖公二十八年》	城濮之战
前 607 年	460 乘	宋师败绩。囚华元,获乐吕,及甲车四百六十乘,俘二百五十人,馘百人。	《左传·宣公二年》	大棘之战
前 589 年	800 乘	臧宣叔亦如晋乞师。皆主郤献子。晋侯许之七百乘,郤子曰:"此城濮之赋也,有先君之明,与先大夫之肃,故捷。克于先大夫,无能为役,请八百乘。"许之。	《左传·成公二年》	鞌之战
前 529 年	4000 乘	七月丙寅,(晋)治兵于邾南,甲车四千乘,羊舌鲋摄司马,遂合诸侯于平丘。	《左传·昭公十三年》	晋在邾检阅军队
前 448 年	600 乘	邾赋六百乘,君之私也。	《左传·哀公七年》	邾国拥有战车数

公元前 632 年的城濮之战是晋国和楚国之间的一次决战,晋军竭尽所能,共投入战车 700 乘,这个数字可能已经接近晋国当时的战车总数;公元前 589 年鞌之战,是晋国为援助鲁、卫而对齐国发动的一场战争,对晋国而言应该属于局部战争,晋国国君任命郤献子为晋军主将,统帅的战车为 800 乘;公元前 529 年,晋在邾国检阅军队,出动战车 4000 乘,尚未计入韩氏、羊舌氏等十家九县。按《左传·昭公五年》楚人谈论晋国的兵力时说:"韩赋七邑,皆成县也。羊舌四族,皆强家也。晋人若丧韩起、杨肸,五卿八大夫辅韩须、杨石,因其十家九县,长毂九百,其余四十县,遗守四千,奋其武怒,以报其大耻。"[1] 这样算来,晋国的军力可以达到 4900 乘,在一百年的时间里,晋国的军力扩大了 7 倍,达到了极盛。难怪叔向威胁鲁国说:"寡君有甲车四千乘在,虽以无道行之,必可畏也。况其率道,其何敌之有?"[2]

以上是对晋国战车数量的纵向比较。就其他国家而言,这种增长的

---

[1] (晋)杜预注:《春秋左传集解》,第 1266 页。
[2] (晋)杜预注:《春秋左传集解》,第 1381 页。

趋势也是存在的,如公元前 607 年的大棘之战中,郑人一次就缴获宋国甲车四百六十乘,并俘获了主帅华元,后来为了赎回华元,宋国还向郑国交付了"兵车百乘、文马百驷"。① 可见宋国的战车总数当不少于 1000乘,宋在当时不过是一个二等国家,比起城濮之战时晋国的兵力(战车600 乘)已经大大领先了,而时间相差不过 25 年。如果说晋可以作为大国的代表,宋可以作为中等国家的代表的话,那么邾国应该是小国家的代表了,就是这样一个小国,在春秋晚期时战车数量也达到了 600 乘,跟春秋初期大国的数量相当。

春秋时期各国军力迅速增长的物质基础当然是生产力水平的不断提高,但其根本动力却是战争观念的变迁。兼并战争的烈度要远远大于争霸战争,这就迫使各国不断扩军备战,军力的不断扩张必然引起军事体制的变化。

二、各主要诸侯国的军队编制

春秋时期各国军队编制的总体特点是,初期大同小异,与西周晚期相同,后期变化较大,尤其是南方的吴越等国与中原的军队编制差异尤其明显。西周晚期的军队编制可以《周礼》为据,《周礼·夏官》云:

> 凡制军,万有二千五百人为军,王六军,大国三军,次国二军,小国一军,军将皆命卿;二千有五百人为师,师帅皆中大夫;五百人为旅,旅帅皆下大夫;百人为卒,卒长皆上士;二十有五人为两,两司马皆中士;五人为伍,伍皆有长。②

这种军队编制明显实行的是五进制,最大编制单位是"军"。大致是:五人为伍;五伍为两,二十五人;四两为卒,一百人;五卒为旅,五百人;五旅为师,二千五百人;五师为军,一万二千五百人。其编制如下所示:

伍(5)——两(25)——卒(100)——旅(500)——师(2500)——军(12500)

---

① (晋)杜预注:《春秋左传集解》,第 536—537 页。
② (清)孙诒让:《周礼正义》卷五十五,第 2237 页。

这是春秋早期比较规范的军队编制方式,说它规范是因为各国基本都沿用了这种以"军"为最大编制单位的部编方式。《左传·昭公二十三年》载:"吴子以罪人三千先犯胡、沈与陈,三国争之。吴为三军以系于后,中军从王,光帅右,掩余帅左。"①《左传·僖公二十八年》载:"子玉以若敖之六卒将中军曰:'今日必无晋矣!'子西将左,子上将右。"像这些南方国家都实行了"军"制,中原地区自不待言,文献中亦不乏这方面的记载,兹不赘述。具体到各个国家和各个兵种是有差异的。比如齐国的军队编制就自有特点,按《国语·齐语》载:"五家为轨,轨为之长;十轨为里,里有司;四里为连,连为之长;十连为乡,乡有良人焉。以为军令:五家为轨,故五人为伍,轨长帅之;十轨为里,故五十人为小戎,里有司帅之;四里为连,故二百人为卒,连长帅之;十连为乡,故二千人为旅,乡良人帅之;五乡一帅,故万人为一军,五乡之帅帅之。"②其编制如下所示:

伍(5)—小戎(50)—卒(200)—旅(2000)—军(10000)

春秋中期以后,由于战车被广泛运用到实战中,用"乘"来计量军队的多寡成为一种主流,如战车千乘、三百乘等习见。蓝永蔚指出"卒就是乘",作为军队计量单位的"乘"包括攻车一辆,配置甲士三人,步卒七十二人,合计三两;另外还包括守车一辆,徒役二十五人,编为一两。这样一乘所包含的步兵数目刚好是四两100人,为一卒。③战车也有自身的编队,根据《司马法》佚文,有两种体例:一种以九乘为小偏,十五乘为大偏;另一种以二十五乘为偏、五十乘为两(或为卒)、八十一乘为专、一百二十五乘为伍。其中,《左传·桓公五年》注引《司马法》云:"车战二十五乘为偏,以车居前,以伍次之,承偏之隙而弥缝阙漏也。五人为伍,此盖鱼丽阵法。"④而《左传·宣公十二年》注引《司马法》云:"百人为卒,二十五人为两。车十五乘为大偏。"又云:"今广十五乘,亦用旧偏法,复以二十五人为承副。"⑤从"今广十五乘,亦用旧编法"可以推知前一种是

① (晋)杜预注:《春秋左传集解》,第1501页。
② 上海师范大学古籍整理研究所点校:《国语》,第231—232页。
③ 蓝永蔚:《春秋时期的步兵》,第128—129页。
④ (晋)杜预注:《春秋左传集解》,第84页。
⑤ (晋)杜预注:《春秋左传集解》,第597页。

旧的编制方式,实行较早。楚国的战车编制沿用的是早期的编制方式,分为右、左两广,每广称一卒,内分两偏,一偏战车为十五乘,一广三十乘,两广共六十乘。晋国与楚类似,有卒、偏、两的编制系列,卒相当于楚国的广。不过要说明的是,楚国的两广属于禁卫军,在《左传·宣公十二年》中栾书曾经分析过这支部队,他说:"其君之戎,分为二广,广有一卒,卒偏之两。右广初驾,数及日中,左则受之,以至于昏,内官序当其夜,以待不虞,不可谓无备。"① 显然这是一支捍卫王身的禁卫部队,至于其他部队是否如此编制,还很不好说。

　　这种以"伍"为基本单位的军队编制一直延续到了战国后期,山彪镇出土的水陆攻战纹鉴很清楚地显示了这一点(图五)。

图五　战国水陆攻战纹鉴上层图案(局部)
(采自郭宝钧:《山彪镇与琉璃阁》,北京:科学出版社,1959年)

　　图案的上层共73人,除去用于构图补白的3人外,剩70人,编为14伍,每伍为5人,如果仔细观察,还会看到每五个人的朝向是一致的,和对向的五个人构成敌对关系,图中似倒未倒的士兵是双方的交界线,这五位士兵各执不同的兵器。② 郭沫若先生曾说:"汲县山彪镇距出《竹书》的故汲城不远,大约也是魏国墓地。墓中均有带钩,时代应在赵武

---

① (晋)杜预注:《春秋左传集解》,第586—587页。
② 郭宝钧:《山彪镇与琉璃阁》,北京:科学出版社,1959年,第18页。

灵王改用胡服骑射后（公元前三零六年）。"① 又战国时期的文献《尉缭子·伍制令》也讲道："军中之制，五人为伍，伍相保也。"② 这些都说明，至少到战国后期，五进制的编制方式一直占主导地位。

从春秋晚期开始，各国的军队编制差异逐步显现。例如吴国的军队编制，在《国语·吴语》就有明确的记载：

> 吴王昏乃戒，令秣马食士。夜中，乃令服兵擐甲，系马舌，出火灶。陈士卒百人，以为彻行百行。行头皆官师，拥铎拱稽，建肥胡，奉文犀之渠。十行一嬖大夫，建旌提鼓，挟经秉枹。十旌一将军，载常建鼓，挟经秉枹，万人以为方阵。③

吴国步兵的编制显然是以十为进制单位的，具体是：每行 100 人，每旌十行 1000 人，每方阵十旌 1 万人，这一点和中原各国以五为进制单位是不同的。到了战国时期，这种差异就更加明显了。如秦国的军队编制就很有自己的特点，《商君书·境内》载：

> 其战也，五人来簿为伍，一人羽而轻其四人，能人得一首则复。夫劳爵，其县过三日有不致士大夫劳爵能。五人一屯长，百人一将。其战，百将屯长不得，斩首得三十三首以上盈论，百将屯长赐爵一级。五百主，短兵五十人；二五百主，将之主，短兵百。④

秦国的这种编制有五进也有二进，最高的编制为千人。刘展《中国古代军制史》中所论秦国的军队编制如下：

> 伍（5）—屯（50）—将（100）—五百主（500）—二五百主（1000）—大将⑤

刘氏所论一屯 50 人不知何据。根据最新出版的《先秦兵书佚文辑解》

---

① 郭沫若：《发掘中所见周代殉葬情形》，《奴隶制时代》，北京：中华书局，1956 年，第 125 页。
② 华陆综注译：《尉缭子注译》，第 54 页。
③ 上海师范大学古籍整理研究所点校：《国语》，第 608 页。
④ 蒋礼鸿：《商君书锥指》，北京：中华书局，1986 年，第 114—115 页。
⑤ 刘展：《中国古代军制史》，第 88 页。原文作"二百百主"当是"二五百主"之误，今据《商君书·境内》改。

所作注文,"屯长即伍长"①,秦国的军队编制将是这样的:

伍(5)—百将(100)—五百主(500)—二五百主(1000)—大将

魏国的军队,根据刘展的《中国古代军制史》,如下编制:

伍(5)—什(10)—属(50)—闾(100)—[司马](1000)—[左右将](10000)②

不过,刘展对魏国军队编制的认识是存在问题的。他的主要依据是散见于《尉缭子》的《束伍令》《伍制令》和《制谈》三篇中的记载。姑且不论这三篇并没有说是魏国的军队编制,就其表述来看,行文也是很随意的,如《束伍令》云:"束伍之令曰:五人为伍共一符。"《伍制令》倒是直接讲军队编制,但并未针对哪个具体国家来说,文云:"军中之制,五人为伍,伍相保也。十人为什,什相保也。五十人为属,属相保也。百人为闾,闾相保也。"而《制谈》篇则云:"令百人为一卒,千人一司马,万人一将,以少诛众,以弱诛强。试听臣言其术,足使三军之众,诛一人无失刑。"③ 这显然是尉缭向君王的建议。至于尉缭本人,一说是梁惠王时人,因为《尉缭子》开篇就有"梁惠王问尉缭子"一句。但据《史记》所载,尉缭子曾仕于秦始皇,《秦始皇本纪》载:"大梁人尉缭来,说秦王曰:'以秦之强,诸侯譬如郡县之君,臣但恐诸侯合纵,翕而出不意,此乃智伯、夫差、湣王之所以亡也。愿大王毋爱财物,赂其豪臣,以乱其谋,不过亡三十万金,则诸侯可尽。'秦王从其计,见尉缭亢礼,衣服食饮与缭同。缭曰:'秦王为人,蜂准,长目,挚鸟膺,豺声,少恩而虎狼心,居约易出人下,得志亦轻食人,我布衣,然见我常身自下我,诚使秦王得志于天下,天下皆为虏矣,不可与久游。'乃亡去。秦王觉,固止,以为秦国尉,卒用其计策。"④ 据此看来,尉缭曾为秦国尉,所论也可能为秦国的军队编制。

　　通过上面的分析,我们认为五进制的军队编制起源于西周晚期,盛

---

① 徐勇:《先秦兵书佚文辑解》,天津:天津人民出版社,2003 年,第 69 页。
② 刘展:《中国古代军制史》,第 88 页。
③ 华陆综注译:《尉缭子注译》,第 58、54、9 页。
④ (汉)司马迁:《史记》卷六,第 230 页。

行于春秋,到了战国时期又开始了五进制和十进制的混合编队,正如《尉缭子》所言:"古者士有什伍。"① 在这里我们有必要对五进制产生的原因加以探讨。

有些学者认为军队编制采取五进制是与"五阵法"有关系,这是一种想当然的看法,是完全不对的。首先,五阵法的产生是比较晚的,"它的前身就是春秋初期通行于各国的行军队形,至公元前五四一年,晋国的魏舒才把它当成作战队形使用"。② 而根据我们的论定,五进制的部编之法产生于西周晚期,因此从逻辑上讲,前者不会影响后者。其次,我们前面在讨论商和西周军队编制时就讨论过"三阵法"与军队编制的关系,指出商代的军队编制是以十进制构建序列,三进制与军队编制无涉。同样的道理,五进制也与五阵法无涉。

古代典籍虽然也对"伍"作为基本编制单位进行过讨论,但都是一些带有唯心色彩的论调。如《逸周书·武顺解》云:"人有中曰参,无中曰两。两争曰弱,三和曰强。男生而成三,女生而成(两)。五以室成,室成以民生。民民以度:左右手各握五,左右足各履五,曰四枝;元首曰末。五五二十五,曰无卒。一卒居前曰开,一卒居后曰敦。左右一卒曰间,四卒成卫曰伯。"③ 古人这些从字面出发所作的训释带有很大的随意性和唯心论的烙印。

五进制的出现实与兵器种类增加有关。《司马法》说:"夏侯氏正其德也,未用兵之刃,故其兵不杂;殷,义也,始用兵之刃矣;周,力也,尽用兵之刃矣。"④ 这正是周代实战兵器种类增加的写照。周代已有"五兵"之说,《周礼·夏官·司兵》云:"掌五兵、五盾,各辨其物与其等,以待军事。……军事,建车之五兵,会同亦如之。"⑤ 其后的文献中也常常出现"五兵",如《左传·昭公二十七年》云:"取五甲五兵。"⑥《后汉书·百官志》云:"亭有亭长,以禁盗贼。"注引《汉官仪》:"尉、游徼、亭长皆习设

① 华陆综注译:《尉缭子注译》,第8页。
② 蓝永蔚:《春秋时期的步兵》,第171页。
③ 黄怀信:《逸周书校补注译》,第163—164页。
④ 褚玉兰、张大同编著:《兵法精典新解——孙子·吴子·尉缭子·司马法》,第293页。
⑤ (清)孙诒让:《周礼正义》卷六十一,第2545—2548页。
⑥ (晋)杜预注:《春秋左传集解》,第1554页。

备五兵。五兵：弓弩、戟、楯、刀剑、甲铠。"① 五兵又可称"五刃""五戎"等。《国语·齐语》云："教大成，定三革，隐五刃，朝服以济河而无怵惕焉，文事胜矣。"②《礼记·月令》云："（季秋之月）天子乃教于田猎，以习五戎，班马政。"③ 一直到战国晚期，山彪镇出土的水陆攻战纹鉴上士兵所用的兵器也是五种，这说明"五兵"和以"伍"为基本的编制单位是互为表里，相辅相成的。五进制的军队编制和"五兵"同见于《周礼》，应该出现在同一时代。"五兵"有车战五兵和步兵五兵的区别，根据《考工记》，车战五兵为戈、殳、戟、酋矛、夷矛等，④ 都插在战车的舆侧备用，为一人所用。步兵五兵包括弓矢、殳、矛、戈、戟等五类，⑤ 有长兵器，也有短兵器。长兵器虽然具有杀伤距离大的优点，但是它有击刺死角，敌人一旦逼近就无法继续战斗。短兵器可以近距离灵活格斗，但其杀伤距离有限。这五种兵器不能由一人使用，而要相互配合。《司马法·定爵》云："弓矢御，殳矛守，戈戟助。凡五兵五当，长以卫短，短以救长。"⑥ 这样以"伍"为基本的编制单位就很好理解了。也许有人会提出相反的解释，即先有了"伍"的编制才有了"五兵"，或者说"五兵"正是为了适应"伍"的这种基本作战单位而设计的，这一点确实是迷惑之处。因为历史发展的过程不像我们的理论分析，它是一个相互影响的过程。但有一点可以使我们明了兵制与"五兵"的关系，这就是车战五兵。由于战车上的三名甲士，除过御手和弓箭手外，只有一人使用五种兵器。这说明"五兵"是一个先在的概念。它不依存于士兵的编制，而恰恰相反，是"五兵"决定了军队中的五进制。

　　在新的军制框架内，各国并没有囿于"王六军，大国三军，次国二军，小国一军"的限制，相反，随着兼并战争的加剧而不断扩大军力。桓

---

① （刘宋）范晔：《后汉书》，第 3624 页。
② 上海师范大学古籍整理研究所点校：《国语》，第 247 页。
③ （清）孙希旦撰，沈啸寰、王星贤点校：《礼记集解》卷十七，第 480 页。
④ 《考工记·庐人》云："戈柲六尺有六寸，殳长寻有四尺，车戟常，酋矛常有四尺，夷矛三寻。"参见孙诒让：《周礼正义》卷八十二，第 3406 页。
⑤ 《周礼·夏官·司兵》孙诒让疏引《诗·伯兮》云："步卒五兵与车兵异，夷矛长，非步卒所宜用，故以《司马法》五兵弓矢、殳、矛、戈、戟当之。"参见孙诒让：《周礼正义》卷六十一，第 2548—2549 页。
⑥ 李零译注：《司马法译注》，石家庄：河北人民出版社，1992 年，第 31 页。

公时,齐国只有三军,三万人。公元前484年,齐吴艾陵之役,齐被俘者就有"革车八百乘,甲首三千"。[①]入战国时期以后,据《吕氏春秋·不广》载,赵齐战于廪丘,赵将孔青打败齐军,"齐将死。得车二千,得尸三万,以为二京"。[②]《吕氏春秋》所载可能有些夸张,但齐国军力增长明显当是事实。《左传·昭公十二年》载春秋晚期楚王曾说:"昔诸侯远我而畏晋,今我大城陈、蔡、不羹,赋皆千乘。"[③]《左传·昭公元年》载秦景公弟后子"适晋,其车千乘"。[④]鲁国之军,据《左传·昭公八年》载:"秋,大蒐于红,自根牟至于商、卫",也是"革车千乘"。[⑤]这些都非常清楚地反映了诸侯国军队数量大幅度增长的事实。

第二节　从车战盛行到步兵崛起

春秋时期,车兵和步兵是主要的兵种,这两者在主次上也有一个前后更替的过程。这是本节要讨论的主要话题。除过两种主要兵种而外,各国的骑兵和水军也有不同程度的发展。

我国古代的骑兵出现很早,根据《史记·赵世家》记载,武灵王十九年,王与楼缓、肥义等商议,才开始实行胡服骑射。[⑥]这一年是公元前307年。赵武灵王的胡服骑射是指采用了胡人的服饰,并习用其骑射的方式,这并不能说明我国中原地区此前就没有骑射。事实上,在安阳殷墟就已经出现了骑兵。到了春秋时期,骑兵的的数量和规模进一步扩大。《韩非子·十过》载赵襄子"乃召延陵生,令将军车骑先至晋阳",又称秦穆公以"革车五百乘,畴骑二千,步卒五万,辅重耳入之于晋,立为晋君"。[⑦]这一事件发生在秦穆公二十四年,是春秋初年的事情。又例如,与秦穆公同时代的晋文公在伐邺时也用了骑兵,"赏其末则骑乘者存,

---

① （晋）杜预注:《春秋左传集解》,第1774页。
② 陈奇猷:《吕氏春秋校释》,第917—918页。
③ （晋）杜预注:《春秋左传集解》,第1357页。
④ （晋）杜预注:《春秋左传集解》,第1191页。
⑤ （晋）杜预注:《春秋左传集解》,第1314页。
⑥ （汉）司马迁:《史记》,第1805—1811页。
⑦ （清）王先慎:《韩非子集解》,北京:中华书局,1998年,第67、76页。

赏其本则臣闻之郤子虎"。① 这里所说的"畴骑"、"骑乘"指的都是骑兵。在春秋初年像秦国这样的国家就能一次出动两千人的骑兵部队,其规模也是很可观的。

春秋时代,南方各国的水兵有了长足的发展,其中越国的水兵最为突出,其次是吴国和楚国。《越绝书·记地传》云:"夫越性脆而愚,水行而山处,以船为车,以楫为马,往若飘风,去则难从,锐兵任死,越之常性也。"②《淮南子·齐俗训》云:"胡人便于马,越人便于舟。"③《史记·越王勾践世家》载越王勾践有一支水军,"习流二千人"。④《越绝书·记地传》载:"句践伐吴,霸关东,徙琅琊,起观台。台周七里,以望东海。死士八千人,戈船三百艘。"⑤ 所谓戈船,《史记》集解引张晏语:"越人于水中负人船,又有蛟龙之害,故置戈于船下,因以为名也。"又引瓒语曰:"《伍子胥书》有戈船,以载干戈,因谓之'戈船'也。"⑥ 旧题刘歆《西京杂记》"昆明池舟数百"条六:"戈船上建戈矛,四角悉垂幡毛,旌葆麾盖。"⑦ 其具体形制虽不可考,但属于战船是毫无疑问的。随着水军的逐步成熟,大小不等、用途各异的战船也开始出现。根据文献记载,当时除过上面讲的戈船以外,还有大翼、中翼、楼船等。《越绝书》逸文引伍子胥《水战兵法内经》云:"大翼一艘,广一丈五尺二寸,长十丈。容战士二十六人,棹五十人,舳舻三人,操长钩矛斧者四,吏仆射长各一人,凡九十一人。当用长钩矛长斧各四,弩各三十二,矢三千三百,甲兜鍪各三十二。中翼一艘,广一丈三尺五寸,长九丈六尺。小翼一艘,广一丈二尺,长九丈。"⑧《太平御览》卷770载:"大翼、小翼、突冒、楼船、桥船,以船军之教比陆军之法,乃可用之。大翼者,当陆军之车。小翼者,当陆军之轻车。突冒者,当陆军之冲车。楼船者,当陆军之行楼车也。桥船者,当陆军之

① 陈奇猷:《吕氏春秋校释》,第1584页。
② 李步嘉:《越绝书校释》,武汉:武汉大学出版社,1992年,第196页。
③ 刘文典:《淮南鸿烈集解》,第369页。
④ (汉)司马迁:《史记》卷四十一,第1744页。
⑤ 李步嘉:《越绝书校释》,第196页。
⑥ (汉)司马迁:《史记》卷一百一十三,第2975页。
⑦ (汉)刘歆撰,向新阳等校注:《西京杂记校注》卷六,上海:上海古籍出版社,1991年,第268页。
⑧ 李步嘉:《越绝书校释》,第367页。

轻足骠骑也。"① 越国临海靠江,因而水军十分发达。它的主要作战对手是吴国,吴越之间的水上战役就很多,如笠泽之战、夫椒之战、樵李之战、干隧之战等。楚国和吴国常常相互依托长江作战,水军也较发达,《左传·襄公二十四年》载:"楚子为舟师以伐吴,不为军政,无功而还。"②《左传·昭公二十四年》载:"楚子为舟师以略吴疆。"③《左传·昭公二十七年》载:"令尹子常以舟师及沙汭而还。"④ 齐国为了应对来自吴国人的海上入侵,可能也有"舟师",《左传·哀公十年》载:"齐人弑悼公,赴于师。吴子三日哭于军门之外。徐承帅舟师,将自海入齐,齐人败之,吴师乃还。"⑤

尽管骑兵和水军有一定程度的发展,尤其像吴、越、楚等南方诸侯国的水军已经规模化,但总的来看,春秋时期各国从战略上主要争夺对中原的控制权,这里也是主战场,因此步兵和车兵的主战地位没有因为水军的发达和骑兵规模的扩大而有所改观,它们依然是最主要的作战方式和战力依托。

一、战车的人员配置、编队及基本阵形

商周时期,战车一直充当着主要的指挥平台,从商到西周,战车从形制上讲没有明显的变化,许倬云在《西周史》中对考古资料所作的统计显示,周车稍微宽一些,辕略长一些,但差别也很小。⑥ 这说明古代战车在商周时期已经成型,其形制基本确定下来了。战车的变化主要体现在人员配置上,商代大致是一车配置 10 人,西周为 25 人。到了春秋时期,每辆战车配置的人员高达 75 人。这种情况出现在繻葛之战以后,根据《左传·桓公五年》所载,公元前 708 年郑庄公和周桓王之间发生了一次战争,在战前郑人有过周密的部署:

> 郑子元请为左拒以当蔡人、卫人,为右拒以当陈人,曰:"陈乱,

① (宋)李昉等撰:《太平御览》(第七册),上海:上海古籍出版社,2008 年,第 775 页。
② (晋)杜预注:《春秋左传集解》,第 1014 页。
③ (晋)杜预注:《春秋左传集解》,第 1511 页。
④ (晋)杜预注:《春秋左传集解》,第 1551 页。
⑤ (晋)杜预注:《春秋左传集解》,第 1766 页。
⑥ 许倬云:《西周史》,北京:生活·读书·新知三联书店,2001 年,第 83—85 页。

民莫有斗心。若先犯之,必奔。王卒顾之,必乱。蔡、卫不枝,固将先奔。既而萃于王卒,可以集事。"从之。曼伯为右拒,祭仲足为左拒,原繁、高渠弥以中军奉公,为鱼丽之陈。先偏后伍,伍承弥缝。①

这次郑人取得了胜利,郑国的这种鱼丽之阵也得到了推广。有关鱼丽之阵,历代就有不同的说法,"有人认为它的队形是'箕张翼舒',有人认为它的队形是'斜而长',还有人干脆认为,郑人所以要用这个名字,不过是因为好奇而已"②。由于缺乏资料,加之后世文献喜欢把古代的阵法蒙上一层神秘的色彩,所以具体的阵法布局是很难说清楚的。蓝永蔚先生在《春秋时期的步兵》一书中对"鱼丽之阵"的解释也不一定就完全正确。但蓝氏指出郑国首次使用这种阵法在军事上的意义非常重大,这是值得重视的。"先偏后伍"是说,战车编队在前,这和以前步兵在前车兵在后完全不同;"伍承弥缝"是说,按"伍"编列的步兵插入战车之间。这样一来,原先那种步兵在前接敌,战车在后面指挥助战的格局,发生了革命性的变化,步兵分别隶属于一辆战车,每一辆战车就是一个独立的战斗堡垒。这就避免了大排阵接敌后一旦被突破,就全军溃退的不利局面。

我们首先看一下单个战车配置的兵员数目。

春秋时代战车独领风骚,分类繁杂,名目甚多。除过用于攻击的轻车,还有用于防守的轈车、苹车,用于指挥的戎路、旆车,用于机动替补的阙车,用于后勤补给的重车、广车、輜车,等等。③尽管有这么多的分类,其主体还是用于作战的攻车。所以我们在这里所讲的战车实际上就是指攻车而言的。

《左传·成公元年》服虔注引《司马法》文云:"长毂一乘,戎马四匹,牛十二头,甲士三人,步卒七十二人。"④据此,一辆战车配置75人。《汉书·刑法志》也有同样的记载:"戎马四匹,兵车一乘,牛十二头,甲士三

---

① (晋)杜预注:《春秋左传集解》,第83页。
② 蓝永蔚:《春秋时期的步兵》,第176页。
③ 参见《周礼·春官·车仆》,(清)孙诒让:《周礼正义》卷五十三,第2195—2200页。
④ (晋)杜预注:《春秋左传集解》,第636页。

人,卒七十二人,干戈备具,是谓乘马之法。"①

又《周礼·地官·小司徒》郑玄注引《司马法》文云:"革车一乘,士十人,徒二十人。"②据此,则一辆战车配置30人,但这里包含有徒役5人,不属于作战步兵,主要负责炊事、固守衣装、养马等任务。因此清代学者金鹗认为:"惟以二十五人为一乘,则按之诸书皆合:方叔南征,车三千乘,每乘二十五人,三千乘得七万五千人,是王六军之制也。"③

上面两条来自《司马法》佚文的材料所记战车人员一为75人,一为25人,这里并不矛盾,只是存在一个时代问题而已。其中25人制属于西周晚期到春秋早期,75人制属于春秋中期以后。④这一点从文献中也能反映出来,上引金鹗在论证25人制时所引"方叔南征"一事见于《诗经·小雅·采芑》,诗云:"方叔莅止,其车三千。"《诗序》说:"宣王南征也。"⑤这正是西周晚期的情况。《左传》所记春秋中后期的战事中常常有七十人作战的例子,如《左传·昭公二十一年》:"华貙以车十五乘,徒七十人,犯师而出。"《左传·定公十年》载:"午以徒七十人门于卫西门,杀人于门中,曰:'请报寒氏之役。'涉陀曰:'夫子则勇矣!然我往,必不敢启门。'亦以徒七十人,且门焉,步左右,皆至而立,如植。"⑥这种七十人的战斗编队常常见于春秋中晚期,这也能很好地说明繻葛之战之后,75人制的编队方式已经成为车兵编制的主要队形。

这75人是以何种形式配置于战车的呢?蓝永蔚先生对这个问题作过深入的研究,他根据曹操《新书》绘制了一个编组队形图(图六)。从图形来看,25人构成一"两",每车前后各配置一"两",一侧配置一"两",由于战车横向并列,处于一侧的25名士兵正好体现了"伍承弥缝"的原则。

---

① (汉)班固:《汉书》卷二十三,第1081页。
② (清)孙诒让:《周礼正义》卷二十,第787页。
③ (清)金鹗:《求古录礼说》卷十五"军制车乘士卒考"条,光绪二年丙子重刊本,第22页。
④ 王晖认为,西周早期到春秋早期的兵员配置为一乘2甲士10步卒,春秋中期为10甲士20徒兵,春秋晚期有75人和100人的编制。详参王晖:《西周金文与军制新探——兼说西周到战国车制的演变》,《陕西师范大学学报》2015年第6期。
⑤ (唐)孔颖达:《毛诗正义》,第641页。
⑥ (晋)杜预注:《春秋左传集解》,第1476、1677页。

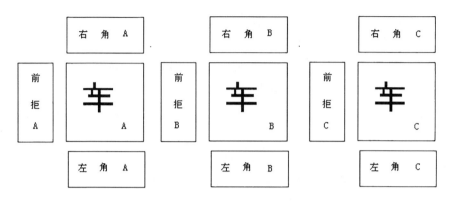

图六　曹操《新书》所述战车编组队形

当然实战时的战斗队形经常要发生变换,仅《左传》所提到的阵法就有鱼丽、荆尸等多种,战国时候的阵形就更加繁复了,《孙膑兵法》中的《十阵》篇曾讲到:

> 凡阵有十:有方阵,有圆阵,有疏阵,有数阵,有锥行之阵,有雁行之阵,有钩行之阵,有玄襄之阵,有火阵,有水阵。此皆有所利。方阵者,所以刲也。圆阵者,所以抟也。疏阵者,所以吠也。数阵者,为不可掇也。锥行之阵者,所以决绝也。雁行之阵者,所以接射也。钩行之阵者,所以变质易虑也。玄襄之阵者,所以疑众难故也。火阵者,所以拔也。水阵者,所以伥固也。[①]

这么多的阵法是战国军事实践的结果,也是早期军事家理论总结的成果。其中一些阵法属于特殊情况下的阵形,如水阵、火阵等。在通常作战环境中,方阵和圆阵是两种主要的阵形,上图所示的战车编队就是方阵中的一支纵队。方阵主攻,其优点是后续战斗力量容易跟进,可以收到“末甲劲,本甲不断”的作战效果,其缺点是侧翼暴露,容易受到攻击。圆阵主守,《淮南子·兵略训》说:“体圆而法方,背阴而抱阳,左柔而右刚,履幽而戴明,变化无常,得一之原,以应无方,是为神明。”[②]其优点是侧翼消失,变成了“无角”,敌方没有主要攻击点和突破口,其缺点也很明

---

① 银雀山汉墓竹简整理小组编:《孙膑兵法》,北京:文物出版社,1975 年,第 83 页。
② 刘文典:《淮南鸿烈集解》,第 492 页。

显,呈龟缩之势,无法攻击前进。由于作战时双方都主攻,因而方阵比圆阵更加常见,方阵也是最早的阵形。圆阵是在进攻不利时,由方阵变换而来。以方阵的一排为例来说明这一变换过程:第一步,中腹前进,两侧后撤并相接;第二步,位于两车之间的"两"前进,与前面的一"两"士兵并排;第三步,车后一"两"士兵前进,插入两车之间。圆阵的形状如下图所示(图七)。

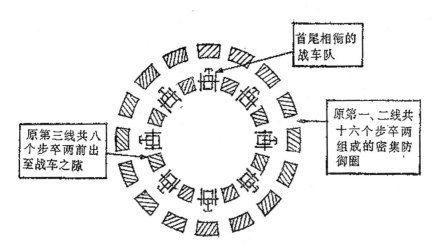

图七　圆阵示意图

(采自蓝永蔚:《春秋时期的步兵》,北京:中华书局,1979年,第174页)

　　战车对地形有很强的依赖性,它需要平坦的道路才能发挥其快速机动的优点。《左传·成公二年》载鞌之战中齐国战败,齐派宾媚人向晋求和,晋国提出的条件就是"使齐之封内尽东其亩",遭到了宾媚人的反对,他说:"先王疆理天下物土之宜,而布其利,故《诗》曰:'我疆我理,南东其亩。'今吾子疆理诸侯,而曰'尽东其亩'而已,唯吾子戎车是利,无顾土宜,其无乃非先王之命也乎?"[①]这个事例很能说明在战车盛行的时候,各国对主干道路朝向的重视,反过来也说明了战车对道路的依赖性是很强的,这一点与步兵不同。

---

① (晋)杜预注:《春秋左传集解》,第643页。

二、隶属步兵与建制步兵

隶属于战车的步兵就是隶属步兵,独立编制成队的步兵就是建制步兵。在春秋早期,即繻葛之战以前,大量步兵一直是独立建制的,这一点可以说是继承了商周的传统。在商和西周早期,每辆战车的隶属步兵共有十名,这十名都是甲士,其身份是贵族,其中三名在车上,七名徒步。文献中说"武王戎车三百两,虎贲三百人,与受战于牧野",[①] 反映的就是这样的比例。后来在甲士之外又配置十五名徒兵,这就成了西周晚期的二十五人制。这个时候独立建制的步兵一直是作战的主力,《左传·隐公四年》载:"诸侯之师败郑徒兵,取其禾而还。"[②] 就连率先实行鱼丽之阵的郑国也有徒兵。繻葛一战,郑国的鱼丽之阵取得了决定性胜利,这种把徒兵大量编入战车分队,使之隶属于战车的方式开始在各国得到推行。这个时候,"卒"与"乘"的关系也成了军事家关心的问题。《左传·宣公十二年》云:"荆尸而举,商农工贾不败其业,而卒乘辑睦,事不奸矣。"[③] 这正是步兵与战车紧密结合的写照。"乘"也就成了计量军队数量的单位。一"乘"包括攻车一辆,配置兵员 75 人,守车一辆,配置兵员 25 人。在春秋时期,每"伍"为五人,每两五"伍"共二十五人。在一个"伍"里,每个士兵持有的兵器是不同的。

尽管大量的步兵隶属于战车,但独立的建制步兵一直是存在的。《左传·僖公二十八年》载:"晋侯作三行以御狄,荀林父将中行,屠击将右行,先蔑将左行。"[④] 这里的"行"是独立的步兵编队无疑。晋国的步兵发达与其所处的地理位置有关,由于狄人善于步行作战,为了对付来自狄人的侵略,晋国很早就建立了独立的步兵。另外,晋国的军队中也有一些狄人组成的步兵部队,如在鞌之战,齐国国君就在晋军队伍中遇到过这支军队,《左传·成公二年》载:"齐侯免,求丑父,三入三出。每出,齐师以帅退,入于狄卒。狄卒皆抽戈楯冒之,以入于卫师。"[⑤] 郑国也有步兵部队,《左传·襄公元年》载:"夏五月,晋韩厥、荀偃帅诸侯之师伐郑,

---

① (清)孙星衍:《尚书今古文注疏》,第 592—593 页。
② (晋)杜预注:《春秋左传集解》,第 27 页。
③ (晋)杜预注:《春秋左传集解》,第 584 页。
④ (晋)杜预注:《春秋左传集解》,第 391 页。
⑤ (晋)杜预注:《春秋左传集解》,第 643 页。

入其郛,败其徒兵于洧上。"① 当然,这时候的建制步兵还不是作战的主要力量。建制步兵真正成为主力部队而代替车兵的主导地位,是在春秋后期。这次军事变革是以晋国将领魏舒的一次临战改制为标志的。《左传·昭公元年》载:

> 晋中行穆子败无终与群狄于大原,崇卒也。将战,魏舒曰:"彼徒我车,所遇又阨,以什共车,必克。困诸阨,又克。请皆卒,自我始。"乃毁车以为行,五乘为三伍。荀吴之嬖人不肯即卒,斩以徇。为五陈以相离,两于前,伍于后,专为右角,参为左角,偏为前拒,以诱之。翟人笑之。未陈而薄之,大败之。②

《左传》中的这段文字涉及到古代阵法的许多专业术语,其细节已经不能理解得很清楚了,但由车战队形临时变为步兵队形是没有疑问的。这也就是文中所说的"毁车以为行","行"指的是步兵编队。所谓"五乘为三伍"就是把五辆战车上的十五名甲士编为三个"伍"。由于甲士是军官,其身份也是贵族,所以才出现"荀吴之嬖人不肯即卒"的情况。

魏舒的这次临时改变阵形,显然只是为了对付善于步战的狄人,但这次行动在军事史上具有重要的意义。蓝永蔚先生对魏舒方阵给予了高度评价,他说:"公元前五四一年,春秋军事史上发生了一件大事,晋国的魏舒在一次作战中把车兵改成了步兵。……和所有以前的一切改革都不相同,'毁车以为行'是干干脆脆把车兵改成了步兵,向腐朽的奴隶制军事体系提出了公然挑战! 所以,'毁车以为行'是车战开始走向下坡路的一个标志。"③

随着车战的衰落,建制步兵就大量出现并逐步代替车兵成了作战的主力。此后史书中常见徒兵单独活动的痕迹。《左传·昭公二十年》载郑国曾"兴徒兵以攻萑苻之盗,尽杀之"。④《左传·哀公二年》载公孙龙曾以"徒五百人宵攻郑师,取蠭旗于子姚之幕下"。⑤《左传·哀公十七

---

① (晋)杜预注:《春秋左传集解》,第797页。
② (晋)杜预注:《春秋左传集解》,第1194页。
③ 蓝永蔚:《春秋时期的步兵》,第25—26页。
④ (晋)杜预注:《春秋左传集解》,第1467页。
⑤ (晋)杜预注:《春秋左传集解》,第1718页。

年》载,公元前478年的笠泽之战中,"越子为左右句卒,使夜或左或右,鼓噪而进"。① 而根据《国语》和《吴越春秋》的记载,这次战役中,不仅两翼是步兵部队,甚至于担任中军主力的越王勾践的禁卫军也是步兵。

这些见于《左传》的记载,说明步兵在一些重大战役中扮演着重要的角色。又据《吕氏春秋·简选篇》载,公元前505年,吴楚之战中,"吴阖闾选多力者五百人,利趾者三千人,以为前陈"。② 所谓"选多力者五百人,利趾者三千人",显然是两支精选的步兵战斗突击队。

从此以后,步卒就成了古代战争中最主要的作战力量。《史记·张仪列传》载:"秦带甲百余万,车千乘,骑万匹。"③ 杜佑《通典·兵一》引李靖语,说:"步为腹心,车为羽翼,骑为耳目,三者相待,参合乃行。"④ 这些后世文献在讨论军事力量时,无一例外地把步卒放在首位。

三、车战五兵与步兵的武器装备

"五兵"之说始见于《周礼》,《左传》等其他早期文献也多所记载。《左传·昭公二十七年》载:"取五甲五兵。"⑤《后汉书·百官志》:"亭有亭长,以禁盗贼。"注引《汉官仪》云:"尉、游徼、亭长皆习设备五兵。五兵:弓弩、戟、楯、刀剑、甲铠。"⑥ 五兵又可称"五戎"、"五刃"等。《国语·齐语》载齐桓公在葵丘之盟后,"定三革,隐五刃,朝服以济河而无怵惕焉"。⑦《礼记·月令》云:"(季秋之月)天子乃教于田猎,以习五戎,班马政。"⑧ 战国秦汉时期的"五兵"概念首先是适应"祠五兵"的礼仪而形成的一个泛化的概念,用以指代各种兵器和防护装具的组合,是泛指。而春秋时期的"五兵"则是指五种主战兵器,是专指。它是根据当时的军事实践提出来的,基本反映了当时军事装备的实际情况。这一时期的"五兵"有"车战五兵"和"步卒五兵"的区别,下面略加分析。

---

① (晋)杜预注:《春秋左传集解》,第1828页。
② 陈奇猷:《吕氏春秋校释》,第441页。
③ (汉)司马迁:《史记》卷七十,第2293页。
④ (唐)杜佑:《通典》卷一百四十八,长沙:岳麓书社,1995年,第1999页。
⑤ (晋)杜预注:《春秋左传集解》,第1554页。
⑥ (刘宋)范晔:《后汉书》,第3624页。
⑦ 上海师范大学古籍整理研究所点校:《国语》,第247页。
⑧ (清)孙希旦撰,沈啸寰、王星贤点校:《礼记集解》卷十七,第480页。

《周礼·夏官·司兵》云："军事,建车之五兵,会同亦如之。"这是古籍中最早所见的"车之五兵",由于其重要性,引起了汉代学者的广泛注意。郑玄注："郑司农云:'五兵者,戈、殳、戟、酋矛、夷矛。'"又说："车之五兵,郑司农所云者是也。步卒之五兵,则无夷矛,而有弓矢。"①郑玄在这里的论述是对的,但后世的经师因为不明白"车之五兵"为何不列弓矢而生出了许多怀疑。宋人王与之《周礼订义》云："盖有车之五兵,有步之五兵。车五兵,戈殳戟酋矛夷矛是也,步卒五兵无夷矛而有弓矢。然夷矛虽不施于步而弓矢未尝不设于车,《小戎》云:交韔二弓。则车上有弓矢可知。"②《周礼集说》云："薛氏图曰:'夷矛虽不施于步而弓矢未尝不施于车。故兵车射者取左,御者处中,戎右处右,则车上固有弓矢也。'"③车之五兵中不列弓矢与"六建"有关,《周礼·冬官·庐人》云："六建即备,车不反覆,谓之国工。"郑玄注："六建,五兵与人也。"④《周礼订义》云："此云六建,盖人与兵皆有立于车上,论其建立,故曰建也。凡此六者皆建于车上。"又云："车之六建,夷矛建于酋矛之前,酋矛建于戟之前,戟建于殳之前,殳建于戈与人之前。"⑤《周礼正义》引戴震语云："六建当为五兵与旌旗。"孙诒让以为："戴说是也。"⑥确实,六建指五兵与旌旗应该是对的,如果按照郑玄等人的说法,是指五兵与人,则不好解释,因为一乘战车上有三人,岂不要成了"八建"不成?但《周礼订义》意识到"六建"中的五兵是按照一定次序插在车舆上是很有道理的,这正好能说明"车之五兵"何以没有弓矢。其实,这一点早就有人指出,元许谦《诗集传名物钞》卷三云："凡兵车,执弓矢者在左,主五兵者在右,御者在中。"⑦《诗·卫风·伯兮》孔疏云："以弓矢不在建中,故不数也。其实兵车皆有弓矢。"⑧车左持弓矢,"车之五兵"主要是为车右一人所装备,这一点也是车之五兵与步卒五兵的一个主要区别。由于一人要使用

① (清)孙诒让:《周礼正义》卷五十五,第 2545、2548 页。
② (宋)王与之:《周礼订义》卷七十八,文渊阁四库全书本,第 3 页。
③ (元)陈友仁辑:《周礼集说》卷九,文渊阁四库全书本,第 36 页。
④ (清)孙诒让:《周礼正义》卷五十五,第 3415 页。
⑤ (宋)王与之:《周礼订义》卷七十八,第 9、10 页。
⑥ (清)孙诒让:《周礼正义》卷五十五,第 3415 页。
⑦ (元)许谦:《诗集传名物钞》,北京:中华书局,1985 年,第 79 页。
⑧ (唐)孔颖达:《毛诗正义》,第 243 页。

五种兵器,对车右的人选就非常严格。《周礼·夏官·司右》云:"凡国之勇力之士能用五兵者属焉。"①《周礼订义》云:"右者在车之右,以用五兵。"②《吕氏春秋·简选篇》:"晋文公造五两之士五乘。"高诱注曰:"两,技也,五技之人。"此五技之士即"能用五兵者"。③可以看出,在当时能够用五兵的军士不可多得,需要经过挑选的"勇力之士",一个人要善于使用五种不同的兵器,他与居中的驭手、手持弓矢的车左一起构成一个独立的作战单元。而步卒五兵则是人手一件兵器,对单个士兵而言,只要能够熟练使用一种兵器即可。步卒之间的武器配合则是首先要强调的,正所谓"兵惟杂"、"不杂则不利",《司马法》所言:"弓矢御,殳矛守,戈戟助。凡五兵五当,长以卫短,短以救长,迭战则久,皆战则强。"④讲的正是这个道理。早期的经师们由于不明白车战五兵与步卒五兵对兵士作战技能的要求不同,常常用《司马法》中的这句话来注解车战五兵,岂无谬乎?

步兵的最小编制单位是"伍",每"伍"共有五人,这五人分别持不同的兵器。《司马法》以"五人为列"。《左传·昭公十八年》载:"城下之人,伍列登城。"⑤以"伍"为列是指五人按纵队排列,这"伍"就是战斗队伍分解的最小编制,再分解就成了散兵游勇了。故《荀子·议兵》云:"故仁人之兵聚则成卒,散则成列。"⑥

在每一个"伍"中,使用不同兵器的战士处于不同的位置,士兵必须严守自己的作战位置,《司马法·严位篇》讲的就是这个道理。而兵器则根据其战术性能之不同梯次配置,根据蓝永蔚的研究,每一"伍"中士兵按照兵器的排列应该是:第一名,戈手(或戟手);第二名,戟手(或戈手);第三名,矛手(或殳手);第四名,殳手(或矛手);第五名,弓手。⑦也就是说,弓手居于最后,戈戟居前,矛殳居中。蓝氏的说法是有一定的

---

① (清)孙诒让:《周礼正义》卷五十五,第2484页。
② (宋)王与之:《周礼订义》卷五十四,第5页。
③ 陈奇猷:《吕氏春秋校释》,第441、446页。
④ 褚玉兰、张大同编著:《兵法精典新解——孙子·吴子·尉缭子·司马法》,第301页。
⑤ (晋)杜预注:《春秋左传集解》,第1431页。
⑥ (清)王先谦:《荀子集解》卷十,第268页。
⑦ 蓝永蔚:《春秋时期的步兵》,第116页。

道理的。《史记·樗里子列传》云："长戟居前,强弩在后。"① 又,《司马法》讲不同的兵器在作战时也要求"长以卫短,短以救长"。按照这样的原则,弓手肯定要排在后边,否则,一旦短兵相接,弓手就无力反抗了。剩下的四种兵器中,柄较短的自然应该居前,柄长的应该居后,这样长短兵器都能发挥作用,如果前锋持短兵者失利,可以后撤,而长兵器杀伤距离远,可以阻止敌人逼近。这一点也可得到出土文献的印证,银雀山汉简中的《孙膑兵法·陈忌问垒》篇云："长兵次之,所以救其隋也。锬次之者,所以为长兵□也。短兵次之者,所以难其归而徼其衰也。弩次之者,所以当投机也。"②

　　蓝永蔚甚至对"伍"的纵深进行了量化研究,根据他的研究,"伍"内部各种兵器的排列及其距离如下图所示(图八)。

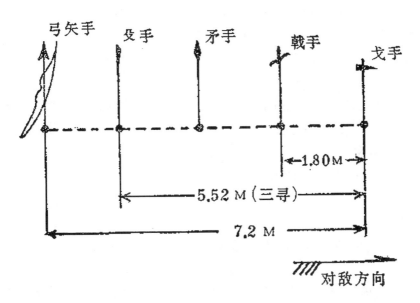

图八　"伍"内部各兵器配置示意图

（采自蓝永蔚:《春秋时期的步兵》,北京:中华书局,1979年,第117页）

---

① （汉）司马迁:《史记》,第2308页。
② 银雀山汉墓竹简整理小组编:《孙膑兵法》,第49页。

　　蓝永蔚先生的这些数字也是推算得来的,我们对此作一简单介绍,并指出其中存在的问题。首先他确定了第四名战士距离第一名战士的距离,这个距离是以第四名战士使用的兵器(矛或殳)来决定的,《考工记·庐人》载:"凡兵无过三其身,过三其身,弗能用也,而无已,又以害人。"他又以古人身高八尺(即一寻)为准,推得最长的兵器应该为二十四尺。最后他以战国一尺为 0.23 米,[①] 换算得到 5.52 米这个最长兵器的长度。在他看来,这个长度就是第四名士兵距第一名士兵的距离,以 3 除之得 1.84 米,这样便得到每两名士兵的平均间隔。蓝氏追求精确的用心是良苦的,但结论未必正确。在秦始皇陵兵马俑坑中试掘时发现的木矛柄长度可达 6.3 米,[②] 大大超过了三寻的长度。古希腊的方阵中也配置有 6 米多长的长矛。所以根据《考工记·庐人》所载来确定矛长是不对的。另外,站在第四位的长矛手,其矛尖必须超过居于第一位的士兵,这样才能和敌方接战。所以,讨论各个士兵之间的站位距离是无法得到定论的。不过需要指出的是,蓝永蔚有关步卒五兵在"伍"中的梯次配置次序是很有意义的,这一点也可得到山彪镇水陆攻战纹鉴的证实(可参考图五)。

　　当然这种编队方式并非一成不变,《太平御览》引太公《六韬》云:"春以长矛在前,夏以大戟在前,秋以弓弩在前,冬以刀楯在前,此四时应天之法也。"[③] 虽然不必如此整齐,但兵器排列有变化是可能的。这一材料至少部分说明,兵器的前后配置也是经常变换的。

第三节　以井田制为基础的军赋制度

　　在商周兵制的演化过程中,军赋制度是重要的内容之一。但在商代,这方面的史料非常匮乏。入春秋以后,借助《左传》和《国语》等文献,结合金文材料,早期的军赋及其变革则可得而论之。

---

① 此说根据王国维《记现存历代尺度》,《观堂集林》,北京:中华书局,1959 年。
② 始皇陵秦俑坑考古发掘队:《临潼县秦俑坑试掘第一号简报》,《文物》1975 年第 11 期。
③ (宋)李昉等撰:《太平御览》(第四册),第 143 页。

一、春秋早期的军赋制度

要讨论春秋时期的军赋,土地制度是一个绕不开的问题。以往围绕井田制对西周土地制度有过很多的讨论,这里就不再一一征引,只就一些关键性的结论展开讨论。

如果把"井田"作为一个"方里而井"的技术性概念,它的出现可能会早到殷商时代,但作为一个制度性概念,其出现应该在国野制度形成以后,也就是在西周后期。从孟子描述的井田制来看,由于土地被按照一定的形式固定下来,它就具有了很好的抑制兼并的功能。西周晚期的一些金文资料反映出当时土地买卖已经存在,如著名的格伯簋铭文记载贵族格伯用良马四匹换取倗生三十田的事。另外,曶鼎、夨人盘铭文也记载了大量的田土交换和土地纠纷的情况。

可以想象到了春秋时期,这种情况会进一步加剧。而统治阶级为了维护现状,维护现有的制度,也一定会采用应对的措施。《左传·襄公二十五年》载,楚国曾经就采取过这样的行动:

> 楚蒍掩为司马,子木使庀赋,数甲兵。甲午,蒍掩书土田,度山林,鸠薮泽,辨京陵,表淳卤,数疆潦,规偃豬,町原防,牧隰皋,井衍沃,量入修赋。赋车籍马,赋车兵、徒兵、甲楯之数。既成,以授子木,礼也。[1]

这就是一次土地规划,其核心目的是维护旧有的"井田制"。不只楚国,郑国子产也曾经作过同样的工作,公元前543年,《左传·襄公三十年》载:"子产使都鄙有章,上下有服,田有封洫,庐井有伍。"[2]

而同一时期土地买卖和田产之争也不断见于史书,如:

《左传·成公十七年》载,公元前574年,晋国就发生了"郤锜夺夷阳五田"及"郤犫与长鱼矫争田"的事情。[3]

《左传·昭公九年》载,公元前533年,"周甘人与晋阎嘉争阎田"。[4]

---

[1] (晋)杜预注:《春秋左传集解》,第1038—1039页。

[2] (晋)杜预注:《春秋左传集解》,第1147页。

[3] (晋)杜预注:《春秋左传集解》,第776页。

[4] (晋)杜预注:《春秋左传集解》,第1320页。

《左传·昭公十四年》载,公元前 528 年,"晋刑侯与雍子争鄐田,久而无成"。①

这说明,一方面,井田制作为基本的土地制度,不断得到来自上层建筑力量的加强,另一方面,也不断受到新兴经济行为的侵蚀,这是符合事物本身内在的辩证规律的。所以春秋时期是井田制度不断发展并走向灭亡的时期,井田制构成了春秋土地制度的基础。

春秋时期的军赋制度是沿袭西周晚期的,但是已经有了很大的不同。不同表现在哪些地方? 就须看看这一时期的一些重大变革。

进入春秋时代后,军赋和税收制度在各国都发生过重大的变革。比较突出的有以下几次:

公元前 685 年,齐国管仲采用"相地而衰征"的新税法。

公元前 645 年,晋国"作爰田"、"作州兵"。

公元前 594 年,鲁国"初税亩"。

公元前 590 年,鲁国"作丘甲"。

公元前 548 年,楚国"井衍沃"。

公元前 538 年,郑国"作丘赋"。

公元前 483 年,鲁国"用田赋"。

此外,进入战国时期,在公元前 408 年,秦国还实行过"初租禾"。

上述问题在社会变革中的重要性古代学者早已瞩目,② 现代学者也多所论及。③ 但由于缺乏一以贯之的分析框架,除"相地而衰征"意义明确外,学界对其他几场变革的看法互相抵牾,歧义纷呈。

关于晋国的"作爰田",王恩田总结了六类不同的看法:(1)赏众以

---

① (晋)杜预注:《春秋左传集解》,第 1397 页。

② 古代学者的观点多见于《春秋》经传的注疏,如杜预、贾逵、服虔、孔晁、李贻德、马宗琏等对"作爰田"的解释,杜预、沈钦韩、惠栋、顾栋高等对"作州兵"的解释,杜预、毛奇龄等对"作丘甲"的解释,王夫之、章炳麟对"用田赋"的解释。大皆以文字训诂求解,多臆测之说,存而不论可也。详参杨伯峻:《春秋左传注》,北京:中华书局,1990 年,第 361—362、363、783—784、1670 页。

③ 高亨:《周代地租制度考》,《文史哲》1956 年第 10 期,第 42—57 页;金景芳:《论井田制度》,济南:齐鲁书社,1982 年,第 61—76 页;袁林:《两周土地制度新论》,长春:东北师范大学出版社,2000 年,第三章"春秋战国时期的土地制度变革",第 166—214 页;薛柏成:《〈左传〉中所表现的春秋时期井田制的衰变》,《吉林师范大学学报》2003 年第 3 期,第 11—14 页。除过综合讨论之外,尚有对某一特定变革(如初税亩)的专论,此不赘述。

田,易其疆界说;(2)赏田说;(3)以田出车赋说;(4)分公田之税以赏众说;(5)轮换休耕说;(6)以财物或钱换田说。① 要之,除(3)以田出车赋说和(4)分公田之税以赏众说外,其分歧之关键还在"作爰田"是田制还是耕作技术的变化。

关于晋国的"作州兵",大致有四说:(1)以州为单位纳赋说;(2)以州为单位征兵说;(3)建立地方兵团说;(4)野人服兵役说。②

关于鲁国的"初税亩",因《春秋》三传释义较为明确,学界普遍认为是鲁国为了解决公室财政危机,将原先"藉田以力"的剥削方式转化为"履亩而税"的实物征收。但在细节上也有不少分歧,如李修松认为"初税亩"并非按亩而是按顷来征收,③ 周自强、傅允生、詹剑峰等学者多强调"初税亩"只是税收方式的变动,并非土地制度的根本变革。④ 这一点显然是针对郭沫若关于"(初税亩)标志着封建制度的开始"这一观点而言的。⑤ 另外,也有学者认为"初税亩"只是规划拟议中的事情,并未得到真正实施。⑥

关于鲁国的"作丘甲"、郑国的"作丘赋",专论较少,大致将之与晋国的"作州兵"相提并论,认为其主要影响是兵源的扩大。⑦

关于鲁国的"用田赋"。谷霁光对"用田赋"的"田"提出质疑,他认为,"这里所谓的'田赋'实为'甸赋',系按'甸'的地区单位征收军赋,它与按亩收税作为政府的另一项收入是两码事"。⑧ 宇文举认为"用田赋即用田亩起税"。⑨ 不过,他们对鲁国通过"用田赋"扩大地征率没有

---

① 王恩田:《临沂竹书〈田法〉与爰田制》,《中国史研究》1989 年第 2 期,第 59—61 页。
② 张玉勤:《晋作州兵探析》,《山西师大学报》1985 年第 1 期,第 75—79 页。张氏将此前的看法总结为三说,并提出野人服兵役说。
③ 李修松:《"初税亩"辨析》,《安徽大学学报》1989 年第 4 期,第 95 页。
④ 詹剑峰:《关于中国社会发展史问题——郭沫若〈十批判书〉质疑之二》,《华中师院学报》1983 年第 5 期,第 16 页;周自强:《"初税亩"研究》,《郑州大学学报》1986 年第 6 期,第 51 页;傅允生:《"初税亩"再认识》,《浙江学刊》1989 年第 3 期,第 124 页。
⑤ 郭沫若:《中国史稿》,北京:人民出版社,1976 年,第 326 页。
⑥ 晁福林:《论"初税亩"》,《文史哲》1999 年第 6 期,第 82 页。
⑦ 金景芳:《由周的彻法谈到"作州兵"、"作丘甲"等问题》,《吉林大学社会科学学报》1962 年第 1 期,第 97 页;沙宪如:《子产的"使田有封洫"和"作丘赋"》,《辽宁师院学报》1983 年第 2 期,第 65—68 页。
⑧ 谷霁光:《春秋时代"鲁用田赋"即"鲁用甸赋"说质疑——兼论当时赋役制度中丁、户、地、资的源流变化》,《江西大学学报》1987 年第 4 期,第 29 页。
⑨ 宇文举:《春秋"用田赋"考实》,《江汉论坛》1991 年第 2 期,第 58 页。

异议。

关于楚国的"井衍沃",古代注疏家多认为是以井田制的形式规划或计量土田,[1] 现代学者有主张"井田说"的,[2] 即以"井田制"为基础计量土地,作为征发军赋的依据,也有主张"非井田说"的。[3]

在上面的一系列改革中,齐国的改革最早,在公元前685年,齐相管仲就采用"相地而衰征"的新税法,不过齐国的这一政策首先是在野人聚居的"伍鄙"中实行,与晋、鲁等国有一定的差别。鲁国的记载最多,可能是与《春秋》以鲁国史为主的缘故。我们看到,在这一系列轰轰烈烈的田赋制度变革过程中,各国虽然变革的时间有差异,但基本的发展道路是一致的。这就是,通过变革不断扩大国家的税源和兵源。以鲁国为例,在长达一百多年的时间里,先后实行了"初税亩"、"作丘甲"、"用田赋"等一系列改革,由于其跨度较大,我们不能把它看成是一个浑然一体、不可分割的改革。据此推理,其他各国所发生的变革跟鲁国一样,也不是一次改革,但由于其他各国的史料欠缺,所以留下的记录较少。这就提醒我们不能用一些国家在较晚时间进行的改革和另外一些国家在较早时间进行的改革相互比较和类推,而这正是以往研究中存在的问题。由于有意无意地忽略了各国改革的时间早晚,而把一些性质不同的改革放在一起比较,学界对春秋时期的这一系列改革在认识上出现了偏差。

我们在第二章第一节讨论过西周时期的赋税,指出国人的经济负担低于野人,他们战时服兵役,平时服力役,服力役的方式就是"籍田"。而到了西周晚期的时候,籍田制度变得效率低下,已经不能适应生产力和社会变革的需要,所以周宣王才有"不籍千亩"的举措,虢文公虽然竭力劝阻,但是不能挽回,可见时势使然。宣王的"不籍千亩"仅仅是指取消了王室贵族的"籍田礼",作为基本制度的"籍法"可能还存在。西周晚期的这种情况一致延续到春秋初期,这一时期的主要社会问题就是如何扩大国家的税收,变革籍田制度,实现对"国人"的有效剥削。

---

[1] 杨伯峻:《春秋左传注》,第1107页。

[2] 李学勤:《论蒍掩治赋》,《江汉论坛》1984年第3期,第72—75页。

[3] 此类学者多主张对"井"做井田以外别的解释,如解释为水井。参看郭仁成:《楚国农业考辨四题(上)》,《求索》1984年第1期,第108页。

首先进行这场变革的是晋国。晋国在韩原之战中惨败,晋惠公被俘,这一事件成了晋国推行改革政策的直接动因。《左传·僖公十五年》载:

> （秦）乃许晋平。晋侯使郤乞告瑕吕饴甥,且召之。子金教之言曰:"朝国人而以君命赏。且告之曰:'孤虽归,辱社稷矣。其卜贰圉也。'"众皆哭,晋于是乎作爰田。吕甥曰:"君亡之不恤,而群臣是忧,惠之至也。将若君何?"众曰:"何为而可?"对曰:"征缮以辅孺子,诸侯闻之,丧君有君,群臣辑睦,甲兵益多,好我者劝,恶我者惧,庶有益乎!"众说,晋于是乎作州兵。①

又,《国语·晋语三》云:

> （晋惠）公在秦三月,闻秦将成,及使郤乞告吕甥。吕甥教之言,令国人于朝曰:"君使乞告二三子:秦将归寡人,寡人不足以辱社稷,二三子其改置以代圉也。"且赏以悦众,众皆哭,焉作辕田,吕甥致众而告之曰:"吾君惭焉其亡之不恤,而群臣是忧,不亦惠乎?君犹在外,若何?"众曰:"何为而可?"吕甥对曰:"以韩之病,兵甲尽矣。若征缮以辅孺子,以为君援,虽四邻之闻之也,丧君有君,群臣辑睦,兵甲益多。好我者劝,恶我者惧,庶有益乎!"众皆说,焉作州兵。②

关于晋国的"作爰田",由于史料记载不明确,长期存在着争论,古人作的注也相互歧义。"晋于是乎作爰田。"孔颖达疏引服虔、孔晁曰:"爰,易也,赏众以田,易其疆畔。"杜预注:"分公田之税应入公者,爰之于所赏之众。"③《国语·晋语三》载:"且赏以悦众,众皆哭,焉作辕田。"韦昭注引贾逵云:"辕,易也,为易田之法,赏众以田。易者,易疆界也。"或云:"辕田,以田出车赋。"韦昭谓:"此赏以悦众,而言以田出车赋,非也。"唐固曰:"让肥取硗也。"④杨伯峻《春秋左传注》归纳学者对爰田的

---

① （晋）杜预注:《春秋左传集解》,第291—292页。
② 上海师范大学古籍整理研究所点校:《国语》,第330页。
③ 杨伯峻:《春秋左传注》,第361页。
④ 上海师范大学古籍整理研究所点校:《国语》,第330页。

解释为四种：一是将爰田说成是恢复古制；二是将爰田解释为赏田；三是井田制改易之始；四是爰田即商鞅之制辕田。前三种说法是把"作爰田"当作一次生产关系的调整来看待的，后一种说法则是把它看作一次生产技术的革命。① 我们在这里首先要排除的是把"作爰田"与秦国的"作辕田"相提并论的说法，《国语》中把"作爰田"写作"作辕田"是文献传抄中出现的错误。商鞅之制辕田是一次以推广铁犁牛耕为核心的农业技术改革，而晋国的"作爰田"则是一次彻头彻尾的生产关系变革。袁林先生在《两周土地制度新论》一书中谈到：

> 此项变革保留下来的史料过少，故对其解释自古以来就众说纷纭。关于"爰田"，本文第四章第三节将就商鞅变法"制辕田"进行讨论，认为其基本内容就是推行以铁犁牛耕为核心的耕作技术变革，"辕田"也即"爰田"。因此，从秦的"制辕田"可以推测晋的"作爰田"。由于"爰田"概念的相同，由于秦、晋各种自然和社会条件之类似，我们有理由推断，晋"作爰田"的主要内容，就是进行以铁犁牛耕为基础和核心、以垄甽耕作方法为表现形式的农业技术革命。当然，晋"作爰田"中是否包含了类似商鞅"开阡陌"，即实现社会经济关系方面变革的内容，现存资料没有明确记载，不敢臆断，但推测必定有类似内容，因为重大的技术革命必须与生产关系方面的变革结合起来，方有可能真正实现，以历史的眼光来看，任何一个重大的社会经济变革，都必须包含生产技术变革和生产关系变革两个方面，二者结伴而生，相辅相成，缺一不可。另外，同时实施的"作州兵"之兵制改革也必须以一定的经济关系变革为基础。或许正如史籍所记载的广义的"开阡陌"囊括了商鞅变法生产关系与生产技术两方面变革内容一样，"作爰田"也是以包含这两方面内容的广义简称而留于史籍。②

袁氏能够看到生产力变革和生产关系变革常常"结伴而生"，难能可贵，不过他把晋国的"作爰田"和三百年后商鞅的制辕田相提并论却是不对

---

① 杨伯峻：《春秋左传注》，第361—362页。
② 袁林：《两周土地制度新论》，长春：东北师范大学出版社，2000年，第199页。

的。秦晋两国自然和社会条件相似,这两个国家的农业生产水平应该基本保持同步,如果晋国在公元前645年就推行了铁犁牛耕技术,而秦国在公元前356年才实行同样的变革,其技术相差太过悬殊。牛耕技术严重依赖铁犁,否则破土效率很难提高。考古资料显示,春秋时期的铁犁铧还极少见,目前仅在山西侯马市北西庄出土1件残品,[①]而战国时期大约有15件,[②]直到汉代,数量才有了明显的增加,截至2009年底的统计数据为铁犁铧201件、V型铧冠25件、铁犁29件、犁壁3件。[③]因此铁犁牛耕技术的推广当在战国至两汉之际,最早也只能到战国时期。

我们认为,"作爰田"本义就是把原先的公田全部或部分分给国人,国人不再承担籍田的力役负担,而要缴纳土地税,即由承担力役变为缴纳实物。晋国推行这种变革显然是为了增加国家的收入,加强军备,以抵御来自秦国的侵略。吕甥所谓"甲兵益多"正是指此。从国人方面来看,其利益肯定要受到损失,所以统治阶级在推行这项政策之前是颇费了一些周折的,在国人被感动,"众皆哭"的情况下,趁势推行了这次改革。按照西周的制度,以前国人在经济上的负担是:"籍田以力"和"什一使自赋",经过这次改革以后,国人就要在军赋之外再交纳实物作为土地税以代替力役。而野人的经济负担会是一种什么情况呢?史籍中没有明确记载,我们推测应该跟齐国管仲在"伍鄙"中推行的"相地而衰征"近似,也就是不再"九一而助",而是根据土地的等差缴纳土地税。这样一来,国人的负担反而多于野人,因为国人除了土地税之外,还有从西周起就一直存在的军赋(包括兵役和一次性制备的随身兵器)。因此就有必要增加野人的负担以取得平衡,这就是"作州兵"了。

晋国的"作州兵"是和"作爰田"同时进行的另外一场改革。古代的经学家把"作州兵"仅仅局限在修缮兵甲上。杜预《春秋左传集解》注云:"五党为州,州二千五百家也,因此又使州长各缮甲兵。"[④]沈钦韩《春秋左氏传补注》说:"晋于是乎作州兵,按《周官》,兵器本乡师所掌,

① 畅文斋等:《侯马北西庄东周遗址的清理》,《文物》1959年第6期,第43页。
② 杨振红:《两汉时期铁犁和牛耕的推广》,《农业考古》1988年第1期,第168页。
③ 包明辉等:《铁犁牛耕对汉代农业深耕细作技术的影响探析》,《北京科技大学学报》2011年第4期,第90页。
④ (晋)杜预注:《春秋左传集解》,第297页。

州共兵器而已,今更令作之也。"① 惠栋《春秋左传补注》云:"州兵者,犹成公之作丘甲也。"② 洪亮吉《左传诂》中讲道:"作州兵盖亦改易兵制。或使二千五百家略增兵额,故上云'甲兵益多',非仅修缮兵甲而已。杜注似非。"③ 杜预、沈钦韩、惠栋都停留在修缮甲兵上。洪亮吉虽然认为这是一次兵制的改易,兵额略有增加,但依然局限在二千五百家的"国人"范围之内。其实,只要我们看看春秋时期各国兵力不断膨胀的事实,就能意识到兵源的扩大已经超过了"国人"的范围。现代学者已经对"作州兵"给出了一个比较合理的解释。蒙文通先生在《孔子和今文学》中说:"作州兵就是取消只限三郊才能当兵的规定,扩大及于三遂。"④

徐中舒在《左传选》解释"作州兵"时也讲道:"州,野人所居,其居民本来不服兵役。作州兵,在他们分得终身使用的土地的新情况下,使他们也服兵役。"⑤ 不过,徐氏将"作爰田"理解为授田于野人与笔者看法不同。

"作州兵"从字面意思来看就是在"州"这个特定的区域内开始征兵。而关于"州"在周代的行政区划中处于什么位置,文献记载很模糊。其代表性的材料有以下几条:

1.《说文解字》云:"水中可居者曰州。"⑥
2.《国语·齐语》云:"今夫士,群萃而州处。"韦昭注:"州,聚也。"⑦
3.《尚书·禹贡》云:"禹别九州。"⑧
4.《礼记·王制》云:"二百一十国以为州,州有伯。"⑨
5.《周礼·地官·大司徒》云:"五党为州,使之相赒;五州为乡,使之相宾。"郑玄注:"州,二千五百家。"⑩
6.《周礼·地官·载师》注引《司马法》云:"王国百里为郊,二百里

① (清)沈钦韩:《春秋左氏传补注》卷三,北京:中华书局,1985年,第39页。
② (清)惠栋:《春秋左传补注》卷一,文渊阁四库全书本,第36页。
③ (清)洪亮吉:《春秋左传诂》,北京:中华书局,1987年,第296页。
④ 蒙文通:《孔子和今文学》,《经史抉原》,成都:巴蜀书社,1995年,第199页。
⑤ 徐中舒:《左传选》,北京:中华书局,1985年,第51页。
⑥ (汉)许慎撰,(清)段玉裁注:《说文解字注》,第569页。
⑦ 上海师范大学古籍整理研究所点校:《国语》,第226页。
⑧ (清)孙星衍:《尚书今古文注疏》,第560页。
⑨ (清)孙希旦撰,沈啸寰、王星贤点校:《礼记集解》卷十二,第319页。
⑩ (清)孙诒让:《周礼正义》卷十九,第751—752页。

为州,三百里为野,四百里为县,五百里为都。"①

　　第一条材料里的"州"是一个地理学概念;第二条材料的"州"作副词;第三和第四条材料表示一个较大的地域概念,相当于今天所讲的"洲"。这四条材料中的"州"与"作州兵"中的"州"的意思显然是不同的。剩下的第五和第六条材料就成了我们讨论的重点。在第五条材料中,"州"是一级行政单位,居于"乡"之下,隶属于"乡"。而第六条材料中的"州"指的是一个特定的区域,即位于"郊"之外的一个区域。那么"作州兵"是指在乡之下的这级行政单位中征发兵役呢? 还是在一个特定的区域征发兵役? 我们以为只能是后者。这是因为,乡作为国人的聚居区,一直就承担着兵役,作为其下一级的州自然就是这些兵役的承担者,因此无所谓在这里起征兵役。而作为一个特定的区域,州居于郊之外,显然属于野的范围,只不过它是离郊最近的一个区域,所以特别表出而已。以现在为例,有些厂矿的家属区往往划分为某某新村,而广大的农民聚居区称为农村,在"某某新村"中的"村"相当于一级社区单位,但其本身并不是农村,而"农村"这个词是对一个特定区域的称谓,不是一级行政单位。在春秋时期的"州"也与此类似。"作州兵"的"州"是指郊外的一个区域,"作州兵"的本义就是开始在这个区域征兵。上面提到的蒙文通和徐中舒的观点无疑是正确的,但不够精确。在这个问题上,陈恩林先生的表述应该是完备的,他说:"(作州兵)开始征召郊外部分野人当兵,从而开辟了新的兵源。"②

　　但是陈恩林对"作州兵"和"作爰田"这两项改革之间相互关系的论述是不对的。他说:

　　　　当兵本是国人世代享有的特权,他们是不会轻易放弃这种权力的。所以晋惠公看破了这一点,乃先"作爰田",对国人施以物质利益,然后再"作州兵"。用"作爰田"换取国人对"作州兵"的认可。③

这种说法是不对的,甚至是倒果为因的。在前面我们论述过,"国人"相

①（清）孙诒让:《周礼正义》卷二十四,第938页。
②陈恩林:《先秦军事制度研究》,第132页。
③同上,第132页。

对于野人的优越性不在于其具有当兵的资格,而在于其较少的经济负担和较多的政治权利。正是由于国人具有这些权益,他们才能够充当王权的维护者,才能够当兵。"作爰田"对国人而言不是一种赏赐,而更有可能是剥削的加重,正因为这一点,晋惠公害怕政策不能推行,所以用国败君辱来感动国人,激发他们的爱国之心,并给予了一定的赏赐。这一点,文献中讲得非常明白,《左传·僖公十五年》载:"子金教之言曰:'朝国人而以君命赏。且告之曰:孤虽归,辱社稷矣,其卜贰圉也。'众皆哭,晋于是乎作爰田。"①《国语·晋语三》载:"吕甥教之言,令国人于朝曰:'君使乞告二三子曰:秦将归寡人,寡人不足以辱社稷。二三子其改置以代圉也。'且赏以悦众,众皆哭,焉作辕田。"② 先有赏赐和晋惠公的表白,目的是感动国人,收到万众一心的效果,在"国人哭"的时候,才推出了"作爰田"的政策,"作爰田"对国人不是一种赏赐,恰恰相反,它的推行一定会对国人的利益产生影响。

推行"作爰田",国人虽然能够得到原先属于公田的田地,但是却要承担实物税,这样一来,国人相对于野人的优势地位不仅不存了,而且其负担还多于野人。所以就有了"作州兵",开始在野人中征发兵役,以扩大国家的军队力量。这两项政策的推行,大大减少了"国"、"野"之间的差别。而这种先改革国人税制,再改革野人军赋的"两步走"模式,在其他各国的变革中也能看到蛛丝马迹。

公元前 594 年,鲁国推行"初税亩"。关于鲁国的"初税亩",《春秋》三传的注解是比较明确的。《左传·宣公十五年》云:

> 初税亩,非礼也,谷出不过籍,以丰财也。

杜预注:"周法:民耕百亩,公田十亩,借民力而治之。税不过此。"③

《穀梁传》云:

> 初税亩,初者,始也。古者什一,籍而不税。初税亩,非正也。古者三百步为里,名曰井田。井田者九百亩,公田居一。私田稼不

---

① (晋)杜预注:《春秋左传集解》,第 291 页。
② 上海师范大学古籍整理研究所点校:《国语》,第 330 页。
③ (晋)杜预注:《春秋左传集解》,第 622 页。

善则非吏,公田稼不善则非民。初税亩者,非公之去公田而履亩,十取一也,以公之与民为已悉矣。①

《公羊传》云:

初者何? 始也。税亩者何? 履亩而税也。初税亩何以书? 讥。何讥尔? 讥始履亩而税也。何讥乎始履亩而税? 古者十一而籍。②

"初税亩"是税制的变化而不是税率的变化。按照西周时期延续下来的制度,国人只负担军赋和力役,而不交纳任何实物,这就是古书中常讲的"先王制土,籍田以力","古者什一,籍而不税"。籍法的存在是以"公田"的存在为前提的,废除籍法,就一定要废除公田,国家将原先的公田和私田全部授予农民(包括国人和野人),然后统一征收土地税。这是解决籍法效率低下的一个办法。西周晚期,宣王"不籍千亩"是说不再举行"籍田"之礼了,但籍法本身还是存在的,只是它的效率低下,已经严重影响了国家的正常收入。对籍法实行改革势在必行,这是社会生产力发展本身提出的要求。另一方面,籍法又体现了国人对于野人的优越地位,因此,如何对之实行改革是当时的一个社会问题。入春秋之世,各国纷纷推行新的政策,力图解决这一社会矛盾。晋国的"作爰田"和鲁国的"初税亩"就是非常典型的例子。"作爰田"是说把公田授于民,伴随的肯定是"履亩而税";"初税亩"说的是"履亩而税",肯定前期有分公田与民的政策实行。晋国的"作爰田"和鲁国的"初税亩"是可以互相印证的两项政策,具有内在的联系。

无论是晋国的"作爰田",还是鲁国的"初税亩",都明确了国人承担的税额,并使用实物税的方式来保证税收的落实。这一政策推行的直接后果就是加重了国人的负担,从而使得调整野人的经济政策成了当务之急。晋国在"作爰田"的当年就推行了"作州兵"的政策。鲁国也在"初税亩"后的第四年,即公元前590年,就推行了"作丘甲"的政策。

据《春秋·成公元年》载,公元前590年鲁国"作丘甲"。《左传·成公元年》载:"为齐难故,作丘甲。"《公羊传·成公元年》载:"三月,作

① (晋)杜预等注:《春秋三传》,上海:上海古籍出版社,1987年,第283页。
② (晋)杜预等注:《春秋三传》,第283页。

丘甲。何以书？讥。何讥而？讥始丘使也。"何休注："讥始使丘民作铠也。"《穀梁传·成公元年》载："作，为也；丘，为甲也。丘甲，国之事也。丘作甲，非正也。丘作甲之为非正何也？古者立国家，百官具，农工皆有职以事上。古者有四民，有士民、有商民、有农民、有工民。夫甲，非人人之所能为也。丘作甲，非正也。"[①]

"丘"是野人所处区域的社会基层组织。《左传·昭公四年》有"丘赋"，[②]《庄子·则阳》里有"丘里"，[③]《孟子·尽心下》里有"丘民"，[④]《孙子兵法·作战篇》有"丘役"。[⑤]这里的"丘"和"邑"一样，是一种基层社会组织，古籍中也有以"丘"为地名的，如"牡丘"、[⑥]"葵丘"等。秦人的祖先非子就曾居于"犬丘"。[⑦]关于"丘"的大小，《周礼·小司徒》云："九夫为井，四井为邑，四邑为丘，四丘为甸，四甸为县，四县为都。"[⑧]

《春秋》三传对成公元年"作丘甲"的注解基本是对的。《穀梁传》更是指出："夫甲，非人人之所能为也。丘作甲，非正也。"[⑨]诚如袁林先生所论："随着国人与土著的逐渐融合，随着兼并战争愈演愈烈，一直没有当兵权利的鄙民也被拉上了战场，既要缴纳军需物资，又要当兵打仗，这就是'作州兵'、'作丘甲'的真正内涵。"[⑩]鲁国"作丘甲"的直接动因是因"齐难"而兵力不足，但其根本原因还是通过增加野人的负担，在国人和野人之间进行再平衡。

综上所述，晋国和鲁国分别进行的两次改革，虽然时间间隔很短，鲁国相隔4年，晋国在同一年进行，但是其意义和目的是不同的。分开来讲，第一步是理顺国人的税收政策，变原来的力役（籍田）为实物，彻底改变西周晚期以来籍法效率下降、国家收入匮乏的局面，客观上加重了国人的负担，使人和野人在经济负担上出现了不平衡；第二步，把原来只

① （晋）杜预等注：《春秋三传》，第289页。
② （晋）杜预注：《春秋左传集解》，第1247页。
③ （清）王先谦注：《庄子集解》，北京：中华书局，1954年，第233页。
④ （清）焦循：《孟子正义》，第573页。
⑤ （汉）曹操等注：《孙子兵法》，西安：三秦出版社，1998年，第33页。
⑥ （晋）杜预注：《春秋左传集解》，第287页。
⑦ （汉）司马迁：《史记》，第177页。
⑧ （清）孙诒让：《周礼正义》卷二十，第786页。
⑨ （晋）杜预等注：《春秋三传》，第289页。
⑩ 袁林：《两周土地制度新论》，第202页。

向国人征取的军赋,也开始逐步向野人摊派,从而加大了对野人的剥削量。合起来讲,这两次变革先后分别增加了国人和野人,也就是被统治阶级的剥削量,从而较大幅度地增加了国家的收入和军事力量,提高了本国对外作战的能力。

除过晋国和鲁国之外,其他各国也经历了同样的改革。比较典型的是郑国子产的改革。子产的改革也大致先后推行了两项政策。首先是在公元前 543 年,《左传·襄公三十年》载:"子产使都鄙有章,上下有服,田有封洫,庐井有伍。"① 对土地进行重新规划当然是为了便于计量,便于征收实物税。由于这一政策暂时损害了国人的利益,引起了国人的不满和谩骂,《左传·襄公三十年》载:"取我衣冠而褚之,取我田畴而伍之。孰杀子产,吾其与之!"② 袁林认为子产的这次改革"大概也意味着剥削方式的根本性转变,实物剥削取代了劳役剥削,从而原来被剥削者用以实现剩余劳动的土地和用以实现必要劳动的土地合而为一,全部在国家的控制与管理之下,剥削者用以进行劳役剥削的'田'失去存在意义,它们和其他田土一起被规划成均等的小方块而授予被剥削者。"③ 袁氏在这里说的"实现剩余劳动的土地"就是公田,"用以实现必要劳动的土地"就是私田,他的这番论述是有道理的。此后五年,也就是公元前 538 年,"郑子产作丘赋"。杨伯峻注:"丘赋疑与鲁成公元年之丘甲同义。谓一丘之人出军赋若干。"④ 这种看法是正确的。这也是"两步走"的模式。

另外,公元前 548 年,楚国可能也进行了类似的改革。《左传·襄公二十五年》载:

> 楚蔿掩为司马,子木使庀赋,数甲兵。甲午,蔿掩书土田,度山林,鸠薮泽,辨京陵,表淳卤,数疆潦,规偃豬,町原防,牧隰皋,井衍沃,量入修赋。赋车籍马,赋车兵、徒兵、甲楯之数。⑤

① (晋)杜预注:《春秋左传集解》,第 1147 页。
② (晋)杜预注:《春秋左传集解》,第 1148 页。
③ 袁林:《两周土地制度新论》,第 207 页。
④ 杨伯峻:《春秋左传注》,第 1254 页。
⑤ (晋)杜预注:《春秋左传集解》,第 1038—1039 页。

楚国推行的这一系列政策应该是前后关联的,由于记载不详,我们只能进行大致的推测。第一步是土地的整改和统计,包括从"书土田"到"井衍沃"的行政行为。这显然是为按面积征收实物税做准备,说明楚国也实行了向"国人"征取实物税的政策。第二步是对军赋的变革,包括"赋车籍马,赋甲兵、徒兵、甲楯之数"等,这标志着楚国从此开始在"野"征收军赋。

以上分析显示,在春秋中期以前,晋国、鲁国、郑国、楚国、齐国等主要的诸侯国都进行了赋税政策的变革,这场变革基本都分"两步走",先改变国人的税制,再对"野"征发军赋。通过这些变革,各国的经济实力和军事力量都有了大幅度的提高,这是春秋时期各国军队不断扩大的经济基础。这场变革的社会后果就是"国人"和"野人"的界线逐步变得模糊。

二、"用田赋"与军赋的扩大

在上一部分我们讨论了春秋前期赋税制度的变化,指出经过"分两步走"的策略,许多国家都实现了在"野"征取军赋,扩大了征收的范围。但是,随着兼并风潮的进一步发展,各国又掀起了新一轮增加军赋的高潮。

先秦时期的税和赋的用途不同,赋是用于军事开支的,所谓"税以足食,赋以足兵"。在西周时期的赋只向"国人"摊派,但并不实际征收,这就是所谓的"什一使自赋"。也就是说,让国人自己用应交的赋置备军事装具,如兵器、铠甲等。进入春秋以后,经过第一轮赋税改革,田税统一以实物收取,赋的征收范围也扩大到了"野"。但这时的赋可能还是采取"自赋"的形式,也就是不向国家缴纳,自己置备军械,有战事则缴纳刍稿之类,这是当时军赋的基本情况。随着军事斗争形势的变化,旧的赋制已经不能满足需要,一场有关军赋的改革便呼之欲出了。

公元前483年,鲁哀公十二年,鲁国推行"用田赋"的政策。在此之前季孙氏曾就这一事咨询过孔子。《左传·哀公十一年》载:

> 季孙欲以田赋,使冉有访诸仲尼。仲尼曰:"丘不识也。"三发,
> 卒曰:"子为国老,待子而行,若之何子之不言也?"仲尼不对。而私

于冉有曰:"君子之行也,度于礼:施取其厚,事举其中,敛从其薄。如是,则以丘亦足矣。若不度于礼,而贪冒无厌,则虽以田赋,将又不足。且子季孙若欲行而法,则周公之典在,若欲苟而行,又何访焉?"弗听。①

第二年,新法得到了实施。《左传·哀公十二年》载:

> 十二年春,王正月,用田赋。②

《左传》中关于鲁国"用田赋"的记载很简略,后世的注释也各不相同。杜预在《左传·哀公十一年》中注解道:"丘赋之法,因其田财,通出马一匹,牛三头。今欲别其田及家财,各为一赋,故言田赋。"又注《春秋·哀公十二年》道:"直书之者,以示改法重赋。"③张聪咸《左传杜注辨证》认为田当读为甸:"季孙欲令一丘之间出一甸车乘之赋也。"④杨伯峻在《春秋左传注》中说:"总之,臆测之说多,皆不能举出确凿证据,存而不论可也。"⑤

《国语·鲁语下》所记与《左传·哀公十二年》几近:

> 季康子欲以田赋,使冉有访诸仲尼。仲尼不对,私于冉有曰:"求来!女不闻乎?先王制土,籍田以力,而砥其远迩;赋里以入,而量其有无;任力以夫,而议其老幼。于是乎有鳏、寡、孤、疾,有军旅之出则征之,无则已。其岁收,田一井出稯禾、秉刍、缶米,不是过也。先王以为足。若子季孙欲其法也,则有周公之籍矣,若欲犯法,则苟而赋,又何访焉?"⑥

韦昭注引贾逵说:"田,一井也。"⑦《公羊传·哀公十二年》何休注:"田,谓一井之田。"⑧我们认为,"田"倒不必是一个土地单位,应该是指田土

---

① (晋)杜预注:《春秋左传集解》,第1780—1781页。
② (晋)杜预注:《春秋左传集解》,第1782页。
③ (晋)杜预注:《春秋左传集解》,第1781、1782页。
④ (清)张聪咸:《左传杜注辨证》卷六,清光绪贵池刘世珩刻聚学轩丛书本,第13页。
⑤ 杨伯峻:《春秋左传注》,第1670页。
⑥ 上海师范大学古籍整理研究所点校:《国语》,第218页。
⑦ 同上。
⑧ (汉)何休注,(唐)徐彦疏:《春秋公羊传注疏》,第683页。

而言。"田赋"就是按田来征赋。"赋"自然是军赋,即用于军事的专项开支了。所以《国语·鲁语下》中孔子说:"(先王)有军旅之出则征之,无则已。"这与我们前面所论是一致的。也就是说,西周、春秋前期的"赋"都是"自赋",国家不征收的。而从"用田赋"以后,鲁国就开始征收,其额度可能也是十分之一,加上以前固定的"土地税"十分之一,就是十分之二。因此《论语·颜渊》才有这样的记述:

> 哀公问于有若曰:"年饥,用不足,如之何?"有若对曰:"盍彻乎?"曰:"二,吾犹不足,如之何其彻也?"[①]

哀公所说的"二",当然是指这十分之二的赋税额度了。鲁国的"用田赋"开始了国家征收军赋的先例,赋和税的物质差异已经不存在了,都是以实物的形式按田亩征收。其他各国虽无明文记载,想来也应该和鲁国一样推行了类似的军赋征收政策。从国家的角度讲,大大增加了收入,用于军事的费用更加充足,从而加剧了兼并战争的烈度。

最后,我们对春秋军赋制度的变迁做一个小结。周代的赋,包括兵役和基本的军需物资,按照国野分立的制度安排,只有国人才有当兵的权利和义务,这一负担自然就由国人承担。到了春秋时期,由于籍田制度的破坏,列国进行了一次大规模的赋税改革,赋的范围发生了变化,野人和国人一样承担军赋。不过这一时期的军赋是按照"什一使自赋"的原则进行,也就是各家自备兵器、铠甲等基本的军事装具,并以己身服兵役。

具体言之,从春秋中叶到晚期大约一百多年的时间里,从齐国发轫,晋、鲁、楚、郑等主要诸侯国先后进行了一系列的土地赋税改革,虽然相关文献中的语言表述各异,但通过将改革过程置于当时特定历史背景之下,并做全面分析,不难发现各国改革分两步走的明显特征,即:首先废除籍法,将公田分给国人,同时对国人开始征收实物税;其次,将原先仅由国人承担的军赋推及野人。国人在西周家国同构的政治体制中居于相对野人较高的社会地位,实物代替力役(籍田)无疑会增加国人的负担。这样的变动有悖于西周统治者与国人"亲亲"的理念,自然不为国

---

① 杨伯峻:《论语译注》,北京:中华书局,1980 年,第 127 页。

人所接受,于是向野人征发军赋变得不仅必不可少,而且迫在眉睫。这也是我们从史料中多次看到两次变革相隔时间极短的深层次原因。其中,鲁国的"初税亩"与"作丘甲"相距四年,郑国的第一次土地规划到"作丘赋"相距五年,晋国的"作爰田"与"作州兵"更是在同一年,而现有资料表明,楚国的改革也可能是在同一年进行。这也反证了我们对这场改革模式的基本判断,两步走是为了分别调整对国人和野人的剥削关系,在维持社会矛盾基本均衡的基础上,大幅度增加了国家的财政收入。改革后各国的军事力量有了明显的增长。由此推想,其他中小诸侯国在同一时期也有过类似的改革。至于鲁国,"用田赋"由于后"作丘甲"一百多年,显然与这场改革不同,而是将原先"十一使自赋"的军赋变革为按田亩起征,消弭了西周以来"赋"与"税"的区别,实质上还是增加了剥削量。其他诸侯国也应当改革了军赋起征之法,使之和田税一样,统一按地亩征收。这是因为在井田制没有被彻底打破之前,国家实行授田制,有人就有田,有田就有赋税,人、田、赋税是对应的。"等到战国中期商鞅变法后,农民逐渐丧失土地,赋才变为按人口征收货币"。[①]

---

① 顾德融、朱顺龙:《春秋史》,第 309 页。

第四章 战国兵制

入战国之世,随着铁制兵器的大量使用,各诸侯国军队数量和作战能力都有了飞跃式的增长,七国以征战攻伐为能事,兼并战争烈度空前,个别强国定于一尊的战略构想已逐步显露。这个时期也迎来了早期战争观念的第二次大转变,即由争霸向兼并和统一战争的方向转变。各国兵制在继承西周春秋的基础上,出现了显著的变化,常备武装力量开始走向前台,选卒和训练更加规范。

第一节 各国兵力的跳跃式增长

如果说春秋时期的各国兵力相对前代有一个大幅度的增长,那么,战国时期兵力的增长几乎是跳跃式的。这与兼并统一战争的军事形势是相互适应的。

一、先秦时期战争观念的第二次转变

战国时期,各种观念都发生了深刻的变化,清人王夫之在《读通鉴论·叙论四》中讲道:

> 战国者,古今一大变革之会也。侯王分土,各自为政,而皆以放恣渔猎之情,听耕战刑名殃民之说,与《尚书》、孔子之言,背道而驰。[1]

同为清人的顾炎武在《日知录》卷十三"周末风俗"中对春秋和战国时期列国的政治观念做了一个很好的比较:

---

[1] (清)王夫之:《读通鉴论》,北京:中华书局,1975年,第954页。

如春秋时犹尊礼重信,而七国则绝不言礼与信矣。春秋时犹宗
周王,而七国则绝不言王矣。春秋时犹严祭祀,重聘享,而七国则无
其事矣。春秋时犹论宗姓氏族,而七国则无一言及之矣。春秋时犹
宴会赋诗,而七国则不闻矣。春秋时犹有赴告策书,而七国则无有
矣。邦无定交,士无定主,此皆变于一百三十三年之间。史之阙文,
而后人可以意推者也。①

这些政治观念、礼仪的变化是与当时的政治形势相一致的。在当时特定
的政治形势下,春秋时期以兼并为核心的战争观念已经不能适应时代的
需要了。如果说由争霸战争向兼并战争的过渡是春秋时期战争观念转
变的基本特征,那么由兼并战争向统一战争的过渡则是战国时期战争观
念变化的主基调。当时的有识之士也认识到了这一点。《孟子·梁惠王
上》载:

孟子见梁襄王,出,语人曰:"望之不似人君,就之而不见所畏
焉。卒然问曰:'天下恶乎定?'吾对曰:'定于一。'"
"'孰能一之?'对曰:'不嗜杀人者能一之。'"②

孟子的这段话很值得玩味,它说明当时的强国之君不再像春秋时期的齐
桓晋文之类,争当天下的霸主,而是力求统一天下。孟子也看清了形势,
所以以"统一"天下为标的,来诱导梁襄王。

战国和春秋时期的形势已经不可同日而语。春秋时期,周天子虽然
衰微,但他还具有一定的号召力,所以春秋五霸的第一霸齐桓公打起的
旗帜就是"尊王攘夷"。而战国时期,周天子连名义上的号召力都已经不
复存在,即所谓"贪饕无耻,竞进无厌;国异政教,各自制断;上无天子,
下无方伯;力功争强,胜者为右;兵革不休,诈伪并起"。③兼并战争和统
一战争的区别在于,前者往往表现为局部的冲突,后者则对参战双方来
说都是全面战争。比如著名的秦赵长平之战,双方都是倾巢出动,对秦
赵两国而言都是一场全面战争。

---

① (清)顾炎武著,(清)黄汝成集释:《日知录集释》,上海:上海古籍出版社,2014 年,第 295 页。
② (清)焦循:《孟子正义》,第 41—42 页。
③ (汉)刘向集录:《战国策(下)》,第 1196 页。

　　统一战争在烈度和作战方式上已经与春秋时期的兼并战争大相径庭了,更不要说商周时期的争霸战争。

　　这一时期战争烈度的增强主要表现在战争的规模和持续时间上。从春秋时期的一些较大战役来看,当时投入的兵力是有限的。公元前632年的城濮之战中,晋楚两国投入的兵力不过几万人,公元前589年的鞌之战中,投入的兵力不过略有增加而已,要知道晋国是春秋时期一等强国。但到了战国时期,情况则发生了变化。

　　公元前341年,齐、魏两国在马陵发生战争,"齐大胜魏,杀太子申,覆十万之军"。①

　　据《史记·白起王翦列传》载:"白起为左更,攻韩、魏于伊阙,斩首二十四万,又虏其将公孙喜,拔五城。"②

　　而秦赵长平大战,双方动用的军队数量更是惊人。秦先后消灭赵国主力"四十五万"之众,而秦国一方先后投入的兵力也不下五十万,有人甚至估计接近百万。③

　　长平一战后,赵国国力虚弱,燕国便有图赵之意。《战国策·燕策三》载:

　　　　燕王喜使栗腹以百金为赵孝成王寿,酒三日,反报曰:"赵民其壮者皆死于长平,其孤未壮,可伐也。"王乃召昌国君乐间而问曰:"何如?"对曰:"赵,四达之国也,其民皆习于兵,不可与战。"王曰:"吾以倍攻之,可乎?"曰:"不可。"曰:"以三,可乎?"曰:"不可。"王大怒。左右皆以为赵可伐,遽起六十万以攻赵。令栗腹以四十万攻鄗,使庆秦以二十万攻代。④

燕国在战国时期不算强国,其一次动用的军队就有六十万,这次战争双方投入的总兵力应该在百万左右。

　　另据《史记·白起王翦列传》所载,秦将军王翦伐楚时也是"将兵六

① (汉)刘向集录:《战国策(中)》,第835页。
② (汉)司马迁:《史记》卷七十三,第2331页。
③ 靳生禾等:《长平之战——中国古代最大战役之研究》,太原:山西人民出版社,1998年,第4页。
④ (汉)刘向集录:《战国策(下)》,第1121页。

十万”,加上楚国本土作战的兵力,双方投入的兵力大大超过百万。①

与作战兵力的剧增相伴随的是作战时间的拉长。春秋时期作战双方往往“结日定地”,双方大致通过一次决战来决定胜负,很少出现旷日持久的拉锯战、对抗战等。像我们熟知的繻葛之战、泓之战、城濮之战、鄢之战等所持续的时间多则几日,少则一日。围城战的时间也不是很长,最长的要算公元前594年楚庄王围宋之役,前后共九个月,城中“易子而食,析骸以爨”,②在当时已经是很长的了。而战国时期的许多著名战例都是旷日持久,很少有一次冲锋就决出胜负的战役。《吕氏春秋·不屈》说魏国曾经“围邯郸三年而弗能取,士民疲潞,国家空虚”。③《战国策·赵策三》也记载:“齐以二十万之众攻荆,五年乃罢。赵以二十万之众攻中山,五年乃归。”④长平之战也持续了三年之久,其白热化的较量就达六个月之久。⑤作为当时著名的将领,赵奢和田单的一段对话很能反映当时战争规模的变化。《战国策·赵策三》载:

> 赵惠文王三十年,相都平君田单问赵奢曰:“吾非不说将军之兵法也,所以不服者,独将军之用众。用众者,使民不得耕作,粮食挽赁不可给也。此坐而自破之道也,非单之所为也。单闻之,帝王之兵,所用者不过三万,而天下服矣。今将军必负十万、二十万之众乃用之,此单之所不服也。”

> 马服曰:“君非徒不达于兵也,又不明其时势。夫吴干之剑,肉试则断牛马,金试则截盘匦;薄之柱上而击之,则折为三,质之石上而击之,则碎为百。今以三万之众而应强国之兵,是薄柱击石之类也。且夫吴干之剑材难,夫毋脊之厚,而锋不入;无脾之薄,而刃不断。兼有是两者,无钧竿镡蒙须之便,操其刃而刺,则未入而手断。君无十余、二十万之众,而为此钧竿镡蒙须之便,而徒以三万行于天下,君焉能乎?且古者,四海之内,分为万国。城虽大,无过三百丈者,人虽众,无过三千家者。而以集兵三万,距此奚难哉!今取古之

---

① (汉)司马迁:《史记》卷七十三,第2340页。
② (晋)杜预注:《春秋左传集解》,第616页。
③ 陈奇猷:《吕氏春秋校释》,第1197页。
④ (汉)刘向集录:《战国策(中)》,第678页。
⑤ 靳生禾等:《长平之战——中国古代最大战役之研究》,第2页。

为万国者,分以为战国七,能具数十万之兵,旷日持久数岁,即君之齐已。齐以二十万之众攻荆,五年乃罢;赵以二十万之众攻中山,五年乃归。今者,齐、韩相方,而国围攻焉,岂有敢曰'我其以三万救是'者乎哉?今千丈之城、万家之邑相望也,而索以三万之众围千丈之城,不存其一角,而野战不足用也,君将以此何之?"都平君喟然太息曰:"单不至也!"①

由于战争观念的变化,战争规模的不断扩大,战争方式也出现了新的形式,原来的"结日定地"的阵地战已不再成为主流,"大规模的步骑兵的野战和包围战已代替了整齐的冲击战"。②

春秋以前,争霸和兼并战争中作战双方的军事活动都受军礼的约束,或者说各国都自觉遵守一般的作战原则,其具体方式就是"结日定地,各居一面,鸣鼓而战,不相诈"。③所谓"结日定地"就是约定具体的作战时间和地点。其地点一般选择在比较开阔的平地,这样便于双方战车的行进和阵形的展开,这就客观决定了这一时期的战争必然是以阵地战为主。根据《左传》的记载,以车战为主的阵地战一般分为四个阶段:第一个阶段,敌对两军在一定的地点扎营结寨,准备约期会战,称之为次,或称军、舍,也就是驻军。第二阶段是布阵,即按照双方约定的地点,摆好阵势。第三个阶段,通过致师之礼,宣布双方进入作战状态。"致师"也称"致",《左传·宣公十二年》杜注释为"单车挑战",即以单车或少量部队对敌方进行象征性冲击,表明求战意图。第四个阶段是交战,敌对双方正式拉开战幕,一场战争也就开始了。这种程式化的作战方式适应于早期以车战为主的战斗。早期的西方人也有这样的习惯,在作战中更愿意光明正大的取胜,而不是通过欺诈的方式。

到了战国时期,战争中主攻一方常常以消灭或摧毁对方的国家主体为目的,至少是攻城略地,主守的一方便不会贸然出击,而加强关塞要津的防守成了最佳选择,这就使得一些要塞成为决战的战场,要塞战成为主要的战争方式之一。黄朴民先生也曾说:"春秋晚期战争上最大的特

---

① (汉)刘向集录:《战国策(中)》,第677—678页。
② 杨宽:《春秋战国间封建的军事组织和战争的变化》,《历史教学》1954年第4期。
③ (汉)何休注,(唐)徐彦疏:《春秋公羊传注疏》,第108页。

色,在于作战指导的根本性变化。这就是'诡诈'的战法原则在军事活动领域内的普遍流行,过去那种贵偏战而贱诈战的堂堂阵法遭到全面的否定。"[1]春秋时期却不在要塞设防,清代学者顾栋高在《春秋大事表》中有过论述:

> 春秋时列国用兵相斗争,天下骚然,然其时禁防疏阔,凡一切关隘厄塞之处,多不遣兵设守,敌国之兵平行往来如入空虚之境,其见于《左传》者班班可考也。文十三年春,晋侯使詹嘉处瑕以守桃林之塞,注云以备秦。桃林,今潼关也。昭二十六年秋,晋知跞、赵鞅帅师纳王,使女宽守阙塞,注云以备子朝。阙塞,今伊阙也。二者天下之险,必待纷纭有事而后遣将设守,重书于册,则其平日之漫无闲御可知矣。齐庄公之伐晋也,入孟门,登太行,封少水而还,而晋仅于其还也,使赵胜率东阳之师追之而已,而晋平日之备御无有也。吴阖闾之入楚也,舍舟淮汭,自豫章与楚夹汉,道由大隧、直辕、冥厄,而司马戍第于既阵始议塞城口以邀其归路,而楚平日之控扼无有也。是皆一夫守险,千人莫过。使当日有一旅之师、百夫之长当关旅拒,则齐之启肱申殿必不能轻骑而入羊肠之隘,吴之水犀精甲必不能疾驱而至汉水之滨也。……僖三十三年秦人袭郑,道自华阴出函谷关,经历二崤及周之轘辕、伊阙,而后至河南之偃师,行嵁岩深谷中二千余里,商人弦高遇诸途而始觉,而周人、晋人不之诘也。[2]

顾栋高的说法是有道理的,也确实反映了春秋时期关隘不设防的真实情况,这可能与当时的战争烈度和列国的军事力量有关系。但到了春秋末期,这种局面就已经不复存在了。《盐铁论·险固篇》云:"诸侯之有关梁,庶人之有爵禄,非升平之兴,盖自战国始也。"[3]那些曾经妨碍列国交通的天然屏障,在战国时期却成了保护本国、拒敌于国门之外的天险,难怪顾栋高写道:"险要之为天下重也,从末世起也。群雄起而后有

---

[1] 黄朴民:《先秦军事思想的发展及其特征》,《光明日报》1997年7月15日,理论版。
[2] (清)顾栋高:《春秋大事表》卷九,第995—996页。
[3] (汉)桓宽著,王利器校注:《盐铁论校注》,天津:天津古籍出版社,1983年,第538页。

战争,战争用而后出奇制胜,设守要害,则险要尚焉。"① 根据董说的《七国考》所汇集的材料,战国七雄的主要关隘有四十多处,条列如下:

秦:函谷关、武关、散关、萧关、临晋关、湖关、松柏塞、焉氏塞、郑所塞。

齐:阳关、穆陵关、博关。

楚:扞关、江关、阳关、弱关、昭关、榆关、无假之关、陉塞、黾阸之塞、符离之塞。

赵:扞关、句注塞、雁门塞、高阙塞、飞狐、羊肠、九限、五径、太行塞、鸿上塞。

魏:蒲坂关、伊阙。

韩:商坂、成皋、鲁关、阳侯之塞。

燕:朝鲜障、乌集阙。②

除过利用天然的关隘要塞之外,列国也纷纷在边境修筑长城,人工构筑防御体系。《左传·僖公四年》楚大夫屈完曾说:"楚国方城以为城,汉水以为池,虽众,无所用之。"③ 这大概是楚国最早在边境上修筑的防御工事,经过战国时候的修筑应该具有相当的规模,《汉书·地理志》南阳郡下云:"叶,楚叶公邑。有长城,号曰方城。"④《水经注·沅水》载:"叶东界有故城,始轜县,东接濒水,达比阳界,南北联络数百里,号为方城,一谓之长城,云郦县有故城一面,未详里数,号为长城,即此城之西隅。其间相去六百里,北面虽无基筑,皆连山相接,而汉水流其南,故屈完答齐桓公云楚国方城以为城,汉水以为池。"⑤ 亦其证也。

齐国的长城始见于公元前 404 年,古本《竹书纪年》载:"(晋)烈公十二年,王命韩景子、赵烈子、翟员伐齐,入长城。"这一点可以得到金文的验证,《骉羌钟》(《集成》157.1)铭云:

　　唯廿又再祀,骉羌作戎,厥辟韩宗,敢率征秦迮齐,入长城,先会于平阴,武侄寺(持)力。

_____

① (清)顾栋高:《春秋大事表》卷九,第 969 页。
② 缪文远:《七国考订补》,上海:上海古籍出版社,1987 年,第 241—315 页。
③ (晋)杜预注:《春秋左传集解》,第 245 页。
④ (汉)班固:《汉书》卷二十八上,第 1564 页。
⑤ (北魏)郦道元:《水经注》,长沙:岳麓书社,1995 年,第 470—471 页。

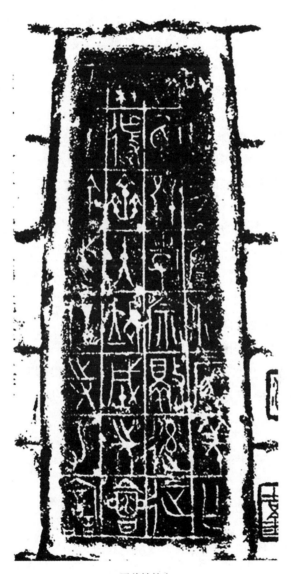

驫羌钟铭文

铭文中的"唯廿又再祀"是指周威烈王二十二年,即晋烈公十二年(前380年)。《竹书纪年》又载:"梁惠王二十年,齐闵王筑防以为长城。"①《史记正义》引《太山郡记》云:"太山西北有长城,缘河径太山千余里,至琅邪台入海。"又引《齐记》云:"齐宣王乘山岭之上筑长城,东至海,西至济州千余里,以备楚。"②又引《括地志》及《蓟代记》,所述大同小异,足见齐国长城之大。

魏国为了防御来自秦国的侵略,于公元前361年"筑长城,自郑滨洛以北,有上郡"。《正义》云:"魏西与秦相接,南自华州郑县,西北过渭水,滨洛河东岸,向北有上郡鄜州之地,皆筑长城以界秦境。"③魏国的另外一条长城在其西南部,《水经注·阴沟水》云:"阴沟水……右渎东南径阳武城北,东南绝长城。"④根据罗哲文的研究,这条长城长六百多里。⑤

燕国的军事压力主要来自西南边的秦、赵、齐,以及北边的山戎等少数民族,所以,燕国的长城也有南北两条。《史记·张仪列传》所载张仪对燕昭王曾经讲道:"今大王不事秦,秦下甲云中、九原,驱赵而攻燕,则易水、长城,非大王之有也。"⑥这是燕国的南长城。《史记·匈奴列传》载:"燕亦筑长城,自造阳至襄平。置上谷、渔阳、右北平、辽西、辽东郡以拒胡。"⑦这是燕国的北长城。

《史记·赵世家》载:"(肃侯)十七年,围魏黄,不克,筑长城。"根据《正义》的解释,这条长城位于赵国的南界,主要是为了防御魏、秦。⑧赵国的北长城是由武灵王所筑,《史记·匈奴列传》载:"赵武灵王亦变俗胡服,习骑射。北破林胡、楼烦。筑长城,自代并阴山下,至高阙为塞。而置云中、雁门、代郡。"⑨这是赵国的北长城,主要用来防御燕和三胡。

---

① 方诗铭、王修龄:《古本竹书纪年辑证》,第126页。
② (汉)司马迁:《史记》卷四十,第1732页。
③ (汉)司马迁:《史记》卷五,第202页。
④ (北魏)郦道元:《水经注》,第342页。
⑤ 罗哲文:《长城》,北京:北京出版社,1982年,第18页。
⑥ (汉)司马迁:《史记》卷七十,第2298页。
⑦ (汉)司马迁:《史记》卷一百一十,第2886页。
⑧ (汉)司马迁:《史记》卷四十三,第1802页。
⑨ (汉)司马迁:《史记》卷一百一十,第2885页。

秦国修筑长城主要是为了防御西北胡人的入侵。《史记·匈奴列传》载："秦昭王时,义渠戎王与宣太后乱,有二子。宣太后诈而杀义渠戎王于甘泉,遂起兵伐残义渠。于是秦有陇西、北地、上郡,筑长城以拒胡。"①

七雄以外的其他小国也有长城,如郑国、中山等国。

列国除过修筑长城、驻防要塞外,在一些主要的城市也驻有重兵。《战国策·魏策三》说:"臣闻魏氏悉其百县胜兵,以止戍大梁,臣以为不下三十万。以三十万之众,守十仞之城,臣以为虽汤、武复生,弗易攻也。"② 此外,《史记·穰侯列传》也载有魏国要用"三十万之众守梁七仞之城"一事。③《战国策·赵策三》载名将赵奢曾经对田单这样说:"今千丈之城、万家之邑相望也,而索以三万之众,围千丈之城,不存其一角,而野战不足用也,君将以此何之?"④ 这些材料虽不是实指,但也是当时城邑重点设防的一个写照。列国通过在主要城市、长城、关塞要津等处重兵设防,建立了普遍的国家防御体系,这就使原先那种一战定胜负的作战方式失去了市场。在开阔地带进行大规模阵地战的机会已经很少,战斗主要在关津要塞等险要地区展开,要塞战成为主要的战斗样式。当主守一方需要增援时,在野外堵截、追击、围歼的野战机会大大增加。战争方式和战争手段的这种变化,最终导致平原、山地、河谷都可能成为遭遇战的战场。列国的关塞要津更成为攻守双方的必争之地,如秦国据崤函之险,便被看作是"天下之雄国"。战争的结果往往也更加惨烈,就像孟子说的那样,"争地以战,杀人盈野;争城以战,杀人盈城"。⑤

春秋时期"重偏战而贱诈战"的军事思想已经不能指导新型战争。"兵不厌诈"为越来越多的军事指挥家所认同,正如《孙子兵法·计篇》所言:

> 兵者,诡道也。故能而示之不能,用而示之不用,近而示之远,远而示之近。利而诱之,乱而取之,实而备之,强而避之,怒而挠之,

① (汉)司马迁:《史记》卷一百一十,第2885页。
② (汉)刘向集录:战国策(中)》,第857页。
③ (汉)司马迁:《史记》卷七十二,第2326页。
④ (汉)刘向集录:《战国策(中)》,第678页。
⑤ (清)焦循:《孟子正义》,第303页。

卑而骄之，佚而劳之，亲而离之。攻其无备，出其不意。此兵家之胜，不可先传也。[1]

在这种实用主义的军事理论指导下，军事斗争的内涵更加丰富，通过一场战斗来决定胜负变得不可能了。战国时期的许多战争都旷日持久，交战双方必须经过你来我往的反复较量才能最后分出胜负，一场战争往往包含多次战役。战略和战术的相互关系成了军事学家考虑的重要问题。这个表示战略概念的词语就叫"权"。《司马法·仁本》云："以义治之之谓正，正不获意则权。权处于战，不处于中人。"[2] 这是说作战的战略构想应该来自作战实践本身，而不是那些所谓的公允纯直之道，这一点与春秋以前是有根本区别的。《孙子兵法·计篇》也说："因利而制权也。"[3]《汉书·艺文志》将兵家的著作分为兵权谋、兵形势、兵阴阳、兵技击等四类，其中兵权谋类主要讲的是战略学的内容，这些著作大都出现在战国时期，最早的也无过春秋末期，这正是军事战略学思想在这一时期兴起的反映。

从整个中国冷兵器作战史来看，战国是一个分水岭，以前的军事作战思想笼罩着一种礼仪和道义面纱，其冲突的规模和时间是有限的，战争的烈度也较低。从战国以降，军事指挥者为了追求战争胜利，不择手段，战争持续的时间、战争的规模都有了明显的变化。这是战国时期战争的一些特点。

二、军力扩张与常备军的出现

战国时期各国的军事力量有了明显的扩张。《战国策·齐策一》说：

> 临淄之中七万户，臣窃度之，下户三男子，三七二十一万。不待发于远县，而临淄之卒，固以二十一万矣。[4]

《战国策·东周策》说：

---

[1]（汉）曹操等注：《孙子兵法》，第15页。
[2] 褚玉兰、张大同编著：《兵法精典新解——孙子·吴子·尉缭子·司马法》，第286页。
[3]（汉）曹操等注：《孙子兵法》，第14页。
[4]（汉）刘向集录：《战国策（上）》，第337页。

宜阳城方八里,材士十万,粟支数年。①

临淄是齐国国都,战国时期的大城市,其守城兵力可达到二十一万,宜阳不过八里小城,其守城兵力也可达到十万。而春秋时期一些大规模的战役如城濮之战、邲之战、鄢之战等,双方投入的兵力不过几万而已,与战国一城的守兵相比也算是小巫见大巫了。

有关战国时期列国军事力量的估计,依据的史料主要是《战国策》。这里且不说《战国策》多为策士游说之词,语涉夸张,单就历史事实而论,各国的兵力也有一个此消彼长的过程,在不同时期的兵力不会一成不变。所以根据《战国策》所估计的列国兵力只能大致反映战国时期兵力总量的最大值。下面是《战国策》中有关列国兵力的记载:

秦:"虎贲之士百余万,车千乘,骑万匹,粟如丘山。"(《战国策·楚策一》)②

楚:"带甲百万,车千乘,骑万匹,粟支十年。"(《战国策·楚策一》)③

魏:"武力二十余万,苍头二十万,奋击二十万,厮徒十万,车六百乘,骑五千匹。"(《战国策·魏策一》)④

韩:"(卒)悉之不过三十万,而厮徒负养在其中矣,为除守徼、亭、鄣、塞,见卒不过二十万而已矣。"(《战国策·韩策一》)⑤

齐:"带甲数十万,粟如丘山。齐车之良,五家之兵,疾如锥矢,战如雷电,解如风雨。"(《战国策·齐策一》)⑥

赵:"带甲数十万,车千乘,骑万匹,粟支十年。"(《战国策·赵策二》)⑦

燕:"带甲数十万,车七百乘,骑六千匹,粟支十年。"(《战国策·燕策一》)⑧

七国之中,秦、楚最强,而韩、燕较弱,这样就可以分出三个量级。即秦、楚为一等国,齐、赵、魏为二等国,韩、燕为三等国。我们假定同一量

① (汉)刘向集录:《战国策(上)》,第5页。
② (汉)刘向集录:《战国策(中)》,第504页。
③ (汉)刘向集录:《战国策(中)》,第500页。
④ (汉)刘向集录:《战国策(中)》,第790页。
⑤ (汉)刘向集录:《战国策(下)》,第934页。
⑥ (汉)刘向集录:《战国策(中)》,第337页。
⑦ (汉)刘向集录:《战国策(中)》,第638页。
⑧ (汉)刘向集录:《战国策(下)》,第1039页。

级的国家军力基本相等。这样,各国的步兵总数大致为:秦 100 万,楚 100 万,魏 70 万,赵 70 万,齐 70 万,韩 50 万,燕 50 万,合计之为 510 万;车兵:秦 1000 乘,楚 1000 乘,赵 1000 乘,魏 600 乘,齐 700 乘,韩 600 乘,燕 700 乘,合计之约 5600 乘;骑兵:秦 10000 骑,楚 10000 骑,赵 10000 骑,魏 5000 骑,齐 6000 骑,燕 6000 骑,韩 5000 骑,合计之约 52000 骑。

以上数字只能是约略而言,其中骑兵和车兵属于特殊兵种,与当地的地理有关,不能单凭国力强弱判断,如赵国国力虽不如秦楚,但骑兵数量不少,这与赵国北邻胡人有关。战车的数量相对春秋有所减少,这是因为步兵兴起的缘故。从秦兵马俑所出战车来看,每乘配置的士兵人数从 12 人到 152 人不等,[①] 其间差距太大,所以不好根据这一数据推定车兵人数。

据此,我们大致可以做出这样的结论:战国时期各国兵力总和不下 500 万,骑兵不下 5 万,车兵不下 5000 乘。

刘展在《中国古代军制史》中也有一个估计,他说:

> 以折中的数字计算,则为:步兵 560 万,车乘 5600 乘,骑兵 5.2 万骑(人)。以上是各兵种所具有的兵员人数,步、骑已有数字。一车的士卒人数,据秦陵兵马俑所列,约一车八人为常制,比春秋时代下降,当是已有独立步兵作战之故。则全部车兵约为 4.5 万人。
>
> 总计上述三个兵种共拥有的兵员约为 569.7 万人,按整数说为 570 万人。大约较春秋后期增加一倍多。[②]

刘著将骑兵和车兵也进行了折算,最后所得约数为 570 万。无论是 500 万,还是 570 万,这个数字都远远大于春秋时期的军队数量,很能说明列国兵力急剧扩张的事实。战国时期的人口,王育民估计为 2000 万。[③] 考虑到两千万的人口总量,我们认为,这五百多万的士兵不能全部是常备军,只能是列国临战时能够征发的士兵数量。

下边我们谈谈战国时期的常备军。由于各国的边塞要津和关键城

---

① 王学理:《轻车锐骑带甲兵——秦始皇陵兵马俑发现与研究》,天津:百花文艺出版社,2002年,第 92 页。

② 刘展:《中国古代军制史》,第 92 页。

③ 王育民:《中国人口史》,南京:江苏人民出版社,1995 年,第 72 页。

市成了防御和作战的主要依托,在这些地方进行战备值守显得极其必要,这就需要较大数量的常备军事力量。所以我们认为战国时期常备军事力量才制度化、规模化,而春秋中叶以前的常备军事力量是很有限的。

当然,常备军的出现不仅有军事斗争形势的客观需要,也有其产生的社会基础。从春秋末期井田制就开始瓦解,井田制是维系旧体制下军赋征收的基本制度,它的破坏必然影响到国家军赋的来源。面对这一新兴问题,各国纷纷改革,秦国尤为典型。秦国在公元前408年进行了军赋制度改革。《史记·秦本纪》载:"(孝公)十四年,初为赋。"《史记索隐》引谯周语云:"初为军赋。"[1] 秦国的"初为赋"和春秋时期鲁国的"初税亩"不同,后者是对税制的改革,它也与"作丘赋"不同,"作丘赋"只是扩大了军赋征收的范围,但征收的方式没有变化,而"初为赋"则不同。这一制度有两个核心内容,其一就是把兵役和军赋分开,不再像春秋以前那样把兵役和军需物资合在一起;其二就是按户征收军赋,改变了原先"因井田而制军赋"的做法。秦简就能反映出秦国军赋按户征收的痕迹。《秦律·法律答问》云:"可(何)谓'匿户'及'敖童弗傅'?匿户弗繇(徭)使,弗令出户赋之谓也。"[2] 对于"户赋"就是军赋的问题,学者早有研究,于琨奇先生在《秦汉"户赋""军赋"考》一文中有过深入的论述。他说:

> 在井田制被废弃后,确立了一家一户为单位的授田制,且一家一户之间所占有的土地数量与质量不像井田制下那么等同,于是赋、税、役的征收方法必须改变。商鞅变法后的"初为赋"便是为新的田制建立了一套新的征赋方法。井田制下的征赋的基本单位是井,授田制下的征赋单位自然只可能是户或单个的人。于是便有了"率户而赋,率口而敛"的征收军赋的新的赋法。秦汉的户赋、口赋、算赋、更赋等赋目实肇端于此。故我们从军赋的征收对象演变的历史轨迹中,更可以看到户赋即是军赋。[3]

从秦孝公的"初为赋",到公元前350年的商鞅变法,秦国通过一系

---

① (汉)司马迁:《史记》卷五,第203—204页。
② 睡虎地秦墓竹简整理小组:《睡虎地秦墓竹简》,北京:文物出版社,1990年,第132页。
③ 于琨奇:《秦汉"户赋""军赋"考》,《中国史研究》1989年第4期。

列变革最终确立了新的赋税制度和耕战政策。《汉书·食货志》评商鞅变法说："坏井田、开仟伯，急耕战之赏。"[①] 春秋以前的赋包括兵役和军需两项内容，秦国"初为赋"以后，军需以"户赋"的形式征收，兵役便按照户籍征发。公元前 375 年，即秦献公十年，秦国开始实行"户籍相伍"，[②] 即按照户籍从编户齐民中征发兵役。商鞅再次变法，"令民为什伍"，实行连坐法。"四境之内，丈夫女子皆有名于上，生者著，死者削。"[③] 公元前 231 年，"初令男子书年"。云梦秦简《编年记》里，同样也有"自占年"的记载。男子起役的年龄是 15 岁，称为"始傅"，这一点可以从云梦秦简《编年记》中得到验证。又据《史记·白起王翦列传》记载，长平之战时，秦国就曾"发年十五以上悉诣长平"。[④] 免役的年龄为六十岁，称为"免老"。关于服兵役的时间，熊铁基《秦汉军事制度史》说："正卒服役两年：首先一年是在本郡受军事训练"，"再一年就是为卫士或者当戍卒"，"笼统地说，两年兵役都可叫'正卒'，具体地讲，则有'正卒'、'卫士'和'戍卒'的区别。"[⑤] 汉儒董仲舒也曾说："至秦则不然，用商鞅之法……又加月为更卒，已复，为正一岁，屯戍一岁，力役三十倍于古。"[⑥]"屯戍"在《秦简·除吏律》中被称为"徭戍"。《睡虎地秦简·编年记》载，二十九岁的喜于秦嬴政"十三年，从军"，[⑦] 就是一个显然的例子。按照这种兵役制度，秦国的成年男子在其一生中都有一年时间作"正卒"，在本郡接受军事训练，还有一年在外"屯戍"。这样经过训练的成年男性都具有作战能力，遇到战事即可全部征发，组成强大的军队。长平之战的时候，"秦王闻赵食道绝，王自之河内，赐民爵各一级，发年十五以上悉诣长平，遮绝赵救及粮食"。[⑧] 这是临战征兵的临时征集制。那些在役的"正卒"和"屯戍"当然就是常备军了。在春秋以前，军需和兵役合为"赋"，临战或军演时按"井"征取，所以不存在大规模的常备军。

---

① (汉)班固：《汉书》卷二十四，第 1126 页。
② (汉)司马迁：《史记》卷六，第 289 页。
③ 蒋礼鸿：《商君书锥指》，第 114 页。
④ (汉)司马迁：《史记》卷七十三，第 2334 页。
⑤ 熊铁基：《秦汉军事制度史》，南宁：广西人民出版社，1990 年，第 18 页。
⑥ (汉)班固：《汉书》卷二十四，第 1137 页。
⑦ 睡虎地秦墓竹简整理小组：《睡虎地秦墓竹简》，第 7 页。
⑧ (汉)司马迁：《史记》卷七十三，第 2334 页。

陈恩林先生说:"秦国在商鞅变法以后,在新的具有封建性的授田民的小农经济基础上,以新的行政编制为单位,实行了以普遍兵役制为基础的常备军制度。昔日那种'亦兵亦农'临时征发的民兵制度已告废止。由此我们可以说,在中国历史上,常备军的出现是与新的封建制度相联系的,是'兵农合一'的民兵制度解体的产物。"[1] 陈先生认为常备军出现于战国时期是对的,但他认为临时征集制"已告废止"则不够准确。我们以上文所论列国兵力总数 500 万为基准,按照秦国的兵役制度,十五岁起役,六十岁免老,即服役有效年限为 45 年,一个成年男子一生服役两年,平均在役的士兵为 500 万 $\times$ 2/45$\approx$22 万。这个数值应该能够反映列国常备军总数的基本水平。但是我们知道,战国时期的战争中,双方投入的兵力是很大的,如长平之战,赵兵约 45 万,王翦伐楚时统兵 60 万,这样庞大的军队显然超出了各国常备军的数量。所以我们认为,尽管战国时期各国的常备军事力量开始出现并且有了相当的发展,但是,临时征集制并没有废止,列国实行的是常备军和临时征集相结合的兵役制度。当时的常备力量中属于"屯戍"的士兵主要分布在各关塞要津,而属于"正卒"的主要担负城邑的防守任务。

以上的讨论主要根据的是秦国的资料。在战国时期秦国的兵役制度具有普遍的代表性。这是因为,秦国的兵役制度是以适应要塞战和野战为主的军事斗争形势为目的,建立在井田制瓦解,按户征收军赋、按人征发兵役的基础之上的一种新制度。其他各国遇到的形势跟秦相同,也就应该具有相同的制度构建。《商君书·徕民篇》载:

> 秦之所与邻者,三晋也;所欲用兵者,韩、魏也。彼土狭而民众,其宅参居而并处;其寡萌贾息,民上无通名,下无田宅,而恃奸务末作以处;人之复阴阳泽水者过半。[2]

对于"上无通名",高亨认为是指"官府没有他们的户口簿",[3] 这是对的。这些"上无通名,下无田宅"的贫民的出现就是井田制被大规模破坏的产物,因为在井田制下,每个人都依附于一个特定的村社,而村社拥有一

---

① 陈恩林:《先秦军事制度研究》,第 164 页。
② 蒋礼鸿:《商君书锥指》,第 87—88 页。
③ 高亨注译:《商君书注译》,北京:中华书局,1974 年,第 314 页。

定的土地,即不存在流离失所的贫民,也没有按户籍管理居民的必要。而韩赵魏三国出现的大量"息民"很能说明井田制和村社制度的消亡。齐国也有同样的情况发生,《管子·问篇》载:

> 问死事之孤,其未有田宅者有乎? ……问乡之良家,其所牧养者几何人矣? 问邑之贫人,债而食者几何家? 问理园圃而食者几何家? 人之开田而耕者几何家? [①]

这些"未有田宅者"、被"牧养者"、"债而食者"大量涌现,究其原因,也是井田制崩解的直接后果。在这种情况下,统治阶级以井为单位征发军赋(包括军需和兵员)越来越不现实,按户征收赋役便被提上日程。上引《战国策·齐策一》云:"临淄之中七万户,臣窃度之,下户三男子,三七二十一万。不待发于远县,而临淄之卒,固以二十一万矣。"这是苏秦游说齐宣王时所讲的一段话,苏秦对齐国兵力的估计也是按照户来计算的。这说明当时个体家庭已经成为社会的主要细胞,列国征兵也以每户为单位进行。兵役如此,军赋当然也应该是这样的。

第二节　兵器的改良与兵种的增加

战国时代,随着冶铁技术的进步,兵器的材质有一个显著的改良。伴随着规模的扩大,军队内部的分工更加细化,兵种也进一步增加。

一、铁制兵器的大量使用

商和西周时期的兵器以青铜为主,青铜与纯铜相比,其硬度明显增加,有利于制作兵器。但是与经过渗碳柔化处理的铁相比,无论韧性还是硬度都有差距。所以,铸铁柔化、块炼渗碳技术被人们掌握后,铁兵器代替青铜兵器的时代就到来了。战国时期正是我国冶铁技术突飞猛进的时代,也是铁兵器开始代替青铜兵器大量装备于军队的时代。

在我国,商代和西周时期已经开始出现铁制兵器,但发现数量极其

---

① 姜涛:《管子新注》,济南:齐鲁书社,2006年,第211—212页。

有限。1972 年在河北藁城台西商代中期遗址中出土了一件铁刃铜钺，1977 年又在北京市平谷县刘家河村商代中期墓中出土一件铁刃铜钺。这两件铜钺的铁刃中都含有大量的镍，因此属于天然陨铁。[1]1931 年在河南浚县辛村出土了西周初年的铁刃铜钺和铁援铜戈，这两件文物现藏于美国华盛顿弗利尔艺术馆。1971 年，该馆出版了《两件中国古代的陨铁刃青铜兵器》一书，认为铜钺的铁刃中含有镍，高镍带含镍达到 22.6%—29.3%，铜戈的铁援残留含镍甚微的铁结晶，具有明显的陨铁特点。[2]

这种青铜铁刃兵器的发现，说明在商和西周时期，人们已经注意到了铁在性能上的优越性，主观上有用铁作兵器的愿望，只是由于当时铁非常难得，所以才没有被大量使用。考古发掘显示，早在西周晚期就已经出现了用于兵器的人工铁。1990 年在河南三门峡虢国墓地出土铜柄铁剑一件，时代为西周晚期，[3]用铜作剑柄沿用了商和西周早期的风格，说明当时铁很珍贵。

春秋时期对铁的使用还是十分有限的。根据顾德融在《春秋史》中的统计，现在发现春秋时期的铁器共 83 件，其中兵器 27 件，农具 27 件，其他工具和装饰类用具共计 29 件。如果除过在宝鸡益门村 2 号秦墓中出土的 20 件铁剑，其他地方出土的不过 7 件而已。[4]而文献中有关春秋时期冶铁工业的记载也不多，主要有以下几条：

《左传·昭公二十九年》载：

> 晋赵鞅、荀寅帅师城汝滨，遂赋晋国一鼓铁，以铸刑鼎，著范宣子所为刑书焉。[5]

《国语·齐语》载：

> 桓公问曰：“夫军令则寄诸内政矣，齐国寡甲兵，为之若何？”管

① 李众：《关于藁城商代铜钺铁刃的分析》，《考古学报》1976 年第 2 期；北京市文物管理处：《北京市平谷县发现商代墓葬》，《文物》1977 年第 11 期。
② Rutherford J. Getterns, Roy S. Clarke, Jr. and W. T. Chase：*Two Early Chinese Bronze Weapons with Meteoritic Iron Blades*. Freer Gallery of Art, Smithsonian Institution, 1971.
③ 中国考古学会编：《中国考古学年鉴 1991》，北京：文物出版社，1992 年，第 226—227 页。
④ 顾德融、朱顺龙：《春秋史》，第 166—168 页。
⑤（晋）杜预注：《春秋左传集解》，第 1581 页。

子对曰:"轻过而移诸甲兵。"桓公曰:"为之若何?"管子对曰:"制重罪赎以犀甲一戟,轻罪赎以鞼盾一戟,小罪谪以金分,宥间罪。索讼者三禁而不可上下,坐成以束矢。美金以铸剑戟,试诸狗马;恶金以铸鉏、夷、斤、斸,试诸壤土。"甲兵大足。①

《诗经·秦风·驷驖》云:

驷驖孔阜,六辔在手。公(襄公)之媚子,从公于狩。②

《礼记·月令》载:

天子居玄堂大庙,乘玄路,驾铁骊,载玄旗,衣黑衣,服玄玉,食黍与彘,其器闳以奄。③

《吴越春秋·阖闾内传》载:

干将作剑,采五山之铁精,六合之金英,候天伺地,阴阳同光,百神临观,天气下降,而金铁之精,不销沦流。于是干将不知其由。莫耶曰:"子以善为剑闻于王。王使子作剑,三月不成,其有意乎?"干将曰:"吾不知其理也。"莫耶曰:"夫神物之化,须人而成之。今夫子作剑,得无得其人而后成乎?"干将曰:"昔吾师作冶,金铁之类不销,夫妻俱入冶炉中,然后成物。至今后世即山作冶,麻绖蔡服,然后敢铸金于山。今吾作剑不变化者,其若斯耶?"莫耶曰:"师知烁身以成物,吾何难哉?"于是干将妻乃断发剪爪,投于炉中,使童女、童男三百人,鼓橐装炭,金铁乃濡,遂以成剑。④

《越绝书·越绝外传记宝剑》载:

欧冶子、干将凿茨山,泄其溪,取铁英,作为铁剑三枚:一曰龙渊,二曰泰阿,三曰工布。毕成,风胡子奏之楚王。⑤

上述几条史料也存在着不少的争议,其中《吴越春秋》《越绝书》

---

① 上海师范大学古籍整理研究所点校:《国语》,第239—240页。
② (唐)孔颖达:《毛诗正义》,第411—412页。
③ (清)孙希旦撰,沈啸寰、王星贤点校:《礼记集解》卷十七,第493页。
④ 周生春:《吴越春秋辑校汇考》,上海:上海古籍出版社,1997年,第40页。
⑤ 李步嘉:《越绝书校释》卷十一,第266—267页。

为秦汉人所作,其能否在一些细节上反映春秋的情况值得考虑。《诗经·秦风》和《礼记·月令》以铁的玄黑之色为喻,用来指马的毛色,可以看成春秋时有冶铁业的证据,《国语》和《左传》对说明春秋时期的问题有很好的史料价值。尽管如此,上述资料毕竟十分有限,据此我们很难得到春秋冶铁业高度发展的结论。从前引考古资料看来,春秋时期铁器已经开始使用,但其数量是有限的。由于技术所限,很难大量生产硬度高、韧性好的铁质兵器。

而进入战国时期,这种情况得到明显的改观。人们已经熟练掌握了铁范铸造、铸铁柔化和块炼铁渗碳成钢的工艺。[①]铁范铸造使铁制工具的大量生产成为可能,而后两种技术是早期冶铁工业中的核心技术。这是因为自然界不存在纯铁,只有通过对铁矿石的冶炼才能得到工业用铁。经过冶炼得到的铁一般可分为两种:一种是熟铁,特点是韧性好,但硬度太低,甚至于赶不上青铜;另一种是生铁,也就是铸铁,硬度高,但韧性太低,容易折断。这是早期冶铁过程中遇到的主要矛盾。作为实战兵器,在韧性和硬度上都有较高的要求。为了提高熟铁的硬度,就需要渗碳技术,通过对块炼得到的熟铁进行渗碳锻打,提高其硬度。另外一种方法就是铸铁柔化,增加生铁的韧性。

考古发掘显示,战国后期铁制兵器的使用已经很普遍了,其中使用最多的是南方的楚国和北方的燕国。1965 年在河北易县燕下都 44 号墓的武士坑中一次就发现了铁质兵器 62 件,计有剑、矛、戟、刀、匕等六种,其中剑身长达 100 余厘米。楚剑的质料更好,剑身可长达 140 厘米,而青铜剑最多不过六七十厘米。[②]文献中也有显证,如《史记·范睢蔡泽列传》中秦昭王曾经说:

> 吾闻楚之铁剑利而倡优拙。夫铁剑利则士勇,倡优拙则思虑远。夫以远思虑而御勇士,吾恐楚之图秦也。[③]

《荀子·议兵》云:

---

① 泰利柯特(R.F.Tyiecote):《世界冶金发展史》,北京:科学技术文献出版社,1985 年,第517 页。
② 李发林:《战国秦汉考古》,济南:山东大学出版社,1991 年,第 95 页。
③ (汉)司马迁:《史记》卷七十九,第 2418 页。

> 楚人鲛革犀兕以为甲,鞈如金石,宛巨铁釶,惨如蜂虿,轻利僄遫,卒如飘风。①

荀子生活在战国时期,他在论述时以"铁釶"为兵器之锋利者,可见当时以铁为兵是很普遍的事情。

《史记·苏秦列传》载:

> 韩卒之剑戟皆出于冥山、棠谿、墨阳、合赙、邓师、宛冯、龙渊、太阿,皆陆断牛马,水截鹄雁,当敌则斩坚甲铁幕,革抉吹芮,无不毕具。以韩卒之勇,被坚甲,蹑劲弩,带利剑,一人当百,不足言也。②

这些韩国士兵所用的"陆断牛马,水截鹄雁"的利剑应该是铁制的无疑,下文又说"坚甲铁幕"可资为证。此外,《史记·信陵君列传》中所讲的刺客常用的武器有"铁椎"。

《吕氏春秋·贵卒》载:

> 赵氏攻中山。中山之人多力者曰吾丘鸩,衣铁甲、操铁杖以战,而所击无不碎,所冲无不陷,以车投车,以人投人也,几至将所而后死。③

虽然中山是一小国,这则故事也具有寓言的性质,但当时已经能够用铁作甲,当是没有疑问的。

这些文献和考古资料表明,战国后期铁质兵器已经大量地装配于军中。

不仅兵器的材质发生了改良,兵器的形制也有了新的发展。其中最典型的就是卜字形戟的大量出现。

戟作为一种造型较复杂的兵器,其形制很早就受到学者的注意。清人程瑶田曾经就有《冶氏为戈戟考》,④ 早在上个世纪三十年代,郭宝钧、胡肇椿等学者也分别撰文对戟的形制有过讨论,⑤ 郭沫若先生也曾写过

---

① (清)王先谦:《荀子集解》卷十,第281—282页。
② (汉)司马迁:《史记》卷六十九,第2251页。
③ 陈奇猷:《吕氏春秋校释》,第1493页。
④ (清)程瑶田:《考工创物小记》,上海:上海古籍出版社,1995年。
⑤ 胡肇椿:《戟辨》,《考古学杂志》1932年创刊号;郭宝钧:《戈戟余论》,《历史语言研究所集刊》第5集,1935年。

《说戟》等文。^① 根据当时的研究,戟的形制大致是戈矛合装。这种形状的戟也曾有过出土,1973 年在河北藁城台西村的一座商代早期墓中出土一件柲长 64 厘米的戟,顶端竖装一矛头,其下横装一戈头。这是目前最早的一件出土戈矛联装戟。西周开始出现合铸的戟,即一次性铸成的戟。根据杨泓的统计,大概有 53 件之多,^② 简述如下:

1932 年,浚县辛村西周墓地共发现合铸青铜戟三十余件。

1934—1937 年,陕西宝鸡斗鸡台发掘的西周墓地中,A8 墓中获得一件青铜戟。

1958 年,陕西宝鸡桑园堡发现一件青铜戟。

1963 年,陕西贺家村出土一件青铜戟。

1964 年,河南洛阳庞家沟出土二件青铜戟。

1967—1972 年,甘肃灵台白草坡出土两件铜戟,其中一件形状特殊,戟刺铸成人头状。

1970 年,陕西宝鸡峪泉发现一件青铜戟。

1973—1974 年,北京房山琉璃河出土一件有字青铜戟。

1975 年,在北京昌平白浮出土青铜戟九件。

1976 年,在山东胶县西庵发现一件青铜戟。

以上是考古发掘出土的西周时的青铜戟。就《左传》反映的情况来看,春秋时期戟的使用已经比较普遍了。

《左传·宣公二年》载:

> 狂狡辂郑人,郑人入于井,倒戟而出之,获狂狡。^③

《左传·襄公二十三年》载:

> 鞅用剑以帅卒,栾氏退。摄车从之,遇栾乐,曰:"乐免之。死,将讼女于天。"乐射之,不中。又注,则乘槐本而覆。或以戟钩之,断肘而死。^④

---

① 郭沫若:《说戟》,《殷周青铜器铭文研究》,北京:人民出版社,1954 年。
② 杨泓:《中国古兵器论丛》,第 157—158 页。
③ (晋)杜预注:《春秋左传集解》,第 536 页。
④ (晋)杜预注:《春秋左传集解》,第 994 页。

《左传》中见到戟的还有五六处,兹不赘述。

以上简单回顾了戟在战国以前用为兵器的基本情况。

在战国早期,曾经出现过一种多戈联装的"戟",这种戟不是戈矛联装,而是两个以上的戈联装。上个世纪八十年代,郭德维先生根据曾侯乙墓出土的实物,重新纠正了戟的概念,并说:"戟的本意就应是多戈,有没有刺,不是戟的主要特征,最主要的特征,是枝兵。"[①] 郭德维的主要证据来自考古发掘。在曾侯乙墓中出土过三戈或两戈联装而无矛的兵器,这种兵器也自铭为戟。有的是联装的每一件戈上的铭文一致,为"曾侯乙(郾)之用(行)戟",有的是上下两件铭文各占一半,上件铭"曾侯郾",下件铭"之行戟"。不只曾侯乙墓,其他地方也有类似的发现,如江苏六合程桥,就出土过两件无内戟头,[②] 江陵雨台山楚墓,也有两个戟头连在一起的。[③]

这种情况在文献中也有反映,王逸注《楚辞》和赵岐注《孟子》时都说:"戈者,戟也","戟者,戈也。"用戟、戈互相作注,让人不知所云。《说文解字》的解释也不很明朗,云:"戟,枝兵也。"

这说明尽管战国初期戟的使用已经很普遍了,它的形制还没有统一,应该是以戈矛合装为主,也有多戈联装的戟。但到了战国中后期,"卜"字形的铁戟开始流行并大量装备于步兵,[④] 正因为如此,《战国策》中言及军队之多时常常说"执戟百万"。王韵先生在《论戟》一文中也说:

> 战国时期,铁器开始逐渐盛行,并取代了青铜器,在兵器方面也有同样的趋势,戟等主要兵器的质量比前代有很大提高,体现在"当时战争形式由战车逐渐为骑兵和步兵所代替,因而长兵器明显变短,重量也大为减轻"。以钢铁制作的戟,"窄长而尖锐,形似'卜'字",其特点是"直刺面日伸,旁枝与刺体垂直横出",因而极为尖锐,成为战国时的主要格斗武器。[⑤]

---

① 郭德维:《戈戟之再辨》,《考古》1984 年第 12 期。
② 江苏省文管会、南京博物院:《江苏六合程桥东周墓》,《考古》1965 年第 3 期。
③ 荆州博物馆:《江陵雨台山楚墓发掘简报》,《考古》1980 年第 5 期。
④ 李发林:《战国秦汉考古》,第 95 页。
⑤ 王韵:《论戟》,《天府新论》2004 年第 4 期。

二、弩机的出现

《吴越春秋·勾践阴谋外传》记载陈音对越王勾践说"弩生于弓"，[①]弩是由弓进一步发展而成的。相对于弓而言，弩能够将势能积蓄为动能，其爆发力强于弓，又有望山可以瞄准。这使得它比弓力量更大，准确性更高。

李发林《战国秦汉考古》一书认为，考古中发现的弩机出现在战国后期。解放前发现过四个战国时期的弩机，特点是无铜廓，悬较长。解放后，多处发现战国弩机，长沙左家塘新生砖厂15号墓出土弩机钩弦和悬刀各一。常德德山出土一件残弩机。成都羊子山172号墓出土一件较完整的弩机。燕下都44号墓，也出弩机一个，机件齐全，有悬刀，长10厘米，有钩括、牙，已经腐朽的木括底座为铁质。[②]

从文献反映出的信息表明弩在春秋战国之交的时候就已经出现了。《孙子兵法·势篇》云：

> 势如彍弩，节如发机。纷纷纭纭，斗乱而不可乱也；浑浑沌沌，形圆而不可败也。[③]

又同书《作战篇》云：

> 公家之费，破车罢马，甲胄矢弩，戟楯蔽橹，丘牛大车，十去其六。[④]

大家知道，《孙子兵法》一书的作者孙武是春秋时的军事家，他能用弩作喻，说明当时的弩已经是军队常用的一种兵器，至于是否和战国时出土的弩机在形制上一样，这不好断言。

而到了战国时期，《孙膑兵法》就多次谈到弩。在竹简本《孙膑兵法》中，当孙膑向田忌谈论阵法的时候，就说："劲弩趋发者，所以甘战持久也。"他还主张在峡谷作战中多用弩机，"厄则多其弩"。[⑤]当然在实战

---

① 周生春：《吴越春秋辑校汇考》，第152页。
② 李发林：《战国秦汉考古》，第96页。
③ （汉）曹操等注：《孙子兵法》，第84—86页。
④ （汉）曹操等注：《孙子兵法》，第33页。
⑤ 银雀山汉墓竹简整理小组编：《孙膑兵法》，第60页。

中,他也有过这样的实践。在著名的马陵之战中,孙膑就曾用减灶的计策引诱魏军主帅庞涓轻骑冒进,"孙子度其行,暮当至马陵。马陵道狭,而旁多阻隘,可伏兵,乃斫大树白而书之曰'庞涓死于此树之下'。于是令齐军善射者万弩,夹道而伏,期曰'暮见火举而俱发'。庞涓果夜至斫木下,见白书,乃钻火烛之。读其书未毕,齐军万弩俱发,魏军大乱相失。"① 这是一次以弩机为主取胜的战例,说明战国时期军队中配置的弩机数量已经相当多了。《荀子·议兵》在讲到魏国的士卒时说:"魏氏之武卒,以度取之,衣三属之甲,操十二石之弩,负服矢五十个。"②《战国策·韩策一》讲到韩国士兵也说:"以韩卒之勇,被坚甲,蹠劲弩,带利剑,一人当百,不足言也。"③《荀子》《战国策》都不是专门的军事著作,不能就此说明每个士兵都配置弩机,但其普遍配置于军中士卒应该是可能的。

　　弩机张弓开弦有两种方式,一种是用手臂拉开,叫"臂张",《孙膑兵法·势备篇》所谓"发矢于肩膺之间,杀人百步之外",④ 说的就是这种"臂张"之弓。除此之外,还有一种"蹶张",就是用脚踏力量来张开发射的,另外还有用腰张弦的。这些开弓方式可以用足人的体力,最大限度地增加弩机蓄积的势能,使弩机的有效射程较弓矢有了很大的提高。

　　一些文献表明,当时的弩机的机械构造已经非常精密,即所谓"弩机差以米则不发"。⑤ 由于制作工艺的精良和弩机种类的增多,它的名称也就很多了,仅韩国的"强弓劲弩"就有"谿子、少府、时力、距来"等不同的称谓。⑥ 战国末年还出现"连弩",但从文献记载来看,这种"连弩"大都是一种重型武器,需要十几个人才能张开。《墨子·备高临篇》载:

　　　　备高临以连弩之车,杖大方一方一尺,长称城之薄厚。两轴三轮,轮居筐中,重下上筐。左右旁二植,左右有衡植,衡植左右皆圜内,内径四寸。左右缚弩皆于植,以弦钩弦,至于大弦。弩臂前后与

---

① (汉)司马迁:《史记》卷六十五,第2164页。
② (清)王先谦:《荀子集解》卷十,第272页。
③ (汉)刘向集录:《战国策(中)》,第930页。
④ 银雀山汉墓竹简整理小组编:《孙膑兵法》,第64—65页。
⑤ 陈奇猷:《吕氏春秋校释》,第1004页。
⑥ (汉)司马迁:《史记》卷六十九,第2250页。

筐齐,筐高八尺,弩轴去下筐三尺五寸。连弩机郭同铜一石三十斤,引弦鹿长奴。筐大三围半,左右有钩距,方三寸,轮厚尺二寸。铜距臂博尺四寸,厚七寸,长六尺。横臂齐筐外,蚤尺五寸,有距,博六寸,厚三寸,长如筐。有仪,有诎胜,可上下。为武,重一石,以材大围五寸。矢长十尺,以绳□□矢端,如如弋射,以磨鹿卷收。矢高弩臂三尺,用弩无数,出人六十枚,用小矢无留。十人主此车。遂具寇,为高楼以射道,城上以苔罗矢。①

显而易见,这种连弩之车是用来守城的重型武器。《史记·秦始皇本纪》载:"自以连弩候大鱼出射之",②这是秦代的连弩,也是一种重型武器,只是射出去的矢可以回收,并不是说这种弩机可以连续发射。

三、骑兵部队的建制化

考古资料表明,作为一个特殊的军种,骑兵早在商代可能就已经出现。③《诗经·大雅·绵》说:"古公亶父,来朝走马。率西水浒,至于岐下。"④顾炎武《日知录》卷二十九说:"古者马以驾车,不可言走。曰走者,单骑之称。古公之国,邻于戎狄,其习尚有相同者。然则骑射之法不始于赵武灵王也。"⑤这种看法是对的。但战国以前很少有骑兵部队作战的记载,大多只是一些单骑。如《左传·宣公十二年》载:"赵旃以其良马二,济其兄与叔父,以他马反,遇敌不能去。"⑥《左传·昭公二年》载,郑子产"惧弗及,乘遽而至"。⑦《释文》说:"以车曰传,以马曰遽。"《左传·昭公二十五年》载:"左师展将以公乘马而归,公徒执之。"杜预注:"乘,如字,骑马也。"⑧春秋时期也有骑兵活动的迹象,但非常少见,还称不上规模。《韩非子·十过》载:"公因起卒,革车五百乘,畴骑二千,步卒五万,辅重耳入之于晋,立为晋君。"该篇还说赵襄子"乃召延陵生,令

---

① 吴毓江:《墨子校注》,第838页。
② (汉)司马迁:《史记》卷六,第263页。
③ 石璋如:《殷代的策》,《历史语言研究所集刊》,第22本。
④ (唐)孔颖达:《毛诗正义》,第984页。
⑤ (清)顾炎武著,(清)黄汝成集释:《日知录集释》,第637页。
⑥ (晋)杜预注:《春秋左传集解》,第590页。
⑦ (晋)杜预注:《春秋左传集解》,第1213页。
⑧ (晋)杜预注:《春秋左传集解》,第1525页。

将军车骑先至晋阳,君因从之"。①战国时的兵书则认为骑兵的特长在于
"蹴败军、绝粮道、击便寇"。但是不能作为主力部队,临战"则一骑不能
当步卒一人"。②

　　战国时期产生成建制的骑兵部队是军事观念变化更新的直接结果。
由于交战双方不再遵循春秋时期"结日定地"的原则,守方固守战略要
地,攻方展开攻击便成了主要的作战方式。为了打破攻守平衡,远距离
快速增援,击溃对方,既是一种战术需要,也是一种战略需要。当一方被
击溃后,快速追击也成了常见的战术,齐魏马陵之战中,魏国将领庞涓就
是带领骑兵追击孙膑而遭遇伏兵的。为了取得迅雷不及掩耳的效果,产
生了远距离奇袭的战术。骑兵机动性强这一优势正好适应了快速增援、
追击和奇袭的作战要求。正如《六韬·犬韬·均兵》篇所讲,骑兵的作
用就在于"蹴败军、绝粮道、击便寇"。

　　骑兵部队在战国的出现还与当时战争范围扩大有关。以赵国为例,
其北边的林胡、楼烦、东胡都是擅长骑射的游牧民族,经常南下赵国边
陲劫夺财物。随着赵国向北发展,与三胡发生冲突便不可避免。为了
适应对方快进快出的作战习惯,赵国首先发展了自己的骑兵部队。据
《史记·匈奴列传》记载,赵自"变俗胡服,习骑射"以后,"北破林胡、楼
烦。筑长城,自代并阴山下,至高阙为塞。而置云中、雁门、代郡"。③《史
记·赵世家》也说:"攘地北至燕、代,西至云中、九原","灭中山,迁其王
于肤施。起灵寿,北地方从,代道大通。"④

　　其他各国也纷纷效仿,建立起了自己独立的骑兵部队。按照《六
韬·犬韬·武骑士》记载,对骑兵的选择是比较严格的。

　　　选骑士之法:取年四十已下,长七尺五寸已上,壮健捷疾,超绝
　　伦等,能驰骑彀射,前后左右,周旋进退,越沟堑,登丘陵,冒险阻,绝
　　大泽,驰强敌,乱大众者,名曰武骑之士,不可不厚也。⑤

① (清)王先慎:《韩非子集解》,北京:中华书局,1998年,第67、76页。
② 盛冬铃:《六韬译注》,石家庄:河北人民出版社,1992年,第184页。
③ (汉)司马迁:《史记》卷一百一十,第2885页。
④ (汉)司马迁:《史记》卷四十三,第1811、1813页。
⑤ 盛冬铃:《六韬译注》,第188页。

有关骑兵的话题还必须讲讲马镫。马镫虽小,但作用很大,没有马镫,骑兵在马跳跃时只能用两腿夹住,这样很费力,无法对敌方展开有力攻击。有了马镫,双脚有了着力点,挥舞兵器才会有力,向对方步骑兵展开攻击才更有效。但是在战国乃至两汉时代是没有马镫的。最早的马镫出现在北魏时期。1965年考古人员在北票县北燕贵族冯素弗墓中,出土了一对木芯长直柄包铜皮的马镫。所以,战国时期的骑兵作战能力是有限的,"战则一骑不能当步卒一人",其优点主要体现在机动性上。在本章第一节我们谈到,战国时期骑兵的数量大概为5万2千人,步兵数量则是500余万,其总数悬殊,也能看出两者在军队配置中的差别。

第三节　各项制度的完善

战国是先秦时代的尾声,也是商周兵制发展的高峰。在这一时期,军队内部的武官系统、奖惩制度以及军事训练制度都进一步完善。随着常备军事力量的增加,对士卒的选拔也受到了统治阶级的重视。

一、武官系统的最终形成

春秋以前的常备军事力量极其有限,作战部队是临时征集的,因此没有专职武官。士兵是"寓兵于农",武官是"寓将于卿"。对此,童书业先生在《春秋左传研究》中曾有过详细的论述:

> 春秋以上,贵族官僚文武不分职,此以古代实行武士教育,凡士以上之贵族,几无有不能射、御者,《论语》记孔子谓门弟子曰:"吾何执,执御乎? 执射乎? 吾执御矣。"孔子及其父皆以力闻,实武士也。晋军将佐亦即卿相,中军元帅即国相。齐三军之帅即齐侯与高、国二相。桓五年传:周桓王以诸侯伐郑,王为中军,虢公、周公二卿士分将左、右军,"祝聃射王中肩,王亦能军",杜注:"虽军败身伤,犹殿而不奔,故言能军",则不特将相不分职,即国君以至周王均能武事也。终春秋之世,未见贵族不能武事者,亦未见文武确实分职

之痕迹。①

春秋时期文武不分职直接来源于西周时期的命卿制度。《周礼·夏官·司马》载:"军将皆命卿。"② 这些命卿都是周天子任命的某一诸侯国的卿士。以齐国为例,国子、高子是天子的命卿,所以《左传·僖公十二年》载管仲朝见周天子,周王欲以上卿之礼接待管仲,管仲辞谢道:

> 臣,贱有司也。有天子之二守国、高在。若节春秋,来承王命,何以礼焉? 陪臣敢辞。③

国、高二子平时为卿士,战时统军,《国语·齐语》载:

> 管子于是制国以为二十一乡:工商之乡六;士乡十五,公帅五乡焉,国子帅五乡焉,高子帅五乡焉。
>
> ……
>
> 五乡一帅,故万人为一军,五乡之帅帅之。三军,故有中军之鼓,有国子之鼓,有高子之鼓。④

这是卿士为军帅的明证。我们看《左传》中的一些著名战例,战前参与策划、作战中参与指挥的都不是专职武官。

到了春秋后期,开始出现了文武分职的萌芽。《论语·卫灵公》载:

> 卫灵公问陈于孔子,孔子对曰:"俎豆之事,则尝闻之矣,军旅之事,未之学也。"⑤

这说明这一时期已经开始出现了专门的军事教育,不过为一般的士大夫所不齿。《孙子兵法》在这个时代的出现,也说明武学开始受到重视,专门从事军事学研究的军事家和职业武官开始走向历史舞台。

战国时期的武官最高职别是"将军"。现存战国印玺中就有将军的印玺。

---

① 童书业:《春秋左传研究》,上海:上海人民出版社,1980 年,第 369—370 页。
② (清)孙诒让:《周礼正义》卷五十五,第 2237 页。
③ (晋)杜预注:《春秋左传集解》,第 281 页。
④ 上海师范大学古籍整理研究所点校:《国语》,第 229—232 页。
⑤ 程树德:《论语集释》,北京:中华书局,1990 年,第 1049 页。

将军之玺

这枚"痛(将)军之玺"为燕将所用。①

作为泛指,在春秋时期已经有了将军的称谓,《左传·昭公二十八年》载,魏献子与属大夫阎没、女宽同饮,两人称献子为"将军",说:"岂将军食之而有不足?"杜预注:"魏子中军帅,故谓之将军。"② 春秋时期晋三军的将领往往根据所统部队的不同称为"将中军"、"将上军"、"将下军"。战国时期的"将军"指三军统帅,《史记·白起王翦列传》载:

> 秦闻马服子将,乃阴使武安君白起为上将军,而王龁为尉裨将,令军中有敢泄武安君将者斩。③

《史记·穰侯列传》载:

> 昭王即位,以冉为将军。④

《史记·田单列传》载:

> 燕引兵东围即墨,即墨大夫出与战,败死。城中相与推田单,曰:"安平之战,田单宗人以铁笼得全,习兵。"立以为将军,以即墨拒燕。⑤

《史记·魏世家》载:

① 魏永年:《古玺印赏析》,济南:山东美术出版社,2005 年,第 38 页。
② (晋)杜预注:《春秋左传集解》,第 1571—1572 页。
③ (汉)司马迁:《史记》卷七十三,第 2334 页。
④ (汉)司马迁:《史记》卷七十二,第 2323 页。
⑤ (汉)司马迁:《史记》卷八十二,第 2453 页。

魏遂大兴师,使庞涓将,而令太子申为上将军。①

上面所列的马服子、白起、田单、太子申都是临战受命、统军作战的三军统帅。《孙子兵法·军争篇》云:"故三军可夺气,将军可夺心。"②《孙膑兵法·延气》云:"今日将战,务在延气……以威三军之士,所以激气也。将军令……其令,所以利气也。"③《尉缭子·将令》云:"将军受命,君必先谋于庙,行令于廷。君身以斧钺授将,曰:左、右、中军,皆有分职,若逾分而上请者死。"④《孙子兵法》中所讲的"必蹶上将军"、"可拜上将军"等,指的就是统帅三军的上将军。楚国的上将军称为"上柱国",⑤《战国策·齐策二》载:

　　陈轸为齐王使,见昭阳,再拜贺战胜,起而问:"楚之法:覆军杀将,其官爵何也?"昭阳曰:"官为上柱国,爵为上执珪。"⑥

《战国策·东周策》载:

　　(赵累)对曰:"君谓景翠曰:'公爵为执珪,官为柱国,战而胜,则无加焉矣,不胜,则死。'"⑦

在没有战事的时候,这样的职位也是存在的,《战国策·齐策四》载:

　　于是,梁王虚上位,以故相为上将军,遣使者,黄金千斤,车百乘,往聘孟尝君。⑧

如上引文所见,这些统帅三军的将领往往为了表示职位高,称为"上将军"、"大将军"等,也简称"大将"、"上将"。《史记·廉颇蔺相如列

---

① (汉)司马迁:《史记》卷四十四,第1845页。
② (汉)曹操等注:《孙子兵法》,第143页。
③ 银雀山汉墓竹简整理小组编:《孙膑兵法》,第72页。
④ 华陆综注译:《尉缭子注译》,第65页。
⑤ 楚国虽未见"上将军"的称谓,但出土的简牍材料中也有"将军"的称谓。上博简《柬大王泊旱》中太宰云:"君皆楚邦之将军",可资一证。参见马承源主编:《上海博物馆藏战国楚竹书(四)》,上海:上海古籍出版社,2004年,第210页。
⑥ (汉)刘向集录:《战国策(上)》,第355页。
⑦ (汉)刘向集录:《战国策(上)》,第5页。
⑧ (汉)刘向集录:《战国策(上)》,第399页。

传》载：

> 廉颇者，赵之良将也。……
>
> 赵惠文王时，得楚和氏璧。秦昭王闻之，使人遗赵王书，愿以十五城请易璧。赵王与大将军廉颇诸大臣谋。①

《战国策·燕策一》又曰：

> 二十八年，燕国殷富，士卒乐佚轻战。于是遂以乐毅为上将军，与秦、楚、三晋合谋以伐齐。②

《史记·赵世家》载：

> 秦人攻赵，赵大将李牧、将军司马尚将，击之。李牧诛、司马尚免，赵葱及齐将颜聚代之。赵葱军破，颜聚亡去。以王迁降。③

这里大将和将军同时出现，大将指的是三军统帅，而将军在此指一般的高级武职人员。这就是"将军"一词的第二个含义：用来作为高级武职官员的泛称。在战国高级武职人员被称为将军的例子还很多，如《战国策·燕策一》载："子之三年，燕国大乱，百姓恫怨。将军市被、太子平谋，将攻子之。"④上引文献中的"将军司马尚"也属于这种泛称。

由于大将军是军中的最高指挥官，对其人选和权限自然有许多要求和规定。《孙子兵法·计篇》："将者，智、信、仁、勇、严也。"⑤《六韬·龙韬·立将》云："国不可从外治，军不可从中御"，"军中之事，不闻君命，皆由将出"。⑥《尉缭子·武议》云："将受命之日忘其家，张军宿野忘其亲，援枹而鼓忘其身。"⑦

大将的副手就是裨将，上引《史记·白起王翦列传》云：

> 秦闻马服子将，乃阴使武安君白起为上将军，而王龁为尉裨将，

① （汉）司马迁：《史记》卷八十一，第 2439 页。
② （汉）刘向集录：《战国策（下）》，第 1066 页。
③ （汉）司马迁：《史记》卷四十三，第 1832 页。
④ （汉）刘向集录：《战国策（下）》，第 1060 页。
⑤ （汉）曹操等注：《孙子兵法》，第 2 页。
⑥ 盛冬铃：《六韬译注》，第 85、86 页。
⑦ 华陆综注译：《尉缭子注译》，第 32 页。

令军中有敢泄武安君将者斩。①

又,《史记·楚世家》云:

　　(怀王)十七年春,与秦战丹阳,秦大败我军,斩甲士八万,虏我
大将军屈匄、裨将军逢侯丑等七十余人,遂取汉中之郡。②

王龁就是裨将,是上将军白起的副手,逢侯丑就是大将军屈匄的副
手。大将之下又有左右将,《尉缭子·伍制令》载:"吏自什长以上,至左
右将,上下皆相保也。"③又,《尉缭子·束伍令》云:

　　什长得诛十人,伯长得诛什长,千人之将得诛百人之长,万人之
将得诛千人之将,左右将军诛万人之将,大将军无不得诛。④

这样就构成了一个自下而上的武官体系,它与《周礼》中所建立的
"军将、师帅、旅帅、卒长、两司马、伍长"的军官体制相比,不仅存在称谓
上的差异,还有着本质的不同。前者是一个独立的、职业化的专职武官
系统,后者则是一个文武兼职,平时负责行政管理,战时统兵作战的非专
职武官体制,即所谓的"寓将于卿"。正如《周礼·夏官》所云:

　　军将皆命卿;二千有五百人为师,师帅皆中大夫;五百人为旅,
旅帅皆下大夫;百人为卒,卒长皆上士;二十有五人为两,两司马皆
中士;五人为伍,伍皆有长。⑤

春秋以前之所以没有建立完善的专职武官系统,是因为常备武装力
量有限,整个社会采取军事组织和村社组织相结合的方式,军队是"寓兵
于农",指挥官是"寓将于卿"。而到了战国时期,随着常备军力量的规模
扩大,专职武官系统也随之建立。

这些专职武官可以通过军功获得爵位。《史记·商君列传》载商鞅
大力推行军功爵制,"有军功者,各以率受上爵;为私斗者,各以轻重被

---

① (汉)司马迁:《史记》卷七十三,第 2334 页。
② (汉)司马迁:《史记》卷四十,第 1724 页。
③ 华陆综注译:《尉缭子注译》,第 54 页。
④ 华陆综注译:《尉缭子注译》,第 58 页。
⑤ (清)孙诒让:《周礼正义》卷五十五,第 2237 页。

刑大小。僇力本业,耕织致粟帛多者复其身。事末利及怠而贫者,举以为收孥。宗室非有军功论,不得为属籍。明尊卑爵秩等级,各以差次名田宅,臣妾衣服以家次"①。在楚国,吴起主张"使封君之子孙三世而收爵禄,绝灭百吏之禄秩,损不急之枝官,以奉选练之士"。②魏国的李悝主张"食有劳而禄有功,使有能而赏必行,罚必当",从而改变了原先的"其父有功而禄,其子无功而食之"③的世卿世禄制度。韩国的申不害推行"见功而与赏,因能而受官"④的任官赐爵制度。齐、燕等国也有不同程度的变革,其目的都是推行"明爵禄"、"无功不当封"的制度。除过爵位,他们还可以获得很多的物质赏赐。《史记·白起王翦列传》载王翦攻打楚国时曾向秦王"请美田宅园池甚众"。⑤赵国将领赵括也曾受到赵王的大量赏赐,《史记·廉颇蔺相如列传》载:"王所赐金帛,归藏于家,而日视便利田宅可买者买之。"⑥

　　武将通过受爵获得了政治地位,通过受美宅良田获得了极大的物质利益。这一切说明,战国时期的武官系统已经确立,并得到这个时代的认可。这也奠定了中国历代王朝文武分职的官僚体制。

二、选卒与训练

　　选卒和军事训练是重视单兵作战能力的重要表现。在战国以前,尤其是商和西周时期,由于实行临时征集制,不存在日常军事训练。军事训练一般安排在农闲时节,这就是古书中所讲的"春蒐夏苗,秋狝冬狩",其中冬天的时间较长,所谓的"三时务农而一时讲武"⑦,说的就是这种时间安排。这些军事训练活动往往在田猎中进行,专业性不强,不重视单兵军事技术的训练,基本与演习一起进行。《礼记·月令》"季秋之月"条云:"是月也,天子乃教于田猎,以习五戎,班马政",⑧指的就是这

①(汉)司马迁:《史记》卷六十八,第2230页。
②(清)王先慎:《韩非子集解》,第96—97页。
③(汉)刘向撰,赵善诒疏证:《说苑疏证》,上海:华东师范大学出版社,1985年,第194页。
④(清)王先慎:《韩非子集解》,第285页。
⑤(汉)司马迁:《史记》卷七十三,第2340页。
⑥(汉)司马迁:《史记》卷八十一,第2447页。
⑦上海师范大学古籍整理研究所点校:《国语》,第21页。
⑧(清)孙希旦撰,沈啸寰、王星贤点校:《礼记集解》卷十七,第480页。

种军事演习。《墨子·明鬼下》也说:"周宣王合诸侯而田于圃田,车数百乘,从数千,人满野。"① 讲的也是西周时期一次规模较大的军事演习。

到了春秋末期,许多国家已经开始重视单兵的作战能力了。《吕氏春秋·简选》载:"吴阖闾选多力者五百人,利趾者三千人,以为前陈,与荆战,五战五胜,遂有郢。"② 这是吴国挑选精壮兵力组成突击队的记载。《墨子·非攻中》载:"古者吴阖闾教七年,奉甲执兵奔三百里而舍焉。"③ 这说明在春秋末期随着常备军的出现,对士兵的日常训练业已开始。

在战国时期,对士兵进行精挑细选已经很常见了。《吕氏春秋·简选》载:

> 故凡兵势险阻,欲其便也;兵甲器械,欲其利也;选练角材,欲其精也;统率士民,欲其教也。此四者,义兵之助也,时变之应也,不可为而不足专恃。此胜之一策也。④

《吴子兵法·料敌》载:

> 一军之中必有虎贲之士,力能扛鼎,足轻戎马,搴旗取将,必有能者。若此之等,选而别之,爱而贵之,是谓军命。⑤

《孙膑兵法·篡卒》载:

> 兵之胜在于篡卒,其勇在于制,其巧在于势,其利在于信,其德在于道,其富在于亟归,其强在于休民,其伤在于数战。⑥

以上三书中所讲的"角材"、"虎贲"、"篡卒"都是经过精选的勇士,这些士兵组成了军队中的突击队和敢死队。《孙膑兵法·威王问》载:"篡卒力者,所以绝阵取将也。"⑦《尉缭子·战威》亦云:"武士不选则众不强。"⑧ 从中可以看出战国时期各国对单兵作战效能的重视。例如,

---

① 吴毓江:《墨子校注》,第 337 页。
② 陈奇猷:《吕氏春秋校释》,第 441 页。
③ 吴毓江:《墨子校注》,第 204 页。
④ 陈奇猷:《吕氏春秋校释》,第 442 页。
⑤ (战国)吴起撰,江苏师范学院学报组等注释:《吴子兵法注释》,第 16—17 页。
⑥ 银雀山汉墓竹简整理小组编:《孙膑兵法》,第 54 页。
⑦ 银雀山汉墓竹简整理小组编:《孙膑兵法》,第 43 页。
⑧ 华陆综注译:《尉缭子注译》,第 15 页。

魏国选拔步卒的条件是："衣三属之甲,操十二石之弩,负服矢五十个,置戈其上,冠轴带剑,赢三日之粮,日中而趋百里。"而齐人则"隆技击,其技也,得一首者则赐赎锱金"①。由注重单兵作战能力逐步发展为强调个人勇力的观念。《吕氏春秋·贵卒》中就曾经提到过一个中山的力士,他披坚甲、执铁杖,"所击无不碎,所冲无不陷"。②《战国策·韩策一》也曾夸张地说:"夫秦卒之与山东之卒也,犹孟贲之与怯夫也。以重力相压,犹乌获之与婴儿也。"③

重视个人勇力当然就要强调对士兵的训练。《吴子兵法·治兵》载:"用兵之法,教戒为先。一人学战,教成十人。十人学战,教成百人。百人学战,教成千人。千人学战,教成万人。万人学战,教成三军。"④《尉缭子·勒卒令》载:"百人而教战,教成合之千人。千人教成,合之万人。万人教成,会之于三军。三军之众,有分有合,为大战之法。教成试之以阅。"⑤《尉缭子·兵教上》载:"伍长教成,合之什长。什长教成,合之卒长。卒长教成,合之伯长。伯长教成,合之兵尉。兵尉教成,合之裨将。裨将教成,合之大将。"⑥

当时军事训练的具体情况已不能详考,但大致是对体能和技能的训练。根据何清谷先生的研究,战国军事体育大概有击剑、角力、蹴鞠、扛鼎等。⑦角力、蹴鞠、扛鼎是体能的竞技,技击主要是武术技能的比赛,荀子曾说:"齐人隆技击,其技也,得一首者则赐赎锱金。"⑧除了上面的军事体育项目外,队列训练应该是一个重点。《周礼·夏官·大司马》载:"以教坐、作、进、退、疾、徐、疏、数之节。"⑨《吴越春秋·勾践伐吴外传》载:"进而不进,退而不退,左而不左,右而不右,不如令者,斩。"⑩这是春秋时期的军队队列情况,战国对此有所继承,《司马法·严位》载"立进

①（清）王先谦:《荀子集解》卷十,第271、272页。
②陈奇猷:《吕氏春秋校释》,第1473页。
③（汉）刘向集录:《战国策(下)》,第934页。
④（战国）吴起撰,江苏师范学院学报组等注释:《吴子兵法注释》,第25页。
⑤华陆综注译:《尉缭子注译》,第62页。
⑥华陆综注译:《尉缭子注译》,第70页。
⑦何清谷:《战国兴起的几项军事体育运动》,《人文杂志》1982年第4期。
⑧（清）王先谦:《荀子集解》卷十,第271页。
⑨（清）孙诒让:《周礼正义》卷五十五,第2307页。
⑩周生春:《吴越春秋辑校汇考》,第168页。

俯,坐进跪,畏则密,危则坐。远者视之则不畏,迩者勿视则不散。位下左右,下甲坐,誓徐行之。位逮徒甲,筹以轻重,振马噪,徒甲畏,亦密之。跪坐,坐伏,则膝行而宽誓之。起,噪鼓而进,则以铎止之。衔枚,誓,糗,坐,膝行而推之。"①《管子·兵法》载:"一曰鼓,鼓所以任也,所以起也,所以进也;二曰金,金所以坐也,所以退也,所以免也。"②《吴子兵法·治兵》载:"圆而方之,坐而起之,行而止之,左而右之,前而后之,分而合之,结而解之,每变皆习,乃授其兵。"③上述这些动作行为大都具有单兵训练的特点。《史记·白起王翦列传》载:"王翦使人问军中戏乎?对曰:'方投石超距。'"④意思是说军士正在进行"投石"和"超距"的训练。关于"超距",蓝永蔚以为是指步卒以立姿跳跃登车的动作,又称"距跃"、"超乘"。⑤这一解释是对的。

除了单兵训练以外,军队也很重视作战阵形的演练。战国时期的阵形经过长期的战争实践,已经非常丰富了。根据《孙膑兵法》的论述,当时的阵法就有方阵、圆阵、疏阵、数阵、锥行之阵、雁行之阵、钩行之阵、玄襄之阵、火阵、水阵等多种形式,而且每种阵法都有许多变化。⑥《尉缭子·兵令上》也说:"常阵皆向敌。有内向,有外向,有立阵,有坐阵。夫内向所以顾中也,外向所以备外也,立阵所以行也,坐阵所以止也。立坐之阵,相参进止,将在其中。坐之兵剑斧,立之兵戟弩,将亦居中。善御敌者,正兵先合,而后扼之,此必胜之术也。"⑦

经过单兵技能和作战阵形训练后的军队具有很强的战斗力,"教成试之以阅",就可以参加实战演习。

三、奖励与惩处

战国时期对立有军功的将士进行奖励的内容主要有三种,即赐爵、食邑食禄、尊身。

---

① 褚玉兰、张大同编著:《兵法精典新解——孙子·吴子·尉缭子·司马法》,第309页。
② 姜涛:《管子新注》,第147页。
③ (战国)吴起撰,江苏师范学院学报组等注释:《吴子兵法注释》,第25页。
④ (汉)司马迁:《史记》卷七十三,第2341页。
⑤ 蓝永蔚:《春秋时期的步兵》,第218—219页。
⑥ 银雀山汉墓竹简整理小组编:《孙膑兵法》,第83—86页。
⑦ 华陆综注译:《尉缭子注译》,第78页。

　　赐爵就是赐予爵位。春秋以前贵族和平民的身份是通过血缘来划分，人的身份是先天命定的。战国时期各国纷纷实行军功爵制，只要建有军功就能获得爵位，这是一个历史的进步。早在春秋末年，已经有了通过建立军功改变身份的先例。《左传·哀公二年》载晋大夫赵简子在战前曾说：

> 今郑为不道，弃君助臣，二三子顺天明，从君命，经德义，除诟耻，在此行也。克敌者，上大夫受县，下大夫受郡，士田十万，庶人工商遂，人臣隶圉免。[1]

"庶人工商遂，人臣隶圉免"显然是对立功者身份的改变。甚至于在春秋中期就有鼓励军功的例子，《左传·襄公二十一年》载齐庄公"为勇爵"。[2]不过春秋时期的军功赐爵还只是一些临时性的政策。到了战国时期，以秦国为先导，各国纷纷开始推行军功爵制。这一点我们在上文论述武官系统时已经有所涉及，这里就不再重复了。需要说明的是，与爵位连带的是丰厚的物质利益和崇高的名誉地位。

　　食邑食禄。《史记·赵世家》载赵孝成王奖赏降将冯亭：

> 乃令赵胜受地，告冯亭曰："敝国使者臣胜，敝国君使胜致命，以万户都三封太守，千户都三封县令，皆世世为侯，吏民皆益爵三级，吏民能相安，皆赐之六金。"[3]

　　荀子说："齐人隆技击，其技也，得一首者则赐赎锱金。"[4]《商君书·境内》亦载：

> 能得爵（甲）首一者，赏爵一级，益田一顷，益宅九亩，一除庶子一人，乃得人兵官之吏。[5]

　　《韩非子·定法》亦云：

---

① （晋）杜预注：《春秋左传集解》，第1717页。
② （晋）杜预注：《春秋左传集解》，第977页。
③ （汉）司马迁：《史记》卷四十三，第1826页。
④ （清）王先谦：《荀子集解》卷十，第271页。
⑤ 蒋礼鸿：《商君书锥指》，第119页。

> 商君之法曰："斩一首者爵一级,欲为官者为五十石之官;斩二首者爵二级,欲为官者为百石之官。"官爵之迁与斩首之功相称也。①

尊身就是指获得崇高的礼遇。《吴子兵法·励士》载魏国对有功之士的礼遇就是:

> 于是武侯设坐庙廷,为三行飨士大夫。上功坐前行,肴席兼重器之牢;次功坐中行,肴席器差减;无功坐后行,肴席无重器。飨毕而出,又颁赐有功者父母妻子于庙门外,亦以功为差。②

《史记·商君列传》载:

> 有军功者,各以率受上爵。……宗室非有军功论,不得为属籍。明尊卑爵秩等级,各以差次名田宅,臣妾衣服以家次。有功者显荣,无功者虽富无所芬华。③

《战国策·赵策一》载赵襄子言:

> 吾闻辅主者名显,功大者身尊,任国者权重,信忠在己而众服焉。此先圣之所以集国家,安社稷乎! 子何为然? ④

在这里,所谓"功大者身尊"主要是针对武功而言的。

奖励和惩处是一件事情的两个方面,两者相辅相成,共同在军队管理中发挥作用。战国时期的兵书《尉缭子》中关于军事刑罚的规定很多,列举如下。

《尉缭子·重刑令》云:

> 将自千人以上,有战而北,守而降,离地逃众,命曰国贼。身戮家残,去其籍,发其坟墓,暴其骨于市,男女公于官。自百人以上,有战而北,守而降,离地逃众,命曰军贼。身死家残,男女公于官。使民内畏重刑,则外轻敌。故先王明制度于前,重威刑于后。刑重则

---

① (清)王先慎:《韩非子集解》,第399页。
② (战国)吴起撰,江苏师范学院学报组等注释:《吴子兵法注释》,第43页。
③ (汉)司马迁:《史记》卷六十八,第3230页。
④ (汉)刘向集录:《战国策(中)》,第593—594页。

内畏,内畏则外坚矣。①

《束伍令》云:

> 五人为伍共一符,收于将吏之所。亡伍而得伍,当之;得伍而不亡,有赏;亡伍不得伍,身死家残。亡长得长,当之;得长不亡,有赏;亡长不得长,身死家残。复战得首长,除之。亡将得将,当之;得将不亡,有赏;亡将不得将,坐离地遁逃之法。②

《勒卒令》云:

> 鼓失次者有诛,喧哗者有诛,不听金鼓铃旗而动者有诛。③

《将令》云:

> 军无二令,二令者诛,留令者诛,失令者诛。④

《兵教上》云:

> 凡伍临陈,若一人有不进死于敌,则教者如犯法者之罪。凡什保,若亡一人而九人不尽死于敌,则教者如犯法者之罪。自什以上至于裨将,有不若法者,则教者如犯法者之罪。⑤

《尉缭子·经卒令》还认为"亡章者"、"乱先后"及"逾五行而后者"也要斩首,将吏若"见非不诘,见乱而不禁"则"其罪如之"。《尉缭子·兵令下》说,倘若作为三军主帅的大将战死,而伍伯长以上的将吏未战死者,以及"大将左右近卒在陈中者",一律构成斩首罪。其余军中士卒"有军功者夺一级,无军功者戍三岁"。《尉缭子·将令》载:"期日中设营。表置辕门期之,如过时则坐法。"⑥根据《史记·司马穰苴列传》记载,齐国大将司马穰苴就因为监军庄贾"期而后至",将其诛杀。⑦

---

① 华陆综注译:《尉缭子注译》,第52页。
② 华陆综注译:《尉缭子注译》,第58页。
③ 华陆综注译:《尉缭子注译》,第62页。
④ 华陆综注译:《尉缭子注译》,第65页。
⑤ 华陆综注译:《尉缭子注译》,第69页。
⑥ 华陆综注译:《尉缭子注译》,第65页。
⑦ (汉)司马迁:《史记》卷六十四,第2158页。

除过《尉缭子》之外,其他典籍也记载了大量的军事刑罚。如云梦睡虎地秦简《秦律杂抄》载:

> 战死事不出,论其后。有(又)后察不死,夺后爵,除伍人。不死者归,以为隶臣。①

需要说明的是,战国时期的许多军事刑罚都具有军内连坐的性质。如上面所引的《尉缭子·重刑令》《尉缭子·兵教》等都体现了军法连坐的特点。《尉缭子·伍制令》对军中什伍连保说得非常具体:

> 军中之制,五人为伍,伍相保也;十人为什,什相保也;五十人为属,属相保也;百人为闾,闾相保也。伍有干令犯禁者,揭之,免于罪;知而弗揭,全伍有诛。什有干令犯禁者,揭之,免于罪;知而弗揭,全什有诛。属有干令犯禁者,揭之,免于罪;知而弗揭,全属有诛。闾有干令犯禁者,揭之,免于罪;知而弗揭,全闾有诛。
>
> 吏自什长以上,至左右将,上下皆相保也。有干令犯禁者,揭之,免于罪,知而弗揭者,皆与同罪。②

军中实行连坐,自然是为了"什伍相结,上下相联",从而达到"无有不得之奸,无有不揭之罪"的目的。

第四节　战阵组合——以秦国为例

战国时期,要塞战和遭遇战成了主要的战斗形式,春秋之前结日定地的作战习惯已经不复存在,双方无需在约定的时间和地点摆开阵势,进行对攻。因此,战国时期的战阵就出现了简明化的趋势。关于这一时期的作战阵形,我们可根据秦兵马俑反映的秦军战阵加以讨论。

秦军的作战阵形可以秦俑一号坑为凭据(图九)。③从整个阵形来

---

① 睡虎地秦墓竹简整理小组:《睡虎地秦墓竹简》,第88页。
② 华陆综注译:《尉缭子注译》,第54页。
③ 秦兵马俑共发现四个俑坑,其中一号坑展现的是作战阵形,二号坑展现的是军营内的布局,三号坑展现的是军队的指挥所,四号坑是废弃坑。

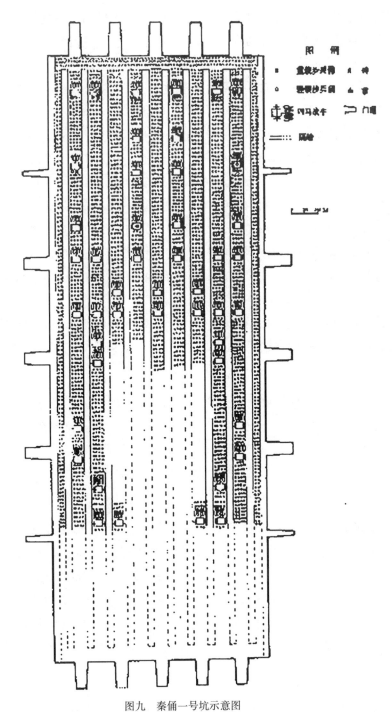

图九　秦俑一号坑示意图

（采自王学理:《秦俑专题研究》,西安:三秦出版社,1994 年,第 7 页）

看有三个特点可以区别于前代阵法：首先没有密集的战车编队，这区别于商和西周早期。商和西周时期，步卒在前，战车居后，基本上是车步分离，没有混合编队，战车在战阵后方起到统领督战的作用。

其次，没有将所有的步兵隶属于战车，这区别于春秋前中期。公元前708年，郑国以"鱼丽之阵"大败周师为先导，各国纷纷步其后尘，将步卒隶属于战车，建立了以战车为核心的作战阵形，而从兵马俑一号坑反映的情况来看，不存在春秋时期75人隶属于战车的战斗编队。根据王学理的统计，六千多名武士俑中共有战车32辆，每辆战车配置的步兵人数分别是12、28、40、44、60、108、152，其中12人者12乘，占37.5%；40人的有6乘，占18.75%；28、44、60、108、152人的各2乘，还不到6.25%。[①]尽管兵马俑列队具有仪仗队的性质，不一定是当时战阵的写实，但从中能够看出，战车隶属的步兵数量是不等的。这与春秋前中期的以战车为核心的战阵是截然不同的。

再次，从阵形平面来看没有变为三阵或五阵的迹象，这又区别于春秋后期。春秋后期，魏舒毁车以为行，开了"五阵"的先河。《左传·昭公元年》载：

> 晋中行穆子败无终及群狄于大原，崇卒也。将战，魏舒曰："彼徒我车，所遇又阸，以什共车必克；困诸阸，又克。请皆卒，自我始。"乃毁车以为行，五乘为三伍，荀吴之嬖人不肯即卒，斩以徇。为五陈以相离，两于前，伍于后，专为右角，参为左角，偏为前拒，以诱之。翟人笑之，未陈而薄之，大败之。[②]

此前的作战阵形采用"三阵法"，即分为左中右三个队形接敌求战。

以上所论，表明秦兵马俑所反映的作战阵形不同于原先的基本阵法，有它自己的特点，在一定程度上反映出战国时期战阵的基本形制。关于秦兵马俑一号坑阵形，学界有不同的观点。王学理先生在《轻车锐骑带甲兵——秦始皇陵兵马俑发现与研究》一书中说："截至当前，有几种提法：'长方形军阵'、'方阵'、'鱼丽之阵'、'圆阵'、'战国末年各军阵

---

① 王学理：《轻车锐骑带甲兵——秦始皇陵兵马俑发现与研究》，第142页。
② （晋）杜预注：《春秋左传集解》，第1194页。

场面的提炼、集中'等等。由于文献记载简略,词义艰涩,学者们的理解大相径庭,引经据典,论理滔滔,但自创新说,彼此不服,不了了之。不做定论,这也许是最好的做法。"①从王先生的总结论述中,我们也能感到学者在这个问题上的无奈。这主要基于两方面的原因,首先是古代兵书对阵法的记载和论述颇为简略,再加上后世学者的穿凿附会,给阵法蒙上了一层神秘的面纱。譬如《孙子兵法・势篇》谈到阵法时说:

> 凡战者,以正合,以奇胜。故善出奇者,无穷如天地,不竭如江河。终而复始,日月是也。死而复生,四时是也。声不过五,五声之变,不可胜听也。色不过五,五色之变,不可胜观也。味不过五,五味之变,不可胜尝也。战势不过奇正,奇正之变,不可胜穷也。奇正相生,如循环之无端,孰能穷之?②

唐代的李筌则说得更加离奇,其所著《太白阴经》卷六《阵图》总序云:

> 夫营垒教战有图,使士卒知进止、识金鼓。其应敌战阵不可预形,故其战胜不复,而应形无穷。兵形像水,水因地而制形,兵因敌而制胜,能与敌变化而取胜者,谓之神。③

另外一个原因就是秦兵马俑坑中的战阵与先秦文献中所描述的一些战争进程不相吻合,这些都对分析研究兵马俑的阵形造成了困难。

王学理先生认为秦俑阵形为"矩阵"的观点应该是可取的,因为这种说法与秦俑战阵的外观形态是一致的。

"矩阵"在战国时期的兵书中称为方阵,《孙膑兵法・十阵》曾论及各种阵形:

> 凡阵有十:有方阵,有圆阵,有疏阵,有数阵,有锥行之阵,有雁行之阵,有钩行之阵,有玄裹之阵,有火阵,有水阵。此皆有所利。方阵者,所以剸也。圆阵者,所以抟也。疏阵者,所以吠也。数阵者,为不可掇。锥行之阵者,所以决绝也。雁行之阵者,所以接射

---

① 王学理:《轻车锐骑带甲兵——秦始皇陵兵马俑发现与研究》,第138页。
② (汉)曹操等注:《孙子兵法》,第82页。
③ (唐)李筌著,张文才解说:《太白阴经解说(下)》,北京:线装书局,2017年,第399页。

也。钩行之阵者,所以变质易虑也。玄襄之阵者,所以疑众难故也。火阵者,所以拔也。水阵者,所以怅固也。①

其中"方阵"列在第一位,可见是一种基本的作战阵形。"方阵"也就是"矩阵",其特点就在于"前后整齐,四方如绳"。②《左传》桓公五年"郑子元请为左拒以当蔡人、卫人,为右拒以当陈人"句下杜预作注云:"拒,方阵也。"③孙膑说:"方阵之法,必薄中厚方,居阵在后。"在突破敌阵时,阵形可变为"锥形之阵"。所谓"末必锐,刃必薄,本必鸿",收到"末甲劲,本甲不断"的作战效果。④

王学理结合秦俑一号坑的实际出土情况和兵马俑队列次序论述道:

> 兵马俑一号坑内六千左右武士陶俑和五十余乘驷马战车,组成一个浩浩荡荡的军事实体。不但队形呈具有宽大界面、更有纵深的矩形,确实"前后整齐,四方如矩",而且完全具备了矩阵的几大要素。前廊部分的3排共计204尊穿袍、执弩俑的横队,一律面东构成阵之"锋"(即"末");两边洞外向执弩的甲士,数量单薄又在东端包"锋",即是阵之左右"翼",形成薄"刃";后廊的3排武士俑,面西,为阵之"卫";而紧跟"锋"后的38路纵队,组成阵"本"(即"体"、"后");其中战车、步兵间隔编队,数量大,显然属于作战的主力部队,符合"本必鸿"、"本甲不断"的布阵要求。回过头来,我们看到兵马俑一号坑在总体上,因锋、翼、卫、本俱全,表、里清楚,布阵严密,队列规正;在布局上,由于对称相应,车步协同,作战单位"各自为战",又能做到大小相辖,彼此节制。也正基于这些关系,它在性能上就很自然地适应了攻、守、聚、散的作战需要。所以,兵马俑一号坑无疑是秦矩阵的一个缩影。⑤

秦俑一号坑中的兵器配置也条理有序,阵的前锋、侧翼和后卫多配置远射兵器,"阵本"中战车周围的步兵则执矛、戟、戈、铍等长柄兵器。

---

① 银雀山汉墓竹简整理小组编:《孙膑兵法》,第83页。
② 刘文典:《淮南鸿烈集解》,第516页。
③ (晋)杜预注:《春秋左传集解》,第83页。
④ 银雀山汉墓竹简整理小组编:《孙膑兵法》,第84、34页。
⑤ 王学理:《轻车锐骑带甲兵——秦始皇陵兵马俑发现与研究》,第141页。

不过需要说明的是，王先生的论述毕竟只是从表面上把秦俑坑所反映的作战阵形与战国军事家孙膑所讲的方阵联系起来，并未对此作深入的讨论。

我们认为，秦俑一号坑以矩阵列队，说明这种阵形是当时流行的主要阵形。反映在文献中，《孙膑兵法·十阵》中将"方阵"列为第一位，也说明它是当时最基本的阵法。孙膑在桂陵之战中使用的就是这种阵形。① 这种矩阵和春秋时期的战阵最根本的不同在于前者是以战车为核心组织战斗队形的，每一辆战车配置 72 名步卒，连同车兵共计 75 人，这 75 人构成一个独立的战斗堡垒，在战车的指挥下随车作战。而矩阵则不同，每一个士兵占据一个战斗岗位，并不隶属于战车，直接受将官统御。这种阵形有利于机动作战，由于是以纵队的形式排列，只需转动 180 度，就可以首尾互换，最适合于攻击前进和快速撤退。

战国时期之所以流行这种形式的战阵，与当时的战争形式有极大的关系。我们在前面说过，战国时期的战争往往围绕要塞的攻守展开，双方为了打击对方的增援部队，经常会出现遭遇战。这种情况显然与春秋时期那种结日定地的作战不同，部队的机动性尤为重要。而矩形战阵恰恰具有这样的优点：在行进时很容易展开接敌；当对方败逃时，很容易攻击前进；遇到敌方伏击或前后夹攻时，也很容易形成两面作战的阵形。比如上面提到的桂陵之战中，孙膑采取围魏救赵的策略，千里奔袭，遭遇战在所难免，所以就使用了方阵。

当然战国的阵形也不是这样单一的矩阵，其他的阵形自然是存在的，只是囿于资料，我们不能一一说明。即使矩阵也有许多变化，在突破敌阵时，可以变为"锥形之阵"。战阵的变换，正如前引孙子所言："战势不过奇正，奇正之变，不可胜穷也。奇正相生，如循环之无端，孰能穷之？"②

当然，这一时期的军事著作中也出现了各种阵型的攻防之法，如银雀山汉墓竹简中的《十问》在讨论圆阵的攻防时说：

---

① 参看银雀山汉墓竹简整理小组编：《孙膑兵法》中的《擒庞涓》篇，文中孙膑讲道："吾末甲劲，本甲不断。"这是方阵的显著特点。
② （汉）曹操等注：《孙子兵法》，第 82 页。

　　兵问曰:交和而舍,粮食均足,人兵敌衡,客主两惧。敌人圆阵以胥,因以为固,击此奈何? 曰:击此者,三军之众分而为四五,或傅而佯北,而示之惧。彼见我惧,则遂分而不顾。因以乱毁其固。驷鼓同举,五队俱傅。伍队俱至,三军同利。此击圆之道也。[①]

---

① 银雀山汉墓竹简整理小组编:《银雀山汉墓竹简(贰)》,北京:文物出版社,2010年,第193页。

第五章 商周兵制的发展
及兵制思想的完善

作为上层建筑的重要组成部分,制度总是建基于对应的社会经济基础之上。商周兵制得以存在和发展的社会经济基础,主要包含这一时期的社会经济发展水平和基层社会组织结构两方面的内容,前者提供了物质基础,后者构成了社会基础。

第一节 商周兵制存在的社会经济基础

在商周漫长的时间跨度中,农业是社会的主要产业,其生产水平的高低制约着军事力量的发展。这不仅是因为农业关乎军事后勤保障,而且关乎兵员的供给。另外,基层社会的组织形式也影响着早期军队的兵员构成和编制。

一、农业生产水平

我国在三代时期皆以农业立国,农业发展水平决定了军事力量的规模和兵制的运作模式。作为夏文化代表的河南偃师二里头和山西夏县东下冯遗址都发现有石镰、石刀、石斧、石铲、蚌铲、蚌刀、蚌镰等工具,[①]这说明这一时期的农业是主要的生产门类,畜牧业尚不发达,不是主要的产业。《大戴礼记·夏小正》非常详尽地记载了按月安排农事的内容。[②]《韩非子·五蠹》云:"禹之王天下也,身执耒臿,以为民先。"[③]《论

---

① 中国社会科学院考古研究所编:《偃师二里头》,北京:中国大百科全书出版社,1999年,第40—45、80—92、168—194、268—298页;中国社会科学院考古研究所等:《夏县东下冯》,北京:文物出版社,1988年,第20—21、31—35、68—72、114—118页。
② (清)王聘珍撰,王文锦点校:《大戴礼记解诂》,第24—48页。
③ (清)王先慎:《韩非子集解》,第443页。

语·泰伯》也说禹"卑宫室而尽力乎沟洫"。[1] 作为夏代开国君主的大禹也要亲自参加农业生产,体现了农业作为国家支柱产业的地位。这样农业税收也就成了国家财政的主要来源,故此《孟子·滕文公》云:"夏后氏五十而贡。"[2] 夏代农业的发展已经有了相当的水平,开始用剩余的粮食制作饮用的酒,《世本·作篇》谓禹臣"仪狄始作酒醪,变五味",[3] 后来少康又制作了秫酒。[4]

　　商人"前八后五","不常厥邑",有论者以为商人是游牧民族,[5] 这是不对的。《尚书·汤誓》云:"我后不恤我众,舍我穑事而割正夏。"[6]《尚书·盘庚上》云:"若农服田力穑,乃亦有秋。"又云:"乃不畏戎毒于远迩,惰农自安,不昏作劳,不服田亩,越其罔有黍稷。"[7]《汤誓》是商汤讨伐夏桀前的誓词,《盘庚》是盘庚迁殷前的训诰,这段时间正好涵盖了商人定居殷墟前的历史时段。上述资料表明,商人一直是以农业为主的农业民族,只不过当时的农业生产水平处于较低的程度,属于游耕农业而已。考古发掘也证明了这一点,在属于先商文化的邯郸涧沟村遗址中,一次就发掘出土石锄41件。[8] 考古工作者先后在河北藁城台西、山东济南大辛庄、湖北黄陂盘龙城、郑州南关外等商代中早期遗址中都出土过不少农业生产工具。仅藁城台西就曾出土石斧54件、石镰336件、蚌镰29件、石铲65件、骨铲17件、蚌铲40件。[9] 各地出土的农具中,不仅有不少石制、蚌制、骨制的斧、镰、铲、臼、杵等非金属工具,而且还发现了金属工具,如湖北盘龙城就曾发现过开土的青铜臿。盘庚迁殷以后,当时人还留下了大量关于农垦、作物种类、祈求丰年等与农业生产有关的占卜记录及水、肥、气象、天文历法等甲骨材料。根据晁福林先生的总结,卜辞中反映的农事主要有垦田、耕地、播种、田间管理、刈获、贮藏等几

---

[1] 杨伯峻:《论语译注》,第 84 页。
[2] (清)焦循:《孟子正义》,第 197 页。
[3] (汉)宋衷注,(清)秦嘉谟等辑:《世本八种》,第 6 页。
[4] 蔡运章:《杜康造酒新论》,中国先秦史学会:《夏文化研究论集》,北京:中华书局,1996 年。
[5] 张国硕:《夏商时代都城制度研究》,郑州:河南人民出版社,2001 年,第 45 页。
[6] 顾颉刚、刘起釪:《尚书校释译论》,第 881 页。
[7] 顾颉刚、刘起釪:《尚书校释译论》,第 939 页。
[8] 孙德海等:《河北邯郸涧沟村古遗址发掘简报》,《考古》1961 年第 4 期。
[9] 河北省文物研究所编:《藁城台西商代遗址》,北京:文物出版社,1985 年,第 67—86 页。

项,① 这无疑是定居农业在商代晚期确立的最好证据。

周人是一个以农业见长的族群,相传其先祖后稷曾在尧舜的时候就做过农官。在周初执政者的训诰中,不乏以农业来做比喻的例子,如《尚书·大诰》云:"厥父菑,厥子乃弗肯播,矧肯获?"②《尚书·梓材》云:"若稽田,既勤敷菑,惟其陈修,为厥疆畎。"③《诗经》的雅颂中也常常可以看到描写农作场景的诗篇,如《诗经·大雅·生民》云:"艺之荏菽,荏菽旆旆,禾役穟穟,麻麦幪幪,瓜瓞唪唪。"④《诗经·小雅·采芑》云:"薄言采芑,于彼新田,于此菑亩。"⑤

夏商周三代虽然都以农业为主要产业,但各个时代的发展水平是不平衡的,而这种不平衡极大地影响了三代兵制的发展。

商和西周时期,农业生产的主要特点之一,就是由"撩荒"制逐步向轮作制农业过渡。这个时期由于农具简陋粗笨,人们对大自然的抵抗能力十分有限。李长年先生指出,当时黄河流域农业生产上的主要威胁是旱灾,"每当旱魃为虐之际,统治阶级急得一筹莫展,奴隶们也只能以消极的措施来争取食粮,他们往往栽种一些生长期较短而又比较耐旱的作物。所以,在自然条件较劣和技术水平较低的地区,黍、稷则是其主要的发展对象。甲骨文和《诗经》对它们反映的频繁和关注的殷切,这就意味着黍、稷在当时是主要的食粮;至于粟,地位似乎犹次于它们"。⑥

商和西周农业一直处于一个较低水平,其根本原因是生产工具的落后。商代和西周,中国灿烂的青铜文化虽然已经达到鼎盛时期,但青铜主要是用来制造礼器、兵器和装饰品,并未大量用来制造生产工具,在社会生产中未发挥巨大作用。只有到了春秋战国之交,随着铁器冶铸技术的提高,铁器取代了石器,成为生产工具的主体,在整个社会生产中才开始发挥重大作用。⑦

春秋晚期开始使用铁制农具,到战国时期,铁制农具就非常盛行了。

① 晁福林:《夏商西周的社会变迁》,北京:北京师范大学出版社,1996 年,第 185—186 页。
② 顾颉刚、刘起釪:《尚书校释译论》,第 1277 页。
③ 顾颉刚、刘起釪:《尚书校释译论》,第 1424 页。
④ (唐)孔颖达:《毛诗正义》,第 1066—1067 页。
⑤ (唐)孔颖达:《毛诗正义》,第 641 页。
⑥ 李长年:《农业史话》,上海:上海科学技术出版社,1981 年,第 9—10 页。
⑦ 张之恒、周裕兴:《夏商周考古》,南京:南京大学出版社,1995 年,第 3 页。

生产工具的改良推动了农业生产的飞速发展,春秋战国成为中国农业史上"猛进的时代",这主要表现在以下几个方面:

首先是铁制生产工具的广泛使用。由于铸铁冶炼技术和柔化技术的发明,铁制农具被大量制造并使用在农业生产中。《管子·轻重乙篇》就认为必须有"一耜、一铫、一镰、一鎒、一椎、一铚","然后成为农"[①],这里边多为铁制农具。《孟子·滕文公上》中孟子曾问陈相:"许子以釜甑爨,以铁耕乎?"[②]这说明在战国初期铁制农具已经成为耕田的主要工具。考古发掘表明,春秋晚期和战国初期,南方的吴、楚地区和中原的三晋、两周地区已有铁制的铲、锛、臿、镢等农具。到了战国中期,北起辽宁,南到广东,东自山东,西到川陕,都已广泛使用铁制农具,木、石质农具已被排斥。铁制农具的使用,极大地便利了砍伐树木、开垦荒地、精耕细作、兴修水利等农事工作,为农业的发展开辟了广阔的空间。

其次是水利灌溉事业的发展。战国时期各国都很重视兴修水利,著名的水利工程很多,如秦国修的郑国渠、都江堰等,以及运河的开凿。这些工程极大地减少了农业灾害,提高了农业的产量。

再次是农作物栽培技术的提高。这时的粮食作物种类增加,有"五谷"、"六谷"、"九谷"的称谓。《管子·地员》《尚书·禹贡》《吕氏春秋·任地篇》等文献都记载了对土壤的分类和整治改良,提出了"深耕熟耨"、"五耕五耨"、"上田弃亩、下田弃甽"、"相土宜而为之种"的耕作方法,尤为重要的是一年两熟制得到了推广。

另外,以牛为主的畜力开始在农业生产中得到推广,提高了劳动效率。

在推动农业技术进步的过程中,各国也采取了一些有力的措施,如魏国"土狭而民众",因此李悝推行"尽地力之教"。秦国则是"人不称土",因此商鞅则尽量迫使非农业生产者投入农业生产,从三晋吸引劳动力。

所有这些,无疑推动了农业技术在春秋战国之交进入了一个"猛进的时代"。

---

① 姜涛:《管子新注》,第 546 页。
② (清)焦循:《孟子正义》,第 217 页。

整个商周时期,随着农业的缓慢进步,人口也在稳步增长,前者为军队规模的发展提供了给养,后者为军队的发展提供了兵员。在商和西周时期,由于农业生产在低水平徘徊,军队给养和兵源匮乏,常备军的数量极其有限,主要是临时征集制。进入春秋战国以后,这种增长趋势加快,尤其是在战国,军队数量猛增,使维持较多数量的常备军成为可能。

二、基层社会组织形式及其变迁

历史上任何一个国家要从被统治阶级身上征取赋税和力役、兵役,无论采取直接或间接(通过各级行政单位)方式,最终都要和基层社会发生关系,因此,基层社会的组织形式直接决定了兵役、军赋的征发形式和数量等,反过来,统治阶级为了实现获取充足兵员和军赋的目的,也会尽可能不断变革基层社会的组织形式。

要讨论先秦时期的基层社会组织,血缘关系向地缘关系的变迁以及如何变迁是一个绕不开的话题,这是因为血缘关系与地缘关系的问题实质上是中央对基层社会的控制问题,当血缘关系占主导地位时,中央权力只能伸展到"族"一级,当血缘关系被地缘关系取代时,中央权力就可以伸展到"家"。

恩格斯曾经说过:"国家和旧的氏族组织不同的地方,第一点就是它按地区来划分它的国民。"[①] 但是恩格斯关于国家建立以后,地缘关系取代血缘关系的论断是不准确的,至少在中国是不对的。这已被越来越多的学者指出,如台湾学者张光直先生认为:"把中国古代社会的事实考虑为分类基础的一部分,亦即把血缘地缘关系的相对重要性作重新的安排。"[②]

我们认为,在中国商周时期,基层社会组织经历了由血缘关系占主导地位、血缘关系和地缘(行政)关系共同作用和地缘(行政)关系占主导地位三个阶段。可以通过下面的表格来表示:

---

① 恩格斯:《家庭、私有制和国家的起源》,《马克思恩格斯选集(四)》,第170页。
② 张光直:《中国青铜时代》,北京:生活·读书·新知三联书店,1983年,第54页。

表 7　商周时期基层社会组织演进分析表

商到西周晚期前	血缘关系占主导地位	宗族组织
西周晚期到春秋	血缘关系和地缘（行政）关系共同作用	村社组织
战国	地缘（行政）关系占主导	个体家庭（又称核心家族[①]）

从现有资料来看，在商代血缘关系占主导地位是不容怀疑的。甲骨文中常见“邑”，但它只是一种居住形态，不是一级行政单位。从卜辞来看，商王征发力役、兵役，收取贡纳的单位是“族”或“某（族）”。

征发力役的例子：

> 癸卯［卜］，宾，贞，皁裒田于京。（《燕》417）
> 叀壴［令］田。
> 叀[illegible]令田。
> 叀皁令田。
> ……卜……令田。（《粹》1224）

征发兵役的例子：

> 丁未贞，王令邑収众伐，才［在］河西[illegible]。（《屯南》4489）

有关贡纳的卜辞甚多，其辞多为“取、入、来、氏”等。

从非王卜辞来看，宗族对其下属的分族（家族）也有军事上的支配权，经济上可以向后者征取贡纳，这一点犹如王之于其他宗族，如下例：

> 甲戌卜，豕麗印。
> 甲戌卜，麗隻印。（《合集》21768）

文献中也能看到商代的基层社会组织为“族”的证据，如《左传·定公四年》载：“（分鲁公以）殷民六族：条氏、徐氏、萧氏、索氏、长勺氏、尾勺氏，使帅其宗氏，辑其分族，将其类丑”，“（分康叔以）殷民七族：陶氏、施氏、繁氏、锜氏、樊氏、饥氏、终葵氏，封畛”。[②]

① 按照现代人类学的分类，核心家族（nuclear family）由一对夫妇及未婚子女组成，或称基础家族、小家族等。

② （晋）杜预注：《春秋左传集解》，第 1620 页。

有资料表明,在西周初期,已经出现了"里"的基层组织。早期的文献中有"百姓里居"。《尚书·酒诰》:"越在内服:百僚、庶尹、惟亚、惟服、宗工。"①《逸周书·商誓》云:"王若曰:'告尔伊旧何父□、□、□、□、几、耿、肃、执,乃殷之旧官人序文□□□□,及太史比、小史昔,及百官里居献民:□□□来尹师之敬诸戒,疾听联言,用胥生蠲尹!'"②两文中的"里居"或为"里君"之误,这一点从金文资料中可以得到证明。西周早期青铜器矢令方彝(《集成》9901)铭云:

> 惟八月,辰才(在)甲申,王令周公子明保,尹三事四方,受(授)卿事寮。丁亥,令矢告于周公宫。公令出同卿事寮。惟十月月吉癸未,明公朝至于成周,徟令,舍三事令眔卿事寮(僚):眔者(诸)尹,眔里君,眔百工;眔者(诸)侯:侯、田、男,舍四方令。

此铭中出现了"里君"。还有称"里人"的,见于西周晚期青铜器黼簋(《集成》4215)铭:

> 唯王正月,辰才(在)甲午,王曰:黼,令女司成周里人眔诸侯大亚……

也有提到"里"的,见于大簋盖(《集成》4299)铭:

> 王乎吴师召大,易(锡)趞奰里,王令(命)善(膳)夫豕曰(谓)趞奰曰:"余既易(锡)大乃里。"……奰令豕曰(谓)天子:"余弗敢斁(娄),豕以(与)奰颣(履)大易(锡)里。"

从春秋战国时期的文献看来,"里"是一级行政单位。《墨子·尚同上》也以"里"为"乡"以下的居民单位,其文云:"是故里长者,里之仁人也。里长发政里之百姓,言曰:'闻善而不善,必以告其乡长。乡长之所是必皆是之,乡长之所非必皆非。去若不善言,学乡长之善言。去若不善行,学乡长之善行。'"③《尔雅·释言》说:"里,邑也。"④据此推

---

① 顾颉刚、刘起釪:《尚书校释译论》,第 1403 页。
② 黄怀信:《逸周书校补注译》,第 224 页。
③ 吴毓江:《墨子校注》,第 110 页。
④ (清)王闿运:《尔雅集解》,长沙:岳麓书社,2010 年,第 99 页。

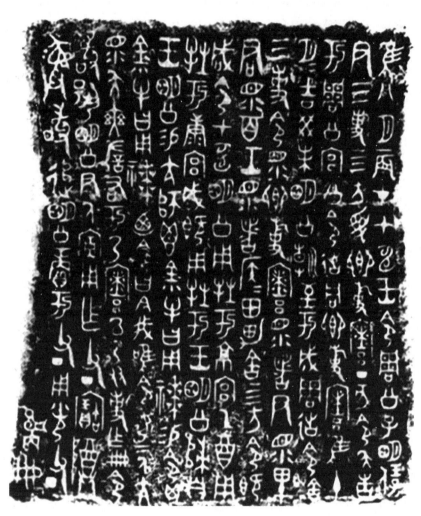

矢令方彝铭文

理,西周时期的"里"也是一级行政单位。需要指出的是,上文所引《尚书》、《逸周书》及矢令方彝等金文资料表明,这种以"里"为单位的行政区划率先出现在殷民聚居地成周,这并非是一种偶然。正如李玄伯所指出的那样:"家族组织(团组织)与地域组织系两种相反的力量,互为消长。……旧民的团组织若仍旧维持,其团结力不灭,则统治者与被统治者对峙的状态始终不能少止,地域组织是打破团组织的最适当的方法,聪明的周人岂有见不及此。他们必一方面维持士大夫阶级的家族组织以加强周人的力量,另一方面施行民的地域组织以减弱殷人的团结。"李氏还列举了雅典为例。[1]

这种在殷遗民中实行的"里"后来也被推广到周人的聚居区。据西周晚期的史颂簋(《集成》4236)铭,王令颂省苏,苏地也有"里君、百姓"。宜侯矢簋(《集成》4320)铭中的"王人"也是按"里"来计算的。

但是,我们应该看到,西周初期基层组织中的地缘因素只是次要的,血缘因素仍然占据主导地位。一些青铜器铭文也能透露出这方面的信息。

班簋(《集成》4341)铭:

> ……遣令曰:"以乃族从父征!出城,卫父身。"三年靖(静)东国,亡(无)不成。戠天畏(威),否(丕)畀屯陟。公告厥事于上。佳(唯)民亡(无)延(诞),才(在)……班拜稽首……

这里的"乃族"显然是以"族"为单位的军事组织,其血缘属性是很明显的。类似的铭文还有明公簋(《集成》4029)铭:"惟王令(命)明公遣三族,伐东或(国)",毛公鼎(《集成》2841)铭:"以乃族扞敔王身。"等等。

《尚书·费誓》云:"鲁人三郊三遂。"[2]《费誓》是鲁侯伯禽讨伐徐夷时所作的誓师词,当是西周早期,以此看来,这时已经有了"乡"、"遂"之制。但是,这一时期的"乡"、"遂"只是一种大的行政区划,其基层组织应该还是宗族性质的。我们以被征服部族为例说明之。

师酉簋(《集成》4288)铭:

---

[1] 李玄伯:《中国古代社会新研》,上海:上海文艺出版社,1988年,第204—205页。
[2] 顾颉刚、刘起釪:《尚书校释译论》,第2138页。

　　　　王乎（呼）史牆册命师酉：嗣（司）乃且（祖）啻（嫡）官邑人、虎臣、西门尸（夷）、㝡尸（夷）、春尸（夷）、京尸（夷）、弁身尸（夷）。

又如师询簋（《集成》2747）铭：

　　　　今余令女（汝）啻（嫡）官嗣（司）邑人，先虎臣后庸：西门尸（夷）、春尸（夷）、京尸（夷）、㝡尸（夷）、师笭侧新、□华尸（夷）、由□尸（夷）、匽人、成周走亚、戍秦人、降人服尸（夷）。

这些被称为"某尸（夷）"的人是被周人征服的夷族，姑且不论他们居住在"乡"还是"遂"，仅就其最基层的社会组织而言，显然这些夷人仍然保留着宗族组织。

　　从西周晚期起到春秋时期，情况有了明显的不同，虽然不能肯定在基层组织中地缘关系已经超越血缘关系，但至少后者已经和前者并驾齐驱，当是无疑。《周礼》把王畿划分为"国"和"野"，分设六"乡"六"遂"，与乡遂制度相对应的是以"井田制"为核心的土地制度。这大概是西周中晚期就存在的一种社会制度，对于这种制度下的乡村社会，古籍中也有一些描述。如《尚书大传·略说》云：

　　　　上老平明坐于右塾，庶老坐于左塾，余子毕出，然后皆归，夕亦如之。余子皆入，父之齿随行，兄之齿雁行，朋友不相逾，轻任并，重任分，颁白者不提携。出入皆如之。[1]

《白虎通》卷六《论庠序之学》也有类似的记载。《公羊传·宣公十五年》何休在论述井田制时也说：

　　　　民春夏出田，秋冬入保城郭。田作之时，春，父老及里正旦开门，坐塾上，晏出后时者不得出，莫（暮）不持樵者不得入。五谷毕入，民皆居宅，里正趋缉绩，男女同巷，相从夜绩，至于夜中。[2]

不过上面的描述只能反映春秋时期的一些情况，至于西周晚期，甚至到了宣王时期，中央对基层控制还是很有限的，所谓"料民太原"，实际上就

---

① 朱维铮主编：《中国经学史基本丛书（一）》，上海：上海书店出版社，2012年，第47页。
② （汉）何休注，（唐）徐彦疏：《春秋公羊传注疏》，第207页。

是中央力图控制基层社会,直接控制兵源的一个举措。周天子没有能够实现的政治目的在春秋时期被诸侯实现了,这就是春秋时期普遍存在的村社制度。

《左传·襄公九年》记载宋国火灾,执政乐喜"使华臣具正徒,令隧正纳郊保,奔火所","二师令四乡正敬享,祝宗用马于四墉,祀盘庚于西门之外"。①《左传·昭公十八年》记载郑国火灾,执政子产使"城下之人,伍列登城。明日,使野司寇各保其征,郊人助祝史,除于国北,禳火于玄冥、回禄,祈于四鄘"。② 这里出现的"乡正"、"隧正"、"郊保"、"郊人"是乡遂制度普遍存在的直接反映。春秋时期的乡遂制度已经和西周早期完全不同,这种制度从空间上分割了宗族组织,冲淡了宗族组织的血缘因素,从而使地缘因素得到了凸显。这一点可以齐国为例。

《国语·齐语》载齐国"参其国而伍其鄙",分为二十一乡,"工商之乡六,士乡十五"。齐国管仲变法是春秋初期比较彻底的一次社会变革,通过这样的改制,齐国实现了"作内政而寄军令"的政治意图,地缘关系被突出,从而强化了国家对基层社会的控制。而在血缘关系占主导地位的西周早期,国家对基层的控制力是有限的,其行政权力只能伸展到"族"一级。

进入战国时期,自耕小农普遍存在,成为各国征发兵役、劳役和赋税的基本单位。有关小农家庭的规模,从文献中可见一斑,《孟子·万章下》载:

> 耕者之所获,一夫百亩,百亩之粪,上农夫食九人,上次食八人,中食七人,中次食六人,下食五人。③

《孟子·梁惠王上》载:

> 百亩之田,勿夺其时,数口之家可以无饥矣。④

《礼记·王制》载:

---

① (晋)杜预注:《春秋左传集解》,第847页。
② (晋)杜预注:《春秋左传集解》,第1431页。
③ (清)焦循:《孟子正义》,第406页。
④ (清)焦循:《孟子正义》,第135页。

制,农田百亩,百亩之分,上农夫食九人,其次食八人,其次食七人,其次食六人,下农夫食五人。①

银雀山竹简《田法》篇云:

食口七人,上家之数也;食口六人,中家之数也;食口五人,下[家之数也]。②

《汉书·食货志》云:

是时,李悝为魏文侯作尽地力之教……今一夫挟五口,治田百亩,岁收亩一石半,为粟百五十石,除十一之税十五石,余百三十五石。食,人月一石半,五人终岁为粟九十石,余有四十五石。③

从上面所引文献可看出,战国时期小农家庭的人口五人为常数,最多也不过八九人,不会超过十人,这与春秋和西周时期那种聚族而居的大家族动辄几十甚至上百口人已经完全不同了。

在列国推行授田制的情况下,作为直接生产者的农民已经不同于被束缚在宗族内的成员,而是成了君主集权制统治下的编户齐民,成为直接受剥削的个体小农。而这种普遍存在的个体小农成为当时基层社会组织的主体。

袁林先生在《两周制度新论》中对基层社会组织的变迁有很好的论述,转录如下:

在笔者看来,西周土地制度是承袭夏商而来,但夏商土地制度并非像人们传统理解的那样,从原始社会的原始公有制演化而来,而是从原始社会的没有所有制的状态演化而来,最早的所有制与最早的剥削同时形成,二者融为一体。由于早期剥削主要是对被剥削者集团(宗族组织)整体的剥削,由于早期对耕地的使用带有较强的变动性,因此当土地开始成为这种剥削关系实现中介的时候,成为

①(清)孙希旦撰,沈啸寰、王星贤点校:《礼记集解》卷十二,第313页。
②银雀山汉墓竹简整理小组编:《银雀山汉墓竹简(壹)》,北京:文物出版社,1985年,第145页。
③(汉)班固:《汉书》卷二十四,第1124—1125页。

中介的土地并非所有耕地,而仅仅是实现剩余劳动的那部分土地,这就是土地制度第一层次所涉及的范围。这种状况便是西周土地制度形成的历史前提。西周类型土地制度瓦解的明确标志是周宣王"料民于太原",而新类型土地制度形成的标志则是齐国管仲的变革。随着被剥削者集团的逐渐瓦解,剥削者失去了控制被剥削者的一个最便利工具——公社,作为社会剥削关系中剥削者一极的国家不得不将统治与剥削深入到被剥削者个人和家庭,在土地管理方面,则不得不同时管理被剥削者实现剩余劳动和必要劳动的土地,两种土地在空间和时间上都不再区分,这样便形成了国家授田制度。这种变革是贯穿于春秋战国时期一系列土地制度变革的基本内容,从管仲一直到商鞅。管仲与后来变革者不同的一点,是他试图在新形式中将公社复活,按照一定户数为标准,将被剥削者强制编制起来,组成"书社"。但历史的发展趋势是人力所不能改变的,公社并不能复活,书社与公社性质迥异。春秋战国时期国家授田制度的确立开始了一个新的时代,导致了中国古代历史上一个少有的活跃、繁荣时期,并最终导致了强盛秦汉帝国的形成。[1]

诚如袁林先生所说的那样,当以血族关系为基础的社会基层组织瓦解之后,并非马上形成完全以地域为依据的社会基层组织,这时往往会产生一种以人身为基础、按照一定数量的个人或家庭为编制而形成的社会基层组织。商周时期的基层社会组织形式的变迁正印证了这样一个规律。

不过,笔者以为,以宗族组织为基础的公社的瓦解和授田制的实行,并非像袁林所认为的那样,是统治阶级无奈的选择,相反,它是最高统治阶级乐意看到并积极推动的结果。因为宗族组织的存在,使得基层领导权力被族长所拥有,中央无法实现对农民的直接剥削,兵源受到限制,而随着个体家庭的大量出现,国家直接控制的人口大大增加,力役和兵源变得非常充裕,有利于加强国家机器。秦国在商鞅变法时就竭力鼓励成年男子另立门户,这是很明显的例子。

---

[1] 袁林:《两周土地制度新论》,第5—6页。

第二节　商周兵制发展变化的基本趋势

商周与秦以后的社会在许多方面有着不同,表现在兵制上尤其突出,如临时征兵制、族武装力量的存在等。这些曾经鲜明的特点随着时间的推移慢慢弱化,乃至消失,而这一过程也有一定的趋势可寻。

一、由临时征集到常备军

我们这里围绕是否存在常备军的讨论主要是针对主战部队而言的。事实上,早在商代,王室的禁卫部队就已经是常备部队了,但主战部队在很长时间都是临时征集的,甚至于到了春秋中期,常备武装力量还是很有限的,大量的士兵都是亦兵亦农的民兵。直到战国时期,真正的常备军才大规模地出现,但临时征发仍然是一种很常见的征兵方式。

在这里我们采用倒推的方法,首先说明春秋时期不存在常备军,这样我们就能很好地理解西周、殷商时期没有常备军的结论了。

春秋时期,各国基本都实行"兵农合一"的民兵制度,整个社会基层的村社组织与军事组织相统一。李元先生也曾指出:"民兵制度是指我国古代奴隶制社会特有的'兵农合一','寓兵于农'的一种军事制度,它与脱离生产的常备军制有着本质的区别。春秋时期的民兵制度正具有这样的特点。"[①]

在春秋前期,最早建立霸业的齐桓公率先在齐国推行基层社会改制,确立了寓兵于农的立国之本。根据前引《国语·齐语》的记载,齐国改制后每"乡"出一"军":

> 管子于是制国:五家为轨,轨为之长;十轨为里,里有司;四里为连,连为之长;十连为乡,乡有良人焉。以为军令:五家为轨,故五人为伍,轨长帅之;十轨为里,故五十人为小戎,里有司帅之;四里为连,故二百人为卒,连长帅之;十连为乡,故二千人为旅,乡良人帅之;五乡一帅,故万人为一军,五乡之帅帅之。三军,故有中军之鼓,有国子之鼓,有高子之鼓。春以蒐振旅,秋以狝治兵。是故卒伍

---

① 李元:《论春秋时期的民兵制度》,《中国史研究》1987 年第 3 期。

整于里,军旅整于郊。①

很明显,每乡一军的士兵平时是从事农业生产的,遇到战事才组成军队,这里的战事包括对外作战和军事训练两类。

由于不是常备军,不存在日常训练,其军事训练往往通过蒐狩的形式在农闲季节进行,也就是所谓的"三时务农而一时讲武"。在《左传》中也不乏相关的记载,如:

《左传·桓公四年》载:"春正月,公狩于郎。"

《春秋·庄公四年》载:"冬,公及齐人狩于禚。"

《左传·昭公八年》载:"秋,蒐于红。"

《左传·昭公十一年》载:"五月,齐归薨,大蒐于比蒲。"

《左传·昭公二十二年》载:"大蒐于昌间。"②

这一时期的军队采取临时征集的方式,称为"作几军",如《左传·僖公二十七年》载:"于是乎蒐于被庐,作三军,谋元帅。"《左传·僖公三十一年》载:"秋,晋蒐于清原,作五军以御狄。赵衰为卿。"③这里的"作"是征集并组建的意思。如果理解为"兴起"、"发动"等意就明显不对了。有时也称为"舍",如《左传·文公六年》载:"春,晋蒐于夷,舍二军,使狐射姑将中军,赵盾佐之。阳处父自温,改蒐于董,易中军。阳子,成季之属也,故党于赵氏,且谓赵盾能,曰:'使能,国之利也。'是以上之。"④在组建军队时常常要进行基本的演练,即上面引文中的"蒐"。也有称为"治兵"的,其意思是说组建军队并进行基本的军事训练,如《左传·僖公二十七年》载:"楚子将围宋,使子文治兵于睽,终朝而毕,不戮一人。子玉复治兵于蒍,终日而毕,鞭七人,贯三人耳。"《左传·宣公十五年》载:"壬午,晋侯治兵于稷以略狄土,立黎侯而还。"《左传·襄公十三年》载:"晋侯蒐于绵上以治兵。"《左传·襄公十八年》载:"子庚帅师治兵于汾。"又,《左传·襄公三年》载:"楚子重伐吴,为简之师。"⑤这也是临时组建军队的例子。

---

① 上海师范大学古籍整理研究所点校:《国语》,第231—232页。

② (晋)杜预注:《春秋左传集解》,第81、135、1309、1339、1480页。

③ (晋)杜预注:《春秋左传集解》,第365、400页。

④ (晋)杜预注:《春秋左传集解》,第445页。

⑤ (晋)杜预注:《春秋左传集解》,第365、620、895、947、805页。

由于部队采取临时征集的方式,不是常备军,武器要进行统一管理,临战或训练时才分发,因此便存在授兵制度。《周礼·夏官·诸子》云:"若有兵甲之事,则授之车甲,合其卒伍,置其有司,以军法治之。"①《周礼》一书中有"司甲"、"司兵"、"司戈盾"、"司弓矢"等职务,当是主管某种兵器的职官。这在《左传》中有明确的记载,如《左传·隐公十一年》载:"郑伯将伐许。五月甲辰,授兵于大宫。公孙阏与颍考叔争车。颍考叔挟辀以走,子都拔棘以逐之,及大逵,弗及,子都怒。"《左传·庄公四年》载:"楚武王荆尸,授师孑焉以伐随。"《左传·昭公十八年》载:"火之作也,子产授兵登陴。"②平时兵器都存于武库,《左传·襄公二十八年》载:"栾、高、陈、鲍之徒介庆氏之甲。"③显然庆氏是有武库的。又,襄公三十年郑国内乱,伯有"自墓门之渎入,因马师颉介于襄库,以伐旧北门"。④这都是武库存在的明证。

既然春秋时期都没有建立常备军,西周和商代实行临时征集制就不难理解了。

西周晚期的兵役制度,我们可以根据《周礼·夏官司马》窥其端倪。唯西周早期情况复杂,大规模的战争频仍,周人的两支劲旅"西六师"与"殷八师"从制度上虽为临时征集,但可能长期没有解散。《诗经》中也有这方面的信息,如《豳风·东山》云:"我徂东山,慆慆不归。我来自东,零雨其濛。我东曰归,我心西悲。制彼裳衣,勿士行枚。"⑤诗歌描写了一名随周公东征的士兵对家乡的想念,其中"制彼裳衣,勿士行枚"是说诗人希望穿上普通民众的衣服,不再作为士兵"含枚"而行。其他还有《豳风·破斧》,其诗云:"既破我斧,又缺我斨。周公东征,四国是皇。哀我人斯,亦孔之将。"⑥

商代临时征集制是很明显的,卜辞有"登人"、"收人"、"昌人",即临时征集士兵。

---

① (清)孙诒让:《周礼正义》卷五十九,第 2475 页。
② (晋)杜预注:《春秋左传集解》,第 56、135、1435 页。
③ (晋)杜预注:《春秋左传集解》,第 1100 页。
④ (晋)杜预注:《春秋左传集解》,第 1141 页。
⑤ (唐)孔颖达:《毛诗正义》,第 519—520 页。
⑥ (唐)孔颖达:《毛诗正义》,第 527 页。

勿登人三千,呼伐舌方,弗受有祐。(《前》7.2.3)

贞,登人三千,呼伐舌方,受有祐。(《库》1649)

王收人五千,征土方,受有祐。(《后上》31.6)

庚寅卜,㱿贞,勿眢人三千,呼……(《外》107)

丙午卜,㱿贞,眢三千人伐。(《佚》982)

辛巳卜,贞,登妇好三千,登旅万,呼伐羌。(《英藏》150)

同春秋时期一样,商代也有授兵制度,这一点在卜辞中也有反映,如:

出兵(《合集》7204)

勿出兵(《合集》7205)

士兵征发组织起来以后,统一发给武器,而战争或训练一旦结束,武器上交,统一管理,这是临时征集制的特点。

真正和大规模的常备军直到战国时期才建立,列国才出现了常备武装力量。随着井田制的瓦解,新的授田制在各国普遍推行。原先"因井田而制军赋"的赋役合一制度被打破,军赋开始"按户按人口征收",这是秦简中所讲的"户赋"。这时的"赋"仅指军需物资,而兵役则另行征发。其兵役制度各国不尽相同,但可以秦国为例考察之。汉儒董仲舒曾言:"至秦则不然,用商鞅之法……又加月为更卒,已复为正,一岁屯戍,一岁力役,三十倍于古。"[1]每一名到法定服兵役年龄的男子,都要为国家服兵役二年:一年当正卒,"给中都官";一年当戍卒,戍守边疆。如《睡虎地秦简·编年记》载,二十九岁的喜于秦嬴政"十三年,从军",就是依法服兵役的事例。"屯戍"在《秦简·除吏律》中曰"徭戍"。这种应征的"正卒"和"戍卒"已不是临战征集的民兵,而是常备军了。[2]

二、军队规模不断扩大、兵种增加

商代的主要兵种是步兵和车兵。卜辞有"步伐"字样:

———

① (汉)班固:《汉书》卷二十四,第1137页。
② 陈恩林:《先秦军事制度研究》,第164页。

　　　　壬子卜，穷贞，皋乞步伐舌方，受祐。十二月。(《粹》1072)
　　　　乙亥卜，四月令豪步(伐)芮。(《龟二》14.6)
　　　　甲午王卜，贞，乍余彰，朕祈洒，余步从侯喜征人方。(《通》592)

　　胡厚宣说："步伐者，不驾车，不骑马，以步卒征伐之也。"[1] 也有卜辞把执戈的步兵称"戈人"。

　　　　辛丑卜，穷贞，羽(翌)令以戈人伐舌方，戈。十二月。(《合集》28028)

　　殷代有车兵在文献中就有记载，《吕氏春秋·简选》说汤"良车七十乘，必死六千人"。[2]《墨子·明鬼下》载："汤以车九两，鸟阵雁行。"[3]

　　骑兵在殷商时期已经出现，但不一定有成建制的编队。1936年，史语所第13次发掘安阳时，发现一座人马合葬墓(M164)，墓中除埋一人一马外，还有一犬和一套兵器、一件玉刺。石璋如认为这是一位骑士。[4] 于省吾也认为"殷代的单骑和骑射都已经盛行了"。[5] 王宇信认为商代已经有相当规模的骑兵，以右中左编队，每队100名骑兵。[6] 宋镇豪则认为每师有三个车队和骑兵队，每队骑兵由300人组成。[7] 以上各家的结论多为推测之词，相距甚远，要之，商代的单骑已经出现，不过独立作战并且成建制的骑兵部队尚未建立。

　　宋镇豪以为商代已经出现舟师，并且"舟兵至少亦分左右编制，择官分掌之"。[8] 卜辞中也有零星的资料：

　　　　叀微用淲？于之若，戈戫方，不雉众。(《合集》27996)
　　　　贞，立二史，有□舟。(《合集》5507)

　　商代军队的规模。商王朝在武丁时期大概有"三师"的武装力量，

① 胡厚宣：《殷代舌方考》，《甲骨学商史论丛初集(外一种)》，第189页。
② 陈奇猷：《吕氏春秋校释》，第441页。
③ 吴毓江：《墨子校注》，第342页。
④ 石璋如：《殷代的策》，《历史语言研究所集刊》，第22本。
⑤ 于省吾：《殷代的交通工具和驲传制度》，《东北人民大学社会科学学报》1955年第2期。
⑥ 王宇信：《甲骨文"马"、"射"的再考察——兼驳马、射与战车相配置》，《第三届国际中国文字学研讨会论文集》，香港中文大学中国语言及文学系，1997年10月。
⑦ 宋镇豪：《商代军事制度》，胡庆钧主编：《早期奴隶制社会比较研究》，第202页。
⑧ 宋镇豪：《商代军事制度》，胡庆钧主编：《早期奴隶制社会比较研究》，第203页。

这一时期的卜辞有"中师"(《合集》5807)、右师(《合集》1253、5805)之称。到武乙文丁时期扩充到六师,[①]卜辞中有这样的记载:

丁酉,贞,王作三师,右、中、左。(《合集》33006)

1989年考古所在小屯村中马王庙西南的T8③中也发现了一片"王作三师"的卜辞(编号为148),其辞曰:

丁酉,贞,王作三师,右、中、右。

末一字可能是误刻"左"为"右"。有人认为该片甲骨从地层上分析当属武乙文丁时代。[②]除此之外,商代还存在大量的族武装和方国军队,这些军事力量虽然不归商王直接统辖,但可以随王出征,为王调遣。

《史记·周本纪》云:"纣发兵七十万拒武王。"有人认为这里的"七十"是"十七"之误,[③]应该是不错的。这个数字可以反映商代晚期可以动员的军事力量的规模。

西周的兵种是对商代的延续,主要的不同在于西周时期的车兵地位更加突出,已经有一定数量的甲士和徒兵隶属于战车。康王时的小盂鼎(《集成》2839)铭记载对鬼方之战时:"孚车百□两。"夷王时的不娶簋(《集成》4328)盖铭记载当时追击猃狁的作战命令:"余命汝御追于蓉。汝以我车宕伐猃狁于高陆……弗以我车甬于艰……"懿王时的禹鼎(《集成》2833)铭载:"禹率公戎车百乘,斯御百,徒千。"这些记载战事的铭文无不显示出车兵地位逐渐受到尊崇的事实。根据《史记·周本纪》的记载,武王伐纣,"戎车三百乘,虎贲三千人,甲士四万五千人",各盟国的军队是"车四千乘"。[④]在西周前期已经建立了西六师和成周(殷)八师的武装力量,共约十四万人,这还没有计入贵族的家族武装和诸侯国的军队。到了西周晚期,随着王权衰落,周天子的军力开始式微。《周礼·夏官司马》云:

① 详见后文。
② 刘一曼:《安阳小屯殷代刻辞甲骨》,《中国考古学年鉴1990》,第248页。
③ 杨升南:《略论商代的军队》,胡厚宣等著:《甲骨探史录》,北京:生活·读书·新知三联书店,1982年。
④ (汉)司马迁:《史记》,第121、123页。

> 凡制军,万有二千五百人为军,王六军,大国三军,次国二军,小国一军,军将皆命卿;二千有五百人为师,师帅皆中大夫;五百人为旅,旅帅皆下大夫;百人为卒,卒长皆上士;二十有五人为两,两司马皆中士;五人为伍,伍皆有长。[①]

六军共有兵力七万五千人,这大概是天子所拥有的军队数量。《诗经·小雅·采芑》云:"方叔涖止,其车三千,师干之试。"[②]如果按照西周后期每辆战车隶属25人来计算,总共也是七万五千人。

春秋时期,车兵和步兵占据主导局面的格局没有被打破,舟师水军在南方吴、越、楚国都有很大的发展。公元前549年,楚国康王用"舟师伐吴",公元前525年(周景王二十二年),吴王余昧所乘的战船"余皇"被楚俘获,公元前518年,"楚子为舟师以略吴疆",公元前506年,吴楚柏举之战,吴人舟师参战。

春秋时期的车兵和步兵的重要性在不同时期发生过变化。以公元前708年的繻葛之战为标志,车兵的地位得到空前加强,大量的步卒隶属于战车,一切攻击和防御都是紧紧围绕战车展开,每辆战车隶属的步兵有75人之多。第二个阶段是以公元前541年魏舒临时"毁车以为行"开始的,步兵开始代替车兵成为作战的主力,独立的建制步兵开始大量出现。

相对于西周和商代兵力的缓慢增长,春秋时期各诸侯国的兵力有一个快速增长的过程。公元前632年城濮之战时,晋军战车700乘,公元前589年鞌之战,晋军主将统帅的战车为800乘,而到了公元前529年,晋在邾国检阅军队,出动战车4000乘。昭公十三年平丘会盟之前,叔向威胁鲁国说:"寡君有甲车四千乘在,虽以无道行之,必可畏也,况其率道,其何敌之有?"[③]在春秋晚期,小小的邾国也有兵车"六百乘",几乎相当于春秋初期的大国所拥有的战车数量,其他各国的兵力也有同样幅度的增长。

进入战国时期,步兵已代替车兵成为主战兵种。列国对其称谓不

---

① (清)孙诒让:《周礼正义》卷五十四,第2237页。
② (唐)孔颖达:《毛诗正义》,第641页。
③ (晋)杜预注:《春秋左传集解》,第1381页。

同,有"带甲"、"武士"、"苍头"、"厮徒"、"虎贲"、"锐士"、"武卒"、"技击"等许多叫法。仅仅一个魏国就有"武士"、"苍头"、"奋击"、"厮徒"等名目。《荀子·议兵》说,齐称"技击",魏称"武卒",秦称"锐士"。从这些名目就可以感受到战国时期步兵地位的明显上升。战国时期车战的地位相对下降,但车兵仍然作为一个兵种存在着,车乘的绝对数字也不少于春秋时代,不过车兵与步兵的比例已大大缩小。[①] 战车的装备也有所改进,有所谓"轻车"、"革车"之分,有的战车还在轴端装置矛头,在与敌车错毂时挂擦对方车辆和随车步卒。

骑兵在战国时期有了长足的发展,早在赵武灵王"胡服骑射"之前的战国之初,赵襄子就曾以兵车和骑兵在晋阳与智伯作战。自武灵王"破原阳以为骑邑",骑兵逐渐成为中原地区的主要兵种之一。战国时期的军事家孙膑就曾对骑兵部队的优缺点进行过分析,指出骑兵有"十利":

> 一曰迎敌始至;二曰乘敌虚背;三曰追散乱击;四曰迎敌击后,使敌奔走;五曰遮其粮食,绝其军道;六曰败其津关,发其桥梁;七曰掩其不备,卒击其未整旅;八曰攻其懈怠,出其不意;九曰烧其积聚,虚其市里;十曰掠其田野,系累其子弟。此十者,骑战利也。夫骑者,能离能合,能散能集,百里为期,千里而赴,出入无间,故名离合之兵也。[②]

在南方一些国家,舟师从规模到影响上都已经大大不同于春秋了。由原先的载兵渡水发展成用于水战的独立兵种。就连秦国这样的北方国家也有了相当规模的舟师,"太白船万艘,欲以攻楚"。[③] 一艘战船可载五十人,备三个月的给养,日行三百余里。那时的战船名称很多,有大翼、小翼、突冒、楼船、桥船等。出土于山彪镇的战国水陆攻战纹鉴非常形象生动地表现了水战的场面。根据《墨子·鲁问》所载,公输般也曾对水战武器有过研究,他曾到楚国"为舟战之器","作为钩强之备,退者

---

① 刘展:《中国古代军制史》,第84页。
② (唐)杜佑:《通典》卷一百四十九,第2009页。该段文字未见于竹简本《孙膑兵法》,当为佚文。
③ (明)董说:《七国考》卷十一,北京:中华书局,1956年,第299页。

钩之,进者强之,量其钩强之长,而制为之兵"。[1] 这里说的显然是水战专用兵器。

这一时期,各国都有三大主战兵种,即:步兵、骑兵、车兵。由于战争频仍,列国的兵力都大幅度增加,各国武装空前扩大,兵员人数激增。根据《战国策》的记载,大国的兵力以百万计,小国也有几十万。其中,秦、楚、赵等国都是"带甲百万,车千乘,骑万匹",比如,秦国就有"虎贲之士百余万,车千乘,骑万匹,粟如丘山"。[2] 韩、魏、齐、燕四国的兵力也是"带甲数十万",如魏国就有七十万之众。根据刘展的研究,各国兵力总共能够达到 570 万人,[3] 笔者以为有 500 多万大概是不成问题的。

三、族武装力量的长期存在与最终消亡

《中国古代军制史》中对族兵制是这样定义的:"所谓族兵制,是指刚脱胎于原始社会尚未摆脱部落制影响的奴隶制国家,或尚处在部落行政组织与军事组织相结合阶段的王朝所实行的全族有兵役义务的适龄男子皆当兵参战的制度。这是一种由原始社会末期居民自动组织为武装力量的军事习惯演变而来的军事习惯法。它被国家或王朝首领认可,并强迫其全族成员接受,具有强制为兵的性质。"[4]

夏代的武装力量主要是族兵,所以《尚书·甘誓》中夏启誓师时说:"用命,赏于祖,弗用命,戮于社。"从"赏于祖"看来,维系这支军队的还是宗族观念。

商代的族武装在卜辞中不乏其例,有王族、多子族,还有"三族"、"五族"等,这里就不一一列举辞例了。

西周时期的贵族武装依然很盛行。试看史密簋铭:

> 惟十又二月,王令师俗、史密曰:"东征。"会南夷卢、虎,会杞夷、舟夷,讙,不恝,广伐东国,齐师、族徒、遂人乃执鄙宽悉。师俗率齐师、遂人左[周]伐长必;史密右率族人、釐伯、僰、夷周伐长必,获

---

[1] 吴毓江:《墨子校注》卷十三,第 739 页。
[2] (汉)刘向集录:《战国策(中)》,第 504 页。
[3] 刘展:《中国古代军制史》,第 92 页。
[4] 刘展:《中国古代军制史》,第 19 页。

百人。

铭文中和齐师一起作战的"族徒(土)"就属于族武装。朱凤瀚先生在《商周家族形态研究》一书中对西周家族武装有过论述,他说:

> 所谓家族武装,似不应狭隘的理解作只是贵族亲族成员,即使是庞大世族,亲族中壮年男子的人数亦是有限的。所以,"贵族家族武装"这个概念,除了贵族亲族成员组成的主力外,还应包括另外两种成分:其一是家臣武装,此种家臣武装类似春秋时代卿大夫家中的私属徒。西周金文中亦可见家主赏赐给家臣师以兵器,如《师毀簋》记伯龢父赐予自祖考辈即服事于其家的家臣毀以戈及"干五"。武装了的家臣当然只能作为贵族家族武装的附属部分存在。家臣中地位高者,可以作为贵族家族武装的高级将领。如禹鼎、多友鼎中作为武公家族武装统率者的禹、多友,其本人身份即武公家臣。家臣中地位低下者,可能只是充当一般的武士,甚至徒兵而已。其二可能亦包括部分封赐给贵族的附庸之民,多非职业武士,而是平时从事农耕,战时临时调集充当徒兵与军中杂役,在贵族家族武装中属下级士兵。因此,所谓贵族家族武装,……外延实际上都要超出其亲族组织本身,故我们似可以将之理解为是以亲族成员为骨干的武装力量。[1]

朱凤瀚的看法是有道理的,如果我们只将贵族亲族成员所组成的武装力量理解为家族武装,显然不符合当时的实际情况。

上面所引的史密簋属于懿王时期,在西周早期的金文中也能看到族武装活动。如康王时的明公簋(《集成》4029)铭:

> 唯王令(命)明公遣三族,伐东或(国),在獬,鲁侯有稽功,用乍(作)旅彝。

穆王时的班簋铭:"……以乃族从父征。"

春秋时期的族武装力量已经没有西周和商代那样庞大,但其实力和存在范围之广也是不容小觑的。《左传》中随处可见族武装的活动。

---

[1] 朱凤瀚:《商周家族形态研究》,第397页。

《左传·僖公二十八年》载:"子玉以若敖之六卒将中军。"这里的六卒,就是子玉宗人之兵,共六百人。①

《左传·宣公十二年》载:"楚熊负羁囚知罃,知庄子以其族反之。"②

《左传·成公十六年》载:"栾、范以其族夹公行,陷于淖。"杜预注:"二族强,故在公左右。"③

《左传·襄公十年》载:"子西闻盗,不儆而出,尸而追盗,盗入于北宫,乃归授甲。臣妾多逃,器用多丧。子产闻盗,为门者,庀群司,闭府库,慎闭藏,完守备,成列而后出,兵车十七乘,尸而攻盗于北宫。"④子西要"乃归授甲",显然是对自己的家族武装而言的,其军械在自己私家的府库中统一管理。子产的十七乘兵车也应该是属于"族兵"。

有时候这些私属武装甚至于请命出征,足见其实力不弱。《左传·宣公十七年》载,晋郤克"请以其私属(伐齐)"。 杜预注:"私属,家众也。"⑤

春秋时期,卿大夫的族武装还应包括采邑武装。这些武装人员虽然不都是本族成员,但是其骨干为本族成员,且只对卿大夫负责,常常成为卿大夫反抗国君的军事基础。以鲁国为例,季氏的采邑在费,孟孙氏的采邑在郕,叔孙氏的采邑在郈。昭公十三年,季氏家臣南蒯以费叛,定公八年,季氏家臣阳虎再以费叛;定公十年,叔孙氏家臣侯犯以郈叛。为了限制卿大夫的采邑武装,鲁定公十二年准备堕三都,费邑宰公山不狃便伙同叔孙辄帅费邑兵攻入曲阜,私属武装力量的强大,由此可见一斑。鲁国以外,其他各国的情况大致相同,如宋的萧、亳,齐的渠丘、高唐,晋的朝歌、邯郸、曲沃,均拥有强大的采邑武装。

跟西周一样,这一时期卿大夫拥有私属武装也是得到诸侯国君主承认的。《左传·昭公十六年》子产曾云:"孔张,君之昆孙,子孔之后也,执政之嗣也。为嗣大夫,承命以使,周于诸侯,国人所尊,诸侯所知。立

---

① (晋)杜预注:《春秋左传集解》,第375页。
② (晋)杜预注:《春秋左传集解》,第590页。
③ (晋)杜预注:《春秋左传集解》,第750、757页。
④ (晋)杜预注:《春秋左传集解》,第873页。
⑤ (晋)杜预注:《春秋左传集解》,第626、627页。

于朝而祀于家,有禄于国,有赋于军。"杜预注:"军出,卿赋百乘。"① 这里的"卿赋百乘"当是私属武装。卿大夫的武装力量大概以百乘为限,《汉书·刑法志》载:"戎马四百匹,兵车百乘,此卿大夫采地之大者也,是谓百乘之家。"②《礼记·坊记》载:"家富不过百乘。"③《左传·哀公二年》孔颖达疏引该句下云:"百乘,卿之极制也。"④《晏子春秋·内篇·谏上》"景公敕五子之傅而失言晏子谏"条云:"景公有男子五人,所使傅之者,皆有车百乘也,晏子为一焉。"⑤

春秋末期,列国卿大夫家兵的数量已经发展到惊人的程度,"鲁之群室,众于齐之兵车",季孙氏一家的甲士就达七千人。晋国卿大夫的私家军队数量又使鲁国望尘莫及。《左传·昭公五年》载:"韩赋七邑,皆成县也。羊舌四族,皆强家也。晋人若丧韩起、杨肸,五卿八大夫辅韩须、杨石,因其十家九县,长毂九百,其余四十县,遗守四千,奋其威怒,以报其大耻,伯华谋之,中行伯、魏舒帅之,其蔑不济矣。"⑥

楚大夫范无宇曾就"国为大城"的不利后果做过论述,他说:"其在志也,国为大城,未有利者。……叔段以京患庄公,郑几不克,栎人实使郑子不得其位。卫蒲、戚实出献公,宋萧、蒙实弑昭公,鲁弁、费实弱襄公,齐渠丘实杀无知,晋曲沃实纳齐师,秦征、衙实难桓、景,皆志于诸侯,此其不利者也。"⑦ 这也从一个侧面反映出大族拥有庞大军队和地盘,从而威胁所在国诸侯统治的事实。

春秋时期卿大夫势力坐大的根本原因在于血缘纽带没有最终被打破,诸侯国君对人力资源的控制还是停留在"族"的层面,不能直接控制个体家庭,这就使得一些卿族的家族势力得到扩张。这些卿大夫拥有了大量的人力资源,也就拥有了充足的兵源。《左传·文公十四年》载:"(齐)公子商人骤施于国,而多聚士,尽其家,贷于公、有司以继之。"《左传·襄公二十一年》载:"怀子好施,士多归之。宣子畏其多士也,信

---

① (晋)杜预注:《春秋左传集解》,第 1409、1412 页。
② (汉)班固:《汉书》卷二十三,第 1081 页。
③ (清)孙希旦撰,沈啸寰、王星贤点校:《礼记集解》卷五十,第 1282 页。
④ (唐)孔颖达:《春秋左传正义》,北京:北京大学出版社,2000 年,第 1867 页。
⑤ 卢守助撰:《晏子春秋译注》,上海:上海古籍出版社,2006 年,第 18 页。
⑥ (晋)杜预注:《春秋左传集解》,第 1266 页。
⑦ 上海师范大学古籍整理研究所点校:《国语》卷十七,第 547 页。

之。"《左传·昭公三年》晏子言:"公弃其民,而归于陈氏。"《左传·昭公二十五年》子家谈季氏的势力时说:"政自之出久矣,隐民多取食焉,为之徒者众矣。"[①] 由上例可见,春秋晚期,不堪忍受公室盘剥而投靠私家的公室属民是卿大夫私属武装的重要来源,这也是公室不能有效控制人力资源的直接结果。

到了战国时期,族武装已基本消匿。这是因为战国时期列国实行了一系列变法,彻底肃清了血缘关系在基层社会中的组织影响力,同财共居的家族已经被小农家庭取代。国家的军赋和兵役分别按户和人丁征取,为了鼓励小农家庭的分化,秦国还规定有两名成年男子的家庭必须分家,否则要加倍征赋。[②] 这说明战国是小农家庭最终代替大家族的关键时期,这一转变的意义是多方面的,仅就兵制而言,它迫使族武装失去了其存在的社会基础,为国家控制大量兵源提供了保障。

第三节　商周兵制发展变化的基本动因

在商周一千多年的漫长历史时期,我国的兵制经历了一个缓慢的发展历程,直到战国中晚期,才逐步形成了以步骑为主要作战力量、以全民征兵为兵役制度、以国君为最高军事首脑的军事体制,这也成了冷兵器时代我国兵制的主要特点。总括而言,商周兵制的发展有这样几个特点:1.车兵的主导地位逐步被步骑兵所代替,并最终退出历史舞台,步兵成为主力作战兵种;2.青铜兵器向铁质兵器过渡;3.军事领导权力逐步向国君集中,族武装最终消亡;4.兵役制度由临时征集制向全民征兵制过渡;5.武官体制最终形成,各项奖惩制度逐步确立。

商周兵制的发展有着深刻的社会动因,下面作以简单分析。

---

① (晋)杜预注:《春秋左传集解》,第 493、971、1218、1523 页。

② 《史记·商君列传》载:"民有二男以上不分异者,倍其赋。"赋指的是军赋,不包含田税,有些书上认为是加倍征收赋税,这是不对的。从春秋中后期开始,赋与税已经分离,而且战国时期的赋和春秋时期的赋包含的内容是不同的,春秋时期的赋包含军需和兵役两方面,战国时期的赋仅指军需而言。

一、社会生产力的发展使军事力量的扩大成为可能

和世界上许多文明一样,我国商周时代是一个以农业立国的早期国家,这就决定了军事力量的扩张必须建立在农业生产发展的基础上。受生产工具的影响,我国早期的农业生产发展在商和西周时期都处于一个较低水平,农业生产耗费了几乎全部的劳动力,根据《尚书》等文献的记载,商王和周王也象征性地参加农业劳动。到了春秋中晚期,农业生产水平开始加快发展,尤其进入战国之后,随着铁制工具的大量使用,水利工程的兴建和灌溉面积的扩大,一年两熟制的推广,中国农业生产进入了一个"猛进的时代"。农业的这种快速发展不仅从物质上为常备军事力量的存在提供了保证,也从制度上摧毁了西周以来的井田制,并进一步摧毁了依附其上的家族军事势力。

即便仅仅以战国以前的情况来看,伴随着农业长期而缓慢的发展,军事力量也在不断地扩大。商汤灭夏时不过"良车七十乘,必死六千人",[①] 而到了武王伐纣的时候,则是"戎车三百乘,虎贲三千人,甲士四万五千人",[②] 军事力量在有商一代的扩张可见端倪。进入西周初期,周人中央王朝就有大约十四个"师"共计14万人的可动用军事力量,商代中央王朝的军队到文丁时期才达到六个"师"的规模。西周晚期中央王朝的军队数量虽然有所减少,根据《周礼》所记,天子有六军,约七万五千人,但是各诸侯国的军力明显上升。总的说来,军队数量还是呈上升趋势的。天子直接统辖军队的减少是王权旁落的结果,到了春秋战国时期,中央王朝的军事力量更加式微,而这丝毫不影响我们关于整体军力扩张的结论。

农业生产水平的提高,在技术上使小农经济不仅成为可能而且成为有效的生产方式,这就为小农家庭代替大家族、授田制代替井田制开辟了道路。随着小农家庭作为社会细胞地位的确立,诸侯国君终于以编户齐民的形式大量地掌握了劳动力,也就掌握了兵源。每个成丁的男子在一生中要用一定的时间在军队服役,这个时间通常是两年。这样一来,国家建立强大而稳固的常备军事力量就势在必行了。战国时期各国都

---

① 陈奇猷:《吕氏春秋校释》,第441页。
② (汉)司马迁:《史记》卷四,第121页。

建立庞大的常备军,列国的兵力总量达到了五百多万,这与一千多年前的商代相比,是一个惊人的增长。而促成这一增长的主要因素就是农业生产水平的持续提高。

不仅农业,手工业尤其是冶铁业的发展也推动了军事力量的增长。仅有充足的兵源是不够的,军事力量的大规模扩大需要大量的武器装备。在春秋以前,青铜兵器是主要和最好的武器,由于铜矿相对于铁矿较为稀缺,再加上贵族的礼器要使用青铜,这就使得青铜兵器的供给不够充分。春秋战国之际,冶铁工艺有了前所未有的突破,这时的人们已经掌握了铸铁冶炼技术和铸铁柔化技术。我们知道,早期的块炼铁质地较软,不适合于制作兵器,另外块炼铁的产量较低,制作器具时只能依靠锻打,这些都决定了块炼铁不能大量使用于兵器制作。铸铁冶炼技术发明后,不仅提高了生铁产量,还可以用铸造的方法批量生产武器,不过铸铁有一个致命的弱点,就是质地太脆,容易折断。这就需要铸铁柔化技术,通过柔化处理的兵器不仅具有很高的硬度,而且韧性大大增强,不易折断。至此铁质兵器开始大量地装备于军队,有力地推动了各国军力的扩张。

任何一个时代,最先进的技术往往首先应用于军事。在商周时期,不仅冶铁工业如此,其他手工业技术也有过同样的效应,比如马车、舟船的制作技术,皮革的处理技术,等等。

简言之,以农业和手工业为主的社会生产力的发展为军事力量的扩张在物质上提供了条件,在制度上扫清了道路。具体说来,春秋以前的生产力发展比较缓慢,军力总量也处于一个缓慢增长的阶段,春秋战国以后,生产力的变革推动了列国军力的跳跃式增长。

二、战争观念的转变引起了作战方式的变化

从商代到西周,甚至于春秋初期,古人的作战观念受礼制的束缚,作战双方常常通过战阵对决,在一次冲杀中决定战局的胜负。而进入战国时期,人们的作战观念更加实用,交战双方根据力量对比的强弱,选择防守或者攻击,战争往往在关塞要津附近展开。

这两种大异其趣的战争观念的转变自然是一个缓慢的过程,春秋早期是两种观念交锋的时候。发生在公元前638年的泓之战是说明

先秦战争观念变迁的著名战例,在战争中,宋襄公为了维护"不鼓不成列"、"不以阻隘"的陈旧战争观念付出了惨败的代价。论者常以此诟病宋襄公,这是有失公允的。宋襄公作为一个能被齐桓公看重的诸侯王,在当时也非昏聩不明之主,之所以出现这种局面,实与春秋初期两种战争观念的交替有关。《司马法》中也大量保留了早期的战争观念,《司马法·仁本》云:"成列而鼓,是以明其信也","逐奔不过百步,纵绥不过三舍,是以明其礼也";《司马法·天子之义》云:"古者逐奔不远,纵绥不及。"① 宋国作为先商的子遗更多地保留了传统和守旧的观念,而其对手楚国作为新兴的南方蛮夷,礼仪观念淡漠,当然战争观念也不例外。这正如《淮南子·氾论训》所说的那样:"古之伐国,不杀黄口,不获二毛,于古为义,于今为笑。古之所以为荣者,今之所以为辱也。"②

从这个意义上看,泓之战不仅是楚宋之间的争霸之战,也反映了军事史上两种战争观念的交锋。

大致以泓之战为标志,早期的战争观念发生了一个翻天覆地的巨大变化。此前的商和西周,战前双方要结日定地,摆好阵势。这一点武王伐纣的牧野之战就是非常典型的战例,武王在战前的誓师大会上对全军将士说:

> 今日之事,不愆于六步、七步,乃止,齐焉。夫子勖哉!不愆于四伐、五伐、六伐、七伐,乃止,齐焉。勖哉夫子!尚桓桓如虎、如貔、如熊、如罴,于商郊弗御克奔,以役西土,勖哉夫子!尔所弗勖,其于尔躬有戮。③

根据利簋铭文的记载,牧野之战是在一个早上决出胜负的,这就是古代战争以战阵对决迅速分出胜负的方式。从武王要求军队"乃止,齐焉"来看,周人是整齐的战阵,这正体现了"成列而鼓"的特点。武王还告知将士"弗御克奔",不要追赶逃跑的敌军将士。这些都体现了上古战争在礼制约束下温情脉脉的一面。当然,这决不是说当时的战争观念更文明,在农业生产水平不高的情况下,长期战争对垒需要的后勤补给非常

---

① 褚玉兰、张大同编著:《兵法精典新解——孙子·吴子·尉缭子·司马法》,第287、293页。
② 刘文典:《淮南鸿烈集解》,第431页。
③ 顾颉刚、刘起釪:《尚书校释译论》,第1102页。

大,这是双方都无法承受的,因此按照一定礼制约束进行决战是其特点。

进入春秋中期以后,这种观念在隐蔽而缓慢地发生变化,像比较著名的城濮之战、邲之战等,都出现过追击和伏击的作战手段,这与"以至仁伐至不仁"的所谓"义战"原则已经大相径庭了。但关塞要津还没有开始设防,清代学者顾栋高在《春秋大事表》卷九"春秋列国不守关塞论"中对此有过论述:

> 春秋时列国用兵相斗争,天下骚然。然其时禁防疏阔,凡一切关隘厄塞之处,多不遣兵设守,敌国之兵平行往来如入空虚之境,其见于《左传》者班班可考也。文十三年春,晋侯使詹嘉处瑕以守桃林之塞,注云以备秦。桃林,今潼关也。昭二十六年秋,晋知跞、赵鞅帅师纳王,使女宽守阙塞,注云以备子朝。阙塞,今伊阙也。二者天下之险,必待纷纭有事而后遣将设守,重书于册,则其平日之漫无闲御可知矣。齐庄公之伐晋也,入孟门,登太行,封少水而还,而晋仅于其还也,使赵胜率东阳之师追之而已,而晋平日之备御无有也。吴阖闾之入楚也,舍舟淮汭,自豫章与楚夹汉,道由大隧、直辕、冥厄,而司马戌第于既阵始议塞城口以邀其归路,而楚平日之控扼无有也。是皆一夫守险,千人莫过。使当日有一旅之师、百夫之长当关旅拒,则齐之启胠申殿必不能轻骑而入羊肠之隘,吴之水犀精甲必不能疾驱而至汉水之滨也。以至文五年秦人入鄀,道由上雒出武关,经历晋之阴地。是时秦、晋已绝好,而鄀在南阳之析城,深入东南五百余里,秦出兵与楚争鄀而晋人不之禁也。僖三十三年,秦人袭郑,道自华阴出函谷关,经历二崤及周之辕辕、伊阙,而后至河南之偃师,行嵚岩深谷中二千余里,商人弦高遇诸途而始觉,而周人、晋人不之诘也。他若晋会十三国诸侯于柤而柤为楚地,吴伐鲁而子洩故从武城道险,是盖列国皆然。主者无设险固围之谋,敌人无长虑却顾之志。处兵争之世,而反若大道之行,外户不闭,历敌境如行几席,如适户庭。①

列国不守关塞,实与当时常备军事力量缺乏有关。到了战国时期,各国

---

① (清)顾栋高:《春秋大事表》卷九,第995—996页。

开始在关塞要津设兵驻守,打破了"不以阻隘"的陈旧观念。从守方的角度讲,利用一些天然和人为的险阻能够使用较少的兵力和战争支出阻滞对方军队推进,这比弱势条件下的阵地对决显然有效得多。围绕关隘的攻守,双方展开了增援与截击、奇袭与伏击的较量。这样一来,遭遇战、伏击战、追击战等更加实用的战争样式成为主流,代替了呆板陈旧的战阵对决。正如班固所云:"自春秋至于战国,出奇设伏,变诈之兵并作。"①在新的战争样式下,作战环境更加复杂多变,这就促进了步兵数量的扩张和地位的提高,车兵则退于次要地位。公元前541年晋国将领魏舒"毁车以为行"正是这一变化在军事实践中的反映。另外一个后果,就是对部队的机动性提出更高的要求,以适应长途奔袭和增援以及追击的作战需要,这是骑兵崛起的主要原因。

在新的更加实用的战争观念的支配下,每一次战争由许多战役和战斗组成,整个战争往往旷日持久。以秦赵之间的长平之战为例,整个战争持续了五年时间,双方几易主将,赵军守,秦军攻,双方进行了反复的拉锯战,最终秦军通过包围战打败了赵军。这一时期战争的烈度明显增加,双方投入的兵力剧增,破坏性也更大,每次战争或"杀人盈野",或"杀人盈城"。以上面的长平之战为例,双方伤亡人数接近百万。这在春秋时期是不可想象的,更不要说商代和西周了。

三、军事力量的扩张和作战方式的变换推动兵制向前发展

庞大的军事机器需要更加精细的管理体制,而发展变化的军事实践也对旧有的军事制度不断提出新的要求,在这两种因素的作用下,商周兵制经历了一个不断完善的过程。

首先,权力集中的军事领导体制和武官系统在战国时期基本完善。在商代,王对畿内以"师旅"编制的军队具有直接领导权,但各族的族武装力量不归王统辖,他们只负责在族长的率领下随王出征。②王畿外的诸侯方国的军事力量也有以"师"为编制的,但不归王统领,而属于本方国的武装力量,在叛乱时常常成为王的敌对力量。西周早期虽然建立了

①（汉）班固:《汉书》卷三十,第1762页。
②王族的族武装除外。

十四个"师"的武装力量,但族武装依然在周天子的统领之外,更不要说各诸侯国的军队了。所以说这一时期的军事领导体制比较分散,有属于王或天子的军队,有属于诸侯的军队,还有属于高级贵族的军事力量。到了春秋中晚期,这种情况有所改变,唯一不同的是,这个时候可资考量的政治单位是诸侯,这是因为周天子已经不能有效地统御天下了,诸侯国可以看作一个独立的国家,在每个诸侯国内部,军事领导体制的一元化有所加强。以春秋中期的晋国为例,当时的晋国军队有四千乘,而韩氏、羊舌氏等十家九县的军力约九百乘。[①] 到了战国时期,列国的军事力量无一例外地集中在国君手中,族武装已经消亡。将领只有领兵权而没有发兵权,为了确保军队牢牢掌握在国君手中,各国还建立了专门的兵符制度,大家熟知的"信陵君窃符救赵"反映的就是这种制度。与军事领导权的集中相对应,军队内部还建立了完备的武官系统,这一点与春秋时期相比有着本质的不同,在春秋时期,"军将皆命卿",这是一种"寓将于卿"、文武不分的职官体系,军中的各级武官也就是平时的各级行政官员,正如《周礼·夏官》所云:

> 军将皆命卿;二千有五百人为师,师帅皆中大夫;五百人为旅,旅帅皆下大夫;百人为卒,卒长皆上士;二十有五人为两,两司马皆中士;五人为伍,伍皆有长。[②]

这与春秋时期的临时征集制相适应,而战国则不同,军队是常备军,武官也是独立的职官系统,即如《尉缭子·束伍令》所云:"什长得诛十人,伯长得诛什长,千人之将得诛百人之长,万人之将得诛千人之将,左右将军得诛万人之将,大将军无不得诛。"[③] 这正体现了军队中特有的森严的等级制。

其次,常备军制最终代替临时征集制。商代和西周的军队主要采取临时征集的方式,这是很容易理解的。在农业生产水平较低的情况下,不可能使大量的精壮劳动力长时间脱离农业生产。国家在临战或通过狩猎的方式进行军事演习时,才将那些具有资格当兵的人征召入伍,甲

---

① (晋)杜预注:《春秋左传集解》,第 1266 页。
② (清)孙诒让:《周礼正义》卷五十四,第 2237 页。
③ 华陆综注译:《尉缭子注译》,第 58 页。

骨文中的"登人"辞例就是有关征兵的卜辞。到了春秋时期,常备军事力量还是很有限的,就军队主体而言,列国的兵役制度还属于临时征集的范畴。而到了战国时期,各国的常备力量有了明显的发展,成为主要作战部队,只有在面临大规模的战争时才临时征集军队。这是因为战国时期的农业生产水平有了突破性发展,为供养大量的常备军事力量提供了足够的物质保障。

再次,随着作战方式的变化,武器配置也随之发生了变化。武器的进化自然离不开技术进步的支持,正如我们前面讲到的那样,青铜兵器向铁制兵器的演变就是冶铁技术进步的结果。但作战方式的变化也对武器的形制及其在部队中的装备方式有着深刻的影响。单以进攻性兵器为例,在商和西周时期,车战盛行,作为勾兵的戈占据了主导地位,矛的数量很少。尤其是西周,战车作战更加成熟,而矛的数量也就更少了。而到了春秋时期,步兵的作用越来越受到重视,主击刺的矛就成了主战武器,出现了长达五六米的夷矛,还有与矛功能近似的铍。到了战国,既能击刺又能钩杀的戟则开始盛行。

最后,由赋役合一走向赋役分离。从文献资料来看,直至春秋时期,各国的军赋仍然包括军需物资和兵役两项内容,《汉书·食货志》云:"赋共车马甲兵士徒之役,充实府库赐予之用。"[①]这是因为当时实行的是乡遂制度,"因井田而制军赋",赋是按"井"为单位征收的,具体如《司马法》所论:

> 九夫为井,四井为邑,四邑为丘,有戎马一匹,牛三头,是日匹马丘牛。四丘为甸,甸六十四井,出长毂一乘,马四匹,牛十二头,甲士三人,步卒七十二人,戈楯具备,谓之乘马。[②]

到了战国时期,赋按户征收,称为"户赋"。成年男子都有服兵役的义务,秦国就规定,成年男子一生中有两年的服役时间。

以上我们简单分析了商周兵制演化的基本动因。除过上面分析的几个方面,其他人文和地理因素也对兵制的演化有着不同程度的影响,

---

① （汉）班固:《汉书》卷二十四上,第1120页。
② 参见《左传·成公元年》服虔注引《司马法》佚文。刘文淇:《春秋左氏传旧注疏证》,北京:科学出版社,1959年,第760页。

即便同一因素在不同时期影响的程度、方式也会有所差异,常常会是这样的情形,一些因素的在特定条件下的影响会突然消失或加强,而另外一些因素可能刚好相反。这是我们思考这一千多年间不同时期兵制变化的原因时应该注意的。

第四节　商周兵制思想的发展和完善

兵制,即军制,作为一个政治团体组织、管理、发展和领导其军事力量的制度体系,显然是随着战争的出现就逐步发展起来的,夏代少康"有田一成,有众一旅"的说法就包含着军队编制和后勤保障的建设问题。[①]但是,军制的出现却不一定伴随着军制思想的产生和完善,尤其是在商和西周以族武装为特点的军事领导体制中,贵族往往占据了军队中的各级领导职位,甚至在春秋早期,这种贵族为将的局面依然没有根本改观,而士卒则是临时征集,平时为农,战时为兵。直到春秋中后期,由职业军人担任各级军事将领才成为普遍现象。也正是从这个时代起,一些军事著作开始系统地思考军队建设和军制问题,军制思想才得到了较为充分的发展。

正如军制和军制思想是两个概念一样,军事思想和军制思想同样是两个不同的概念,罗琨先生在《商代战争与军制》一书中专门讨论了商代军事思想的萌芽,提出甲骨文材料中有反映商人"慎战"思想的记录,对《仲虺之诰》和《说命》中的军事思想也做了发掘。[②]但这些研究都是针对殷商王朝的军事思想展开的,就现有材料来看,这一时期的军制思想还尚未发达。

就像我们在上面所说的那样,春秋中后期军制思想有了一定发展。这些思想主要存在于各种兵书中,按照《汉书·艺文志》的分类,军事著作均归于兵书略,此外,《管子》《荀子》等也偶有涉及。值得一提的是,目前出土文献中也不乏这方面的材料,如上博简中的《曹沫之陈》《陈公

---

① (晋)杜预注:《春秋左传集解》,第 1707 页。
② 罗琨:《商代战争与军制》,北京:中国社会科学出版社,2010 年,第 550—572 页。

治兵》，银雀山汉简中的《论政论兵之类》，清华简的《晋文公入于晋》等。在本部分，我们依据这些材料，尝试对这一时期的军制思想稍加董理。

　　"军必有制"思想的初步形成。这一时期的思想家和军事家都不同程度地意识到了军队制度建设的必要性，《管子》中就提出了"作内政以寄军令"的看法，还提出军队中必须赏罚分明，如在《兵法》篇中提到"赏罚明，则勇士劝也"，又在《权修》篇中说："赏罚不信，民无廉耻，而求百姓之安难，兵士之死节，不可得也。"而在《立政》《七法》篇中更是明确了治军必须依据一定的法律规定，所谓"罚避亲贵，不可使主兵"以及"论功计劳，未尝失法律也"等，就表达了军队管理中的法制思想。[①] 作为战国时期重要的思想家，荀子明确提出了"军制"概念，其《议兵》篇中就借临武君之口问道："请问王者之军制。"[②] 春秋时期著名的军事著作《孙子兵法》对军制的重要性也多有论及。如其开篇所讲的"兵者，国之大事，死生之地，存亡之道，不可不察也"，就明确了军队建设的必要性，提出了"治军必有道"的思想，所谓"道者"，"令民与上同意也。故可以与之死，可以与之生，而不畏危"。同时也强调治军以法，如《计篇》讲"五曰法"，"法者，曲制、官道、主用也。"[③] 兵书中对军制的重要性论述最多的首推《尉缭子》，其《制谈》篇云："凡兵，制必先定。制先定则士不乱，士不乱则刑乃明。金鼓所指，则百人尽斗；陷行乱阵，则千人尽斗；覆军杀将，则万人齐刃。天下莫能当其战矣。"同篇又云："民非乐死而恶生也。号令明，法制审，故能使之前。"《重刑令》篇云："明制度于前，重威刑于后。"[④] 《尉缭子》还特别强调依法治军的观念，如《原官》篇云："守法稽断，臣下之节也。明法稽验，主上之操也。"又《制谈》篇所谓"诛一人无失刑"云云，也体现了依法治理军队的观念。[⑤]

　　对统兵之将的选择是这一时期军制建设的核心内容之一。春秋中后期正是贵族为将向专职军事人员为将的过渡时期，将领在三军中的作用开始受到重视。《六韬》之《龙韬·王翼》篇云："凡举兵帅师，以将

---

① 姜涛：《管子新注》，第147、18、24、47页。
② （清）王先谦：《荀子集解》，第278页。
③ （汉）曹操等注：《孙子兵法》，第1、2页。
④ 华陆综注译：《尉缭子注译》，第8、52页。
⑤ 华陆综注译：《尉缭子注译》，第41、9页。

为命。"又同书之《龙韬·论将》篇云:"故兵者,国之大事,存亡之道,命在于将。"① 《尉缭子》之《将理》篇云:"凡将,理官也,万物之主也,不私于一人。夫能无私于一人,故万物至而制之,万物至而命之。"又《武议》篇云:"故人主重将。夫将提鼓挥枹,临难决战,接兵角刃。鼓之而当,则赏功立名;鼓之而不当,则身死国亡。是存亡安危在于枹端,奈何无重将也。"并把将帅比作心,所统领的军队比作肢节:"将帅者,心也。群下者,支(肢)节也。"② 而《司马法》则把"将"比作身,"卒"比作肢,"伍"比作拇指。③ 孙膑认为将帅担负着"安万乘国,广万乘王,全万乘之民命"的重任,④ 孙武甚至认为将是"国之辅也,辅周则国必强,辅隙则国必弱","知兵之将,生民之司命,国家安危之主也"。⑤ 《六韬》也有相同的看法,其《龙韬·论将》篇云:"将者,国之辅,先王之所重也。"⑥ 将领的高下直接决定着战争的胜败,《商君书·战法》篇云:"将贤则胜,将不如则败。"⑦

既然将领的作用在军制建设中如此重要,那么选将的标准就更加严格,而命将拜将的仪式就更加庄重。《孙子兵法》的《计篇》提出为将者要有"智、信、仁、勇、严"五种品格,同时也指出为将者责任重大,其《地形》篇云:"故兵有走者,有弛者,有陷者,有崩者,有乱者,有北者。凡此六者,非天之灾,将之过也。"⑧ 无独有偶,《孙膑兵法》的《将义》篇也对将领的品质提出了要求:

> 将者不可以不义,不义则不严,不严则不威,不威则卒弗死。故义者,兵之首也。将者不可以不仁,不仁则军不克,军不克则军无功。故仁者,兵之腹也。将者不可以无德,无德则无力,无力则三军之利不得。故德者,兵之手也。将者不可以不信,不信则令不行,令

① 盛冬铃:《六韬译注》,第 71、79 页。
② 华陆综注译:《尉缭子注译》,第 38、30、20 页。
③ 《司马法·定爵》云:"将军,身也;卒,支也;伍,指拇也。"褚玉兰、张大同编著:《兵法精典新解——孙子·吴子·尉缭子·司马法》,第 301 页。
④ 银雀山汉墓竹简整理小组编:《孙膑兵法》,第 59 页。
⑤ (汉)曹操等注:《孙子兵法》,第 55、39 页。
⑥ 盛冬铃:《六韬译注》,第 79 页。
⑦ 蒋礼鸿:《商君书锥指》卷三,第 69 页。
⑧ (汉)曹操等注:《孙子兵法》,第 201 页。

> 不行则军不槫,军不槫则无名。故信者,兵之足也。将者不可以不
> 智胜,不智胜……则军无□。故决者,兵之尾也。[①]

孙膑把将领的品质归结为义、仁、德、信、智,并分别比作兵事的首、腹、手、足、尾。他所谓的仁和义与儒家的观念并不一样,"义"是为了"严",而"仁"则是为了克敌,倒跟孙武所说的"勇"是一个目的。这样看来,孙膑和孙武对将领品质的要求是比较接近的。《孙膑兵法》中还有《将德》篇,讨论了将军的"智"、"恒"、"惠"等品德,可惜这批竹简残甚,内容不甚连贯。和《孙子兵法》从反面强调将领的过失相似,孙膑也指出了将帅品质上的种种缺点,其《将败》篇云:

> 将败:一曰不能而自能。二曰骄。三曰贪于位。四曰贪于财。[五曰]□。六曰轻。七曰迟。八曰寡勇。九曰勇而弱。十曰寡信。十一[曰]……十四曰寡决。十五曰缓。十六曰急。十七曰□。十八曰贼。十九曰自私。廿曰自乱。多败者多失。[②]

这里集中讨论了为将帅者的二十种不良品行,"多败者多失",由此二十种不良品行就可能引发许多失误。《孙膑兵法》中有《将失》一篇就是专门讨论各种失误,如"收乱民而还用之,止北卒而还斗之"等。[③]不过《将失》不是直接讨论将帅素养的,这里就不赘引了。[④]

《六韬》把将帅的品德称为"五材",分别是指勇、智、仁、信、忠。同时具体指出了为将者的十种缺点:

> 所谓十过者,有勇而轻死者,有急而心速者,有贪而好利者,有仁而不忍人者,有智而心怯者,有信而喜信人者,有廉洁而不爱人者,有智而心缓者,有刚毅而自用者,有懦而喜任人者。勇而轻死者,可暴也。急而心速者,可久也。贪而好利者,可遗也。仁而不忍人者,可劳也。智而心怯者,可窘也。信而喜信人者,可诳也。廉洁而不爱人者,可侮也。智而心缓者,可袭也。刚毅而自用者,可事

①　银雀山汉墓竹简整理小组编:《孙膑兵法》,第107页。
②　银雀山汉墓竹简整理小组编:《孙膑兵法》,第111页。
③　银雀山汉墓竹简整理小组编:《孙膑兵法》,第112页。
④　这部分内容原先收在《孙膑兵法》下卷,现收在《银雀山汉墓竹简(贰)》的《论政论兵之类》。

也。懦而喜任人者，可欺也。①

银雀山汉简《论政论兵之类》的《将过》与之大体相似，或许这部分简牍内容采自《六韬》。今移录如下：

> 敌将之过有十：将有勇而主轻死者，有急而心促者，有贪而好货者，有仁而信人者，有仁而慈众者，有知而心怯者，有知而精洁者，有知而心缓者，有刚毅自用者，有懦而……勇而主轻死者可诱，急而心促者可久，贪而好货者可赂，仁而信人者可诈，仁而慈众者可先，知而心怯者可战，知而精洁者可后，知而心缓者可谋，刚毅自……②

吴起的《吴子兵法》就有一篇以《论将》为篇题，该篇继承了兵家关于将帅素养的论述，提出了良将的标准，即："其威、德、仁、勇，必足以率下安众，怖敌决疑，施令而下不犯，所在寇不敢敌。得之国强，去之国亡，是谓良将。"③但是，吴起对为将之"勇"有不同的看法，并指出将应该有五"慎"，他说：

> 凡人论将，常观于勇。勇之于将，乃数分之一尔。夫勇者必轻合，轻合而不知利，未可也。故将之所慎者五：一曰理，二曰备，三曰果，四曰戒，五曰约。理者，治众如治寡。备者，出门如见敌。果者，临敌不怀生。戒者，虽克如始战。约者，法令省而不烦。④

《尉缭子》中的《将令》专篇描述了命将的仪式：

> 将军受命，君必先谋于庙，行令于廷。君身以斧钺授将，曰："左、右、中军，皆有分职，若逾分而上请者死。军无二令，二令者诛，留令者诛，失令者诛。"将军告曰："出国门之外，期日中设营。表置辕门期之，如过时则坐法。"将军入营，即闭门清道。有敢行者诛，有敢高言者诛，有敢不从令者诛。⑤

---

① 盛冬铃：《六韬译注》，第 77 页。
② 银雀山汉墓竹简整理小组：《银雀山汉墓竹简（贰）》，第 159—160 页。
③（战国）吴起撰，江苏师范学院学报组等注释：《吴子兵法注释》，第 31 页。
④（战国）吴起撰，江苏师范学院学报组等注释：《吴子兵法注释》，第 29 页。
⑤ 华陆综注译：《尉缭子注译》，第 65 页。

《六韬·龙韬》之《立将》篇详细介绍了命将的全过程,兹引述如下:

凡国有难,君避正殿,召将而诏之曰:"社稷安危,一在将军。今某国不臣,愿将军帅师应之。"

将既受命,乃命太史钻灵龟,卜吉日。斋三日,至太庙,以授斧钺。

君入庙门,西面而立。将入庙门,北面而立。君亲操钺,持首,授将其柄,曰:"从此上至天者,将军制之。"复操斧柄,授将其刃,曰:"从此下至渊者,将军制之。见其虚则进,见其实则止。勿以三军为众而轻敌,勿以受命为重而必死,勿以身贵而贱人,勿以独见而违众,勿以辩说为必然。士未坐勿坐,士未食勿食,寒暑必同。如此,则士众必尽死力。"

将已受命,拜而报君曰:"臣闻国不可从外治,军不可从中御。二心不可以事君,疑志不可以应敌。臣既受命,专斧钺之威,臣不敢生还,愿君亦垂一言之命于臣。君不许臣,臣不敢将。君许之,及辞而行。"[1]

简牍材料中也有涉及到命将拜将的内容。如上博简《曹沫之陈》云:"进必有二将军","卒有长,三军有帅,邦有君,此三者所以战。"又云:"三军出,君自率,必聚群有司而告之:'二参(叁)子勉之,过不在子在□。'"[2]同出的《陈公治兵》亦云:"将出师,既斯军,左右司马进于将军,命出师徒,将军乃许诺左右司马。"[3]很明显是与将帅重要性和命将程式有关的。

除过对统兵将帅选拔标准和命将拜将仪式的讨论,这一时期的兵书也对士卒的简选和部编(包括临时编队)有过思考,但重视程度往往不及前者。这不仅与先秦时期重"君子"轻"小人"的贵族本位文化气氛有关,也反映出早期军队建设中突出将帅的军制思想,与后世所谓"千军

[1] 盛冬铃:《六韬译注》,第83—85页。
[2] 马承源主编:《上海博物馆藏战国楚竹书(四)》,上海:上海古籍出版社,2004年,第259、261、257页。
[3] 马承源主编:《上海博物馆藏战国楚竹书(九)》,上海:上海古籍出版社,2012年,第173—174页。

易得一将难求"的思想一脉相承。《孙膑兵法》有《篡卒》篇,专门论述选用强卒在作战中的重要性,开篇即云"兵之胜在于篡卒","篡卒"就是"选卒"。①《司马法》中也提出"选良次兵,是谓益人之强"。②《六韬》中的《武车士》和《武骑士》分别讨论了简选车士和骑士的原则,其《练士》篇详细讨论临战选卒的方法,原文云:

> 军中有大勇敢死乐伤者,聚为一卒,名为冒刃之士;有锐气壮勇强暴者,聚为一卒,名曰陷阵之士;有奇表长剑,接武齐列者,聚为一卒,名曰勇锐之士;有拔距伸钩,强梁多力,溃破金鼓,绝灭旌旗者,聚为一卒,名曰勇力之士;有逾高绝远,轻足善走者,聚为一卒,名曰冠兵之士;有王臣失势,欲复见功者,聚为一卒,名曰死斗之士;有死将之人子弟,欲与其将报仇者,聚为一卒,名曰敢死之士;有赘婿人虏,欲掩迹扬名者,聚为一卒,名曰励钝之士;有贫穷愤怒,欲快其心者,聚为一卒,名曰必死之士;有胥靡免罪之人,欲逃其耻者,聚为一卒,名曰幸用之士;有材技兼人,能负重致远者,聚为一卒,名曰待命之士。此军之练士,不可不察也。③

银雀山汉简《论政论兵之类》也有《[选卒]》一章,其文云:

> 禹以算(选)卒万人胜三苗。汤以篡(选)[卒]七千人遂(逐)桀,抏(夺)之天下。武王以篡(选)卒虎贲万三千人□牧之野,杀纣,抏(夺)之天下。□公……□□诸侯,朝天下。吴以耆士万人胜越。越以算(选)卒万二千复吴而伐……者齐威王为□□□□六千人□□宣王以胜。秦与吴起战而不胜……之士八千人,秦四世以胜。故曰:人众而兵弱者,民不选,卒不□也。④

除过选卒,兵书中对士卒的部编和训练也有较多的论述。《尉缭子》中的《经卒令》叙述了士卒在战斗中分队部编的方法,其文云:

> 经卒者,以经令分之为三分焉:左军苍旗,卒戴苍羽;右军白

---

① 银雀山汉墓竹简整理小组编:《孙膑兵法》,第54页。
② 褚玉兰、张大同编著:《兵法精典新解——孙子·吴子·尉缭子·司马法》,第317页。
③ 盛冬铃:《六韬译注》,第179—180页。
④ 银雀山汉墓竹简整理小组:《银雀山汉墓竹简(贰)》,第164页。

旗,卒戴白羽;中军黄旗,卒戴黄羽。卒有五章:前一行苍章,次二行赤章,次三行黄章,次四行白章,次五行黑章。次以经卒,亡章者有诛。前一五行,置章于首,次二五行,置章于项,次三五行,置章于胸,次四五行,置章于腹,次五五行,置章于腰。如此,卒无非其吏,吏无非其卒。见非而不诘,见乱而不禁,其罪如之。鼓行交斗,则前行进为犯难,后行退为辱众。逾五行而前者有赏,逾五行而后者有诛。所以知进退先后,吏卒之功也。故曰:"鼓之,前如雷霆,动如风雨,莫敢当其前,莫敢蹑其后。"言有经也。①

《司马法》有《严位》篇,其中也有对士卒站位和部编的要求:"凡战之道,等道义,立卒伍,定行列,正纵横,察名实。立进俯,坐进跪,畏则密,危则坐。远者视之则不畏,迩者勿视则不散。位下左右,下甲坐,誓徐行之。"②

关于士卒的训练,《尉缭子》中有《勒卒令》及《兵教》上下两篇,具体讲述了士卒训练的基本方法和条例。《六韬》中的《教战》篇也是专论士卒训练的,其文云:

> 故教吏士,使一人学战,教成,合之十人;十人学战,教成,合之百人;百人学战,教成,合之千人;千人学战,教成,合之万人;万人学战,教成,合之三军之众;大战之法,教成,合之百万之众。故能成其大兵,立威于天下。③

为了有效组织军队作战,古人非常重视情报通讯和指挥号令的建设,这也构成军制思想的一部分。

在没有无线电通讯的时代,如何传递情报信息是需要重点考虑的问题,《六韬》中的《阴符》和《阴书》主要讲了冷兵器时代的情报通讯手段。其《阴符》篇云:

> 主与将,有阴符,凡八等:有大胜克敌之符,长一尺;破军杀将之符,长九寸;降城得邑之符,长八寸;却敌报远之符,长七寸;誓众

---

① 华陆综注译:《尉缭子注译》,第60页。
② 褚玉兰、张大同编著:《兵法精典新解——孙子·吴子·尉缭子·司马法》,第309页。
③ 盛冬铃:《六韬译注》,第182页。

坚守之符,长六寸;请粮益兵之符,长五寸;败军亡将之符,长四寸;失利亡士之符,长三寸。诸奉使行符,稽留者,若符事泄,闻者告者皆诛之。八符者,主将秘闻,所以阴通语言,不泄中外相知之术,敌虽圣智,莫之能识。①

利用符的长短尺寸来隐蔽地表达重要信息,需要人主和将帅事先约好不同尺寸的符所代表的意思,文中所说何种尺寸代表何种意思当然只是举例。这种阴符,即便信使为敌所虏获也不会泄露机密。不过,这种办法传递的信息不够详细、具体。为了更好地完成情报交流,《阴书》篇还提供了另外一种手法:

诸有阴事大虑,当用书,不用符。主以书遗将,将以书问主。书皆一合而再离,三发而一知。再离者,分书为三部;三发而一知者,言三人人操一分,相参而不知情也。此谓阴书。②

这种“阴书”显然是前方将帅和后方人主之间需要联络的事情较多较细时采取的一种办法。

指挥号令系统是现场接敌时为了协调战力、统一行动而采取的即时信号传递手段,具有命令的性质。《孙子兵法》中曾引用过佚书《军政》中的一句话,原文云:“言不相闻,故为金鼓;视不相见,故为旌旗。”③《尉缭子》的《勒卒令》云:“金、鼓、铃、旗,四者各有法:鼓之则进,重鼓则击。金之则止,重金则退。铃传令也。旗麾之左则左,麾之右则右。”④金鼓铃旗,分别通过听觉和视觉传递信号,指挥军队作战。《兵教上》也有类似的内容,其文云:“击鼓而进,低旗则趋,击金而退,麾而左之,麾而右之,金鼓俱击而坐。”⑤《孙膑兵法》中的《势备》篇也说:“昼多旗,夜多鼓。”⑥清华简《晋文公入于晋》所载更为详细:

乃作为旗物,为升龙之旗师以进,为降龙之旗师以退,为右□□

① 盛冬铃:《六韬译注》,第92页。
② 盛冬铃:《六韬译注》,第94页。
③ (汉)曹操等注:《孙子兵法》,第140页。
④ 华陆综注译:《尉缭子注译》,第62页。
⑤ 华陆综注译:《尉缭子注译》,第69—70页。
⑥ 银雀山汉墓竹简整理小组编:《孙膑兵法》,第65页。

□□□□□□□□□□□□□□□□,为角龙之旗师以战,为交龙之旗师
以豫,为日月之旗师以久,为熊旗大夫出,为豹旗士出,为莞采之旗
侵粮者出。乃为三旗以成至:远旗死,中旗刑,近旗罚。[①]

后勤保障历来为兵家所重视,这一时期的军事著作中对此也有很
多论述。《孙子兵法》提出了"因粮于敌"的后勤保障思想。其《作战》
篇云:

> 善用兵者,役不再籍,粮不三载;取用于国,因粮于敌,故军食
> 可足也。国之贫于师者远输,远输则百姓贫。近于师者贵卖,贵卖
> 则百姓财竭,财竭则急于丘役。力屈、财殚,中原内虚于家。百姓之
> 费,十去其七;公家之费,破车罢马,甲胄矢弩,戟楯蔽橹,丘牛大车,
> 十去其六。故智将务食于敌,食敌一钟,当吾二十钟,萁秆一石,当
> 吾二十石。[②]

《尉缭子》亦云:"十万之师出,日费千金",[③]大规模作战时后勤补给
以及沿途的军事保障会占去大量的人力资源,尤其是在缺乏现代化的机
械运输工具时,更是如此。可以说,后世的军事家强调以战养战和孙子
的"因粮于敌"实属一脉相承,这一点在战略上是必要的。

虽然传世的兵书中很少有专论后勤保障的篇章,但字里行间涉及粮
草军需的言词却随处可见,如《六韬》说的"舟梁之备"、"水草之资",[④]
《孙膑兵法》说的"粮食均足"、"粮食不属",[⑤]《吴子兵法》说的"师既淹
久,粮食无有",[⑥]都反映了当时的军制建设中对后勤的高度重视,尤其是
粮草保障。

奖惩制度也是军制建设的一项重要内容,奖优罚劣、奖勤罚懒、奖功
罚过是维护军中各项制度顺利运转的必要手段,兵家对如何有效地通过
奖惩强化军队内部管理,鼓舞士气,提高战斗力,有许多论述。《孙子兵

---

① 李学勤主编:《清华大学藏战国竹简(柒)》,上海:中西书局,2017年,第101页。
② (汉)曹操等注:《孙子兵法》,第31—35页。
③ 华陆综注译:《尉缭子注译》,第38页。
④ 盛冬铃:《六韬译注》,第135页。
⑤ 银雀山汉墓竹简整理小组编:《孙膑兵法》,第89、90页。
⑥ (战国)吴起撰,江苏师范学院学报组等注释:《吴子兵法注释》,第17—18页。

法》第一篇《计篇》中就将"赏罚孰明",作为预判胜负的一个标志。《作战篇》又云:"故车战,得车十乘已上,赏其先得者。"① 这是在实战中及时鼓舞士气的做法。上博简《曹沫之陈》云:"申功而食,刑法有罪,而赏爵有德。"② 也是有关赏罚制度的。

《六韬》有《赏罚》篇,专门讨论军队中建立赏罚制度的必要性,其文云:

> 文王问太公曰:"赏所以存劝,罚所以示惩。吾欲赏一以劝百,罚一以惩众,为之奈何?"
>
> 太公曰:"凡用赏者贵信,用罚者贵必。赏信罚必于耳目之所闻见,则所不闻见者莫不阴化矣。夫诚,畅于天地,通于神明,而况于人乎?"③

赏罚制度是古代军制建设中非常重要的一环,有激励将士、鼓舞士气、严明军纪的作用,不可或缺。《尉缭子》之《制谈》云:"民非乐死而恶生也。号令明,法制审,故能使之前。明赏于前,决罚于后,是以发能中利,动则有功。"④ 又,同书《战威》篇所谓"赏禄不厚则民不劝"、"刑罚不中则众不畏"云云,⑤ 也是强调赏罚制度的重要性。《尉缭子》的《武议》篇还分析了正确把握和有效使用赏罚的原则,原文云:

> 凡诛赏者,所以明武也。杀一人而三军震者,杀之,赏一人而万人喜者,赏之。杀之贵大,赏之贵小。当杀而虽贵重必杀之,是刑上究也;赏及牛童马圉者,是赏下流也。夫能刑上究、赏下流,此将之武也。⑥

不过,《尉缭子》强调"重刑",却是不可取的。其《重刑令》云:

> 将自千人以上,有战而北,守而降,离地逃众,命曰国贼。身戮家残,去其籍,发其坟墓,暴其骨于市,男女公于官。自百人以上,有

---

① (汉)曹操等注:《孙子兵法》,第2、36页。
② 马承源主编:《上海博物馆藏战国楚竹书(四)》,第256页。
③ 盛冬铃:《六韬译注》,第41页。
④ 华陆综注译:《尉缭子注译》,第8页。
⑤ 华陆综注译:《尉缭子注译》,第15页。
⑥ 华陆综注译:《尉缭子注译》,第30页。

战而北,守而降,离地逃众,命日军贼。身死家残,男女公于官。使
民内畏重刑,则外轻敌。故先王明制度于前,重威刑于后。刑重则
内畏,内畏则外坚矣。①

这段文字反映了奴隶主贵族军制思想中残酷的一面,为将者的家属被迫
成了人质,一旦自己在前方出现了变故,便会殃及父母妻儿。从奴隶制
国家角度看,这种残酷的刑罚成了控制在外作战将领的重要手段。《尉
缭子》中类似的文字还不少,如《伍制令》所述军队内部的连坐制度。当
然,也有奖赏的,如《兵教上》云:"乃为之赏法,自尉吏而下,尽有旗。战
胜得旗者,各视其所得之爵,以明赏劝之心。"② 这是讲通过奖赏鼓励将
士的。

　　吴起更进一步认为,军队要有战斗力,光靠严刑明赏是不够的,还必
须尊崇有功之士,抚恤战殁者的家属,其《励士》篇云:

　　　　武侯问曰:"严刑明赏,足以胜乎?"起对曰:"严明之事,臣不
能悉,虽然,非所恃也。夫发号布令而人乐闻,兴师动众而人乐战,
交兵接刃而人乐死。此三者,人主之所恃也。"
　　　　武侯曰:"致之奈何?"对曰:"君举有功而进飨之,无功而励
之。"于是武侯设坐庙庭,为三行飨士大夫。上功坐前行,肴席,兼
重器上牢;次功坐中行,肴席器差减;无功坐后行,肴席无重器。飨
毕而出,又颁赐有功者父母妻子于庙门外,亦以功为差。有死事之
家,岁使使者劳赐其父母,著不忘于心。③

　　相比较而言,吴起的赏罚思想较为全面系统,既赏有功,也劝勉无功
者,尤其是他重视抚恤战殁者的家属。另外,《司马法》云:"有虞氏不赏
不罚,而民可用,至德也;夏赏而不罚,至教也;殷罚而不赏,至威也;周
以赏罚,德衰也。"④ 这种说法显然是不符合实际的。

　　除过以上几个方面之外,这一时期的兵书还讨论了军队中各级将领
的设置,不同阵型中武器的配置等问题,但着墨不多,往往一笔带过,或

---

① 华陆综注译:《尉缭子注译》,第52页。
② 华陆综注译:《尉缭子注译》,第70页。
③ (战国)吴起撰,江苏师范学院学报组等注释:《吴子兵法注释》,第42—43页。
④ 褚玉兰、张大同编著:《兵法精典新解——孙子·吴子·尉缭子·司马法》,第296页。

者附带说明,这里就不一一讨论了。总体看来,先秦军制理论在春秋战国之际发展到了一个高峰,各家的兵书对将帅的遴选异常重视,较为系统地论述了将德、将过、将失等问题,其次是对后勤保障极为关注,虽未见系统成篇的论述,但各篇章中常有论及。此外,军队内部的赏罚制度、士卒的选用等也构成了军制思想的重要内容。

参考文献

一、现代论著

白川静

　　《金文通释选译》,武汉 :武汉大学出版社,2000 年。

包明明等

　　《铁犁牛耕对汉代农业深耕细作技术的影响探析》,《北京科技大学
　　　学报》2011 年第 4 期。

北京大学历史系考古教研室商周组

　　《商周考古》,北京 :文物出版社,1979 年。

北京市文物管理处

　　《北京市平谷县发现商代墓葬》,《文物》1977 年第 11 期。

蔡运章

　　《杜康造酒新论》,中国先秦史学会 :《夏文化研究论集》,北京 :中华
　　　书局,1996 年。

曹玮

　　《周原甲骨文》,北京 :世界图书出版公司,2002 年。

常征

　　《释"六师" :兼述西周王朝武装部队》,《河北大学学报》1981 年第
　　　2 期。

畅文斋等

　　《侯马北西庄东周遗址的清理》,《文物》1959 年第 6 期。

晁福林

　　《夏商西周的社会变迁》,北京 :北京师范大学出版社,1996 年。

　　《论"初税亩"》,《文史哲》1999 年第 6 期。

陈恩林

　　《先秦军事制度研究》,长春 :吉林文史出版社,1991 年。

陈高华等

　　《中国军事制度史》,郑州 :大象出版社,1997 年。

陈汉平

　　《西周册命制度研究》,上海 :学林出版社,1986 年。

陈梦家

　　《殷代铜器三篇》,《考古学报》1954 年第 1 期。

　　《殷虚卜辞综述》,北京 :科学出版社,1956 年。

陈槃

　　《春秋大事表列国爵姓及存灭表撰异(三订本)》,台北 :历史语言研
　　　　究所,1997 年。

陈群

　　《中国兵制简史》,北京 :军事科学出版社,1989 年。

成东

　　《先秦时期的盾》,《考古》1989 年第 1 期。

褚玉兰等

　　《兵法精典新解——孙子·吴子·尉缭子·司马法》,济南 :山东大
　　　　学出版社,2005 年。

德宗

　　《关于〈历代兵制〉的撰写》,《河南师大学报》1983 年第 4 期。

丁放

　　《近年来中国古代军制史研究综述》,《中国史研究动态》1989 年第
　　　　5 期。

丁山

　　《甲骨文所见氏族及其制度》,北京 :中华书局,1988 年。

　　《商周史料考证》,北京 :中华书局,1988 年。

杜金鹏等

　　《试论偃师商城东北隅考古新收获》,《考古》1998 年第 6 期。

杜迺松

　　《青铜钺的初步分析》,《考古与文物》1983 年第 5 期。

杜正胜

　　《封建与宗法》,《历史语言研究所集刊》第 50 本第 3 分册。

恩格斯
　　《家庭、私有制和国家的起源》,《马克思恩格斯选集(四)》,北京:人
　　　　民出版社,1995 年。
范大鹏
　　《从秦俑学研究看中国军事考古学》,《文博》1994 年第 6 期。
范毓周
　　《殷代武丁时期的战争》,王宇信主编:《甲骨文与殷商史(第三辑)》,
　　　　上海:上海古籍出版社,1991 年。
方述鑫
　　《〈史密簋〉铭文中的齐师、族徒、遂人——兼论西周时代乡遂制度与
　　　　兵制的关系》,《四川大学学报》1998 年第 1 期。
傅平安等
　　《试论商和西周时期的战略战术思想》,《史学月刊》1981 年第 5 期。
傅允生
　　《"初税亩"再认识》,《浙江学刊》1989 年第 3 期。
高尚志
　　《中国军制的产生与发展》,《军事历史》1988 年第 5 期。
高亨
　　《周代地租制度考》,《文史哲》1956 年第 10 期。
谷霁光
　　《春秋时代"鲁用田赋"即"鲁用甸赋"说质疑——兼论当时赋役
　　　　制度中丁、户、地、资的源流变化》,《江西大学学报》1987 年第
　　　　4 期。
故宫博物院
　　《古玺汇编》,北京:文物出版社,1981 年。
顾德融等
　　《春秋史》,上海:上海人民出版社,2001 年。
顾颉刚等
　　《盘庚三篇校释译论》,《历史学》1979 年第 1 期。
郭宝发
　　《秦俑军阵指挥系统初探》,《文博》1994 年第 6 期。

郭宝钧

　　《戈戟余论》,《历史语言研究所集刊》第 5 集第 3 分册,1935 年。

　　《山彪镇与琉璃阁》,北京 :科学出版社,1959 年。

　　《殷周的青铜武器》,《考古》1961 年第 2 期。

郭德维

　　《戈戟之再辨》,《考古》1984 年第 12 期。

郭沫若

　　《殷周青铜器铭文研究》,北京 :人民出版社,1954 年。

　　《奴隶制时代》,北京 :人民出版社,1973 年。

　　《中国史稿》,北京 :人民出版社,1976 年。

郭仁成

　　《楚国农业考辨四题(上)》,《求索》1984 年第 1 期。

郭淑珍

　　《试论秦俑坑弩兵在中国军事史上的意义》,《文博》1994 年第 6 期。

郭勇

　　《石楼后蓝家沟发现商代青铜器简报》,《文物》1962 年第 4 期。

河北省博物馆、河北省文物管理处

　　《河北藁城台西村的商代遗址》,《考古》1973 年第 5 期。

河北省文化局文物工作队

　　《河北青龙县抄道沟发现一批青铜器》,《考古》1962 年第 12 期。

河北省文物研究所

　　《藁城台西商代遗址》,北京 :文物出版社,1985 年。

何清谷

　　《战国兴起的几项军事体育运动》,《人文杂志》1982 年第 4 期。

胡厚宣

　　《殷代的史为武官说》,《全国商史学术讨论会论文集》(《殷都学刊》
　　　　增刊),1985 年。

　　《甲骨学商史论丛初集(外一种)》,石家庄 :河北教育出版社,2002 年。

　　《甲骨探史录》,北京 :生活·读书·新知三联书店,1982 年。

胡庆均

　　《早期奴隶制社会比较研究》,北京 :中国社会科学出版社,1996 年。

胡肇椿

　　《戟辨》,《考古学杂志》,1932 年创刊号。

湖北省文物考古研究所

　　《盘龙城》,北京 : 文物出版社,2001 年。

黄坚叔

　　《中国军制史》,长沙 : 商务印书馆,1941 年。

黄今言

　　《秦代中央军的组成和优势地位 : 兼说秦兵马俑所反映的军制内
　　　涵》,《文博》1994 年第 6 期。

黄朴民

　　《夏商西周军事制度概述》,《历史教学》1989 年第 7 期。

　　《先秦军事思想的发展及其特征》,《光明日报》1997 年 7 月 15 日第
　　　5 版。

黄水华

　　《中国古代兵制》,天津 : 天津教育出版社,1991 年。

江苏省文管会等

　　《江苏六合程桥东周墓》,《考古》1965 年第 3 期。

金景芳

　　《由周的彻法谈到"作州兵"、"作丘甲"等问题》,《吉林大学社会科
　　　学学报》1962 年第 1 期。

　　《论井田制度》,济南 : 齐鲁书社,1982 年。

靳生禾等

　　《长平之战——中国古代最大战役之研究》,太原 : 山西人民出版社,
　　　1998 年。

靳玉峰

　　《历代兵役制度概述(一) : 夏商周时期》,《中国民兵》1985 年第
　　　10 期。

荆州博物馆

　　《江陵雨台山楚墓发掘简报》,《考古》1980 年第 5 期。

兰书臣

　　《中华文化通志·兵制志》,上海 : 上海人民出版社,1998 年。

《评〈中国古代军制史〉》,《中国史研究》1992 年第 4 期。

蓝永蔚

《春秋时期的步兵》,北京：中华书局,1979 年。

雷渊深

《中国历代军事职官制度》,《中国史研究》1993 年第 4 期。

李长年

《农业史话》,上海：上海科学技术出版社,1981 年。

李发林

《战国秦汉考古》,济南：山东大学出版社,1991 年。

李济

《记小屯出土之青铜器》(中篇),《中国考古学报》1949 年第 4 册。

李健民等

《中国古代青铜戈》,《考古学集刊》1991 年第 7 期。

李孟存等

《晋国的军制》,《山西师大学报》1985 年第 4 期。

李天祜

《古代希腊史》,兰州：兰州大学出版社,1991 年。

李玄伯

《中国古代社会新研》,上海：上海文艺出版社,1988 年。

李学勤

《郿县李家村铜器考》,《文物参考资料》1957 年第 7 期。

《殷代地理简论》,北京：科学出版社,1959 年。

《重新估价中国古代文明》,《人文杂志》(增刊)1982 年。

《史密簋铭所记西周重要史实考》,《中国社会科学院研究生院学报》
　　1991 年第 2 期。

《殷墟甲骨分期研究》,上海：上海古籍出版社,1996 年。(与彭裕商
　　合著)

《高青陈庄引簋及其历史背景》,《文史哲》2011 年第 3 期。

《论茷掩庀赋》,《江汉论坛》1984 年第 3 期。

李修松

《"初税亩"辨析》,《安徽大学学报》1989 年第 4 期。

李雪山

《商代军制三论》,《史学月刊》2001 年第 5 期。

李亚农

《李亚农史论集》,上海：上海人民出版社,1962 年。

李元

《论春秋时期的民兵制度》,《中国史研究》1987 年第 3 期。

《对春秋时代军制变革的整体考察》,《中国史研究》1991 年第 1 期。

李忠林

《殷商兵制若干问题刍议》,《中国史研究》2014 年第 2 期。

《春秋时期军赋制度改革辨析》,《南开学报》2019 年第 5 期。

李众

《关于藁城商代铜钺铁刃的分析》,《考古学报》1976 年第 2 期。

连劭名

《殷墟卜辞中的戍和奠》,《殷都学刊》1997 年第 2 期。

廖永民

《郑州市发现的一处商代居住与铸造铜器遗址简介》,《文物参考资料》1957 年第 6 期。

林梅村

《古道西风：考古新发现所见中西文化交流》,北京：生活·读书·新知三联书店,2000 年。

林摄

《军制要义》,民国四年铅印本。

林沄

《林沄学术文集》,北京：中国大百科全书出版社,1998 年。

刘德增

《秦始皇陵兵马俑军阵实即八阵中的方阵》,《文博》1994 年第 6 期。

刘建儿

《从车战到骑战》,《唐山教育学院学刊》1984 年第 2 期。

刘林海等

《希腊军制变革与城邦的兴衰》,《西南师范大学学报》1998 年第 2 期。

刘士莪等

《西安老牛坡商代墓地的发掘》,《文物》1988 年第 6 期。

刘兴林

《殷商以田猎治军事说质疑》,《殷都学刊》1997 年第 2 期。

刘一曼

《安阳小屯殷代刻辞甲骨》,《中国考古学年鉴 1990》,北京 : 文物出
　　版社,1991 年。

《殷墟青铜刀》,《考古》1993 年第 2 期。

《论安阳殷墟墓葬青铜武器的组合》,《考古》2002 年第 3 期。

《殷墟花园庄东地甲骨》,昆明 : 云南人民出版社,2003 年。(与曹定
　　云合编)

刘钊

《卜辞所见殷代的军事活动》,《古文字研究》第十六辑,北京 : 中华
　　书局,1989 年。

《卜辞"师惟律用"》,《胡厚宣先生纪念文集》,北京 : 科学出版社,
　　1998 年。

刘展

《中国古代军制史》,北京 : 军事科学出版社,1992 年。

吕思勉

《先秦史》,上海 : 上海古籍出版社,1982 年。

罗琨

《商代战争与军制》,北京 : 中国社会科学出版社,2010 年。

罗哲文

《长城》,北京 : 北京出版社,1982 年。

马克思

《摩尔根〈古代社会〉一书摘要》,北京 : 人民出版社,1965 年。

马新

《乡遂之制与西周春秋之乡村形态》,《文史哲》2010 年第 3 期。

摩尔根

《古代社会》,北京 : 商务印书馆,1977 年。

蒙文通

《经史抉原》,成都:巴蜀书社,1995 年。

《经学抉原》,上海:上海人民出版社,2006 年。

孟古托力

《古代骑兵编制和训练之刍议》,《北方文物》1998 年第 4 期。

孟世凯

《商代田猎与军事训练的关系》,《先秦史论集》,郑州:中州古籍出版社,1989 年。

《夏商时期军事后勤探讨》,《中国古代军事史论文集》,北京:金盾出版社,1990 年。

孟文镛

《越国的军事制度》,《绍兴文理学院学报》1996 年第 4 期。

南风

《先秦军事制度研究情况述评》,《历史教学》1993 年第 10 期。

彭邦炯

《商史探微》,重庆:重庆出版社,1988 年。

彭裕商

《西周青铜器年代综合研究》,成都:巴蜀书社,2003 年。

齐勇锋

《关于中国古代军制史研究的几个问题》,《山东社会科学》1988 年第 5 期。

裘锡圭

《甲骨卜辞中所见的"田"、"牧"、"卫"等职官的研究》,《文史》第 19辑,1993 年。

曲天夫

《略论亚述帝国军制》,《东北师大学报》1999 年第 5 期。

沙宪如

《子产的"使田有封洫"和"作丘赋"》,《辽宁师院学报》1983 年第 2 期。

山东省文物考古研究所

《曲阜鲁国故城》,济南:齐鲁书社,1982 年。

商庆夫

　　《中国原始阵法"伏羲先天圆阵"考述》,《文史哲》1999 年第 4 期。

　　《中国原始阵法 :"轩辕握机阵"考述》,《东岳论丛》1999 年第 4 期。

沈长云

　　《殷契"王作三师"解》,《文史》第 44 辑,1998 年。

沈融

　　《论早期青铜戈的使用法》,《考古》1992 年第 1 期。

　　《商与西周青铜矛研究》,《考古学报》1998 年第 4 期。

石井宏明

　　《东周王朝研究》,北京 :中央民族大学出版社,1999 年。

石亚洲

　　《古代土家族军事制度浅析》,《中南民族大学学报》2003 年第 2 期。

石璋如

　　《殷墟最近之重要发现附论小屯地层》,《中国考古学报》1947 年第
　　　2 册。

　　《周代兵制探源》,《大陆杂志》第九卷第九期。

　　《殷代的策》,《历史语言研究所集刊》,第 22 本。

　　《殷墟建筑遗存》,台北 :历史语言研究所,1959 年。

　　《殷墟墓葬之二》,台北 :历史语言研究所,1972 年。

时保吉

　　《"军、师、旅"在先秦古语中的同义及差异》,《安阳师范学院学报》
　　　2011 年第 6 期。

始皇陵秦俑坑考古发掘队

　　《临潼县秦俑坑试掘第一号简报》,《文物》1975 年第 11 期。

宋镇豪

　　《夏商人口初探》,《历史研究》1991 年第 4 期。

　　《夏商社会生活史》,北京 :中国社会科学出版社,1994 年。

　　《商代军事制度研究》,《陕西历史博物馆馆刊》1995 年第 2 期。

孙德海等

　　《河北邯郸涧沟村古遗址发掘简报》,《考古》1961 年第 4 期。

孙海波

　　《甲骨文编》,北京 :中华书局,1965 年。

孙金铭

　　《中国兵制史》,台北,1970 年。

孙作云

　　《诗经研究》,开封 :河南大学出版社,2003 年。

　　《说豳在西周时代为北方军事重镇——兼论军监》,《河南师大学报》
　　　　1983 年第 1 期。

泰利柯特

　　《世界冶金发展史》,北京 :科学技术文献出版社,1985 年。

童书业

　　《春秋左传研究》,上海 :上海人民出版社,1980 年。

田静

　　《由秦俑透视秦军之作战能力》,《文博》1994 年第 6 期。

王恩田

　　《临沂竹书〈田法〉与爰田制》,《中国史研究》1989 年第 2 期。

王国维

　　《观堂集林》,北京 :中华书局,1959 年。

王贵民

　　《甲骨文所见的商代军制数则》,《甲骨探史录》,北京 :生活·读
　　　　书·新知三联书店,1982 年。

　　《就殷墟甲骨文所见试说 "司马" 职名的起源》,《甲骨文与殷商史》,
　　　　上海 :上海古籍出版社,1983 年。

　　《商周制度考信》,台北 :明文书局,1989 年。

王晖

　　《古文字与商周史新证》,北京 :中华书局,2003 年。

　　《季姬尊铭与西周兵民基层组织初探》,《人文杂志》2014 年第 9 期。

　　《西周金文与军制新探——兼说西周到战国车制的演变》,《陕西师
　　　　范大学学报》2015 年第 6 期。

王辉强

　　《秦兵马俑与秦军阵法》,《文博》1994 年第 6 期。

王晓卫

　　《历代兵制浅说》,北京 :解放军出版社,1986 年。

《中国兵制史》,台北:文津出版社,1997 年。

《军制史话》,台北,2005 年。

王襄

《簠室殷契征文(附考释)》,天津:天津博物院,1925 年。

《王襄著作选集》,天津:天津古籍出版社,2005 年。

王学理

《秦俑专题研究》,西安:三秦出版社,1994 年。

《轻车锐骑带甲兵——秦始皇陵兵马俑发现与研究》,天津:百花文
　　艺出版社,2002 年。

王宇信

《甲骨文"马"、"射"的再考察——兼驳马、射与战车相配置》,《第三
　　届国际中国文字学研讨会论文集》,香港中文大学中国语言及
　　文学系,1997 年。

《甲骨学一百年》,北京:社会科学文献出版社,1999 年。(与杨升南
　　合编)

王育民

《中国人口史》,南京:江苏人民出版社,1995 年。

王韵

《论戟》,《天府新论》2004 年第 4 期。

王震中

《商代都邑》,北京:中国社会科学出版社,2010 年。

魏永年

《古玺印赏析》,济南:山东美术出版社,2005 年。

文士丹

《春秋时期的军制演变》,《江西社会科学》1990 年第 5 期。

吴存浩

《中国农业史》,北京:警官教育出版社,1996 年。

吴振录

《保德县新发现的殷代青铜器》,《文物》1972 年第 4 期。

肖楠

《试论卜辞中的师和旅》,《古文字研究》(第六辑),北京:中华书局,

1981 年。

熊铁基

《秦汉军事制度史》,南宁：广西人民出版社,1990 年。

徐鸿修

《西周春秋军事制度的两个问题》,《文史哲》1995 年第 4 期。

徐喜辰

《周代兵制初论》,《宝鸡师院学报》1985 年第 3 期。

《周代兵制初论》,《中国史研究》1985 年第 4 期。

《殷代兵制初探》,《吉林大学社会科学学报》1988 年第 1 期。

徐勇

《简明中国军制史》,哈尔滨：黑龙江人民出版社,1991 年。(与张焯合编)

《试论春秋军事制度的基本特点》,《天津社会科学》1992 年第 4 期。(与黄朴民合著)

《战国军事制度的时代特征》,《烟台大学学报》1995 年第 2 期。(与黄朴民合著)

《齐国军事领导体制及兵制论略》,《求是学刊》1996 年第 6 期。

《春秋时期齐国的军事制度初探》,《管子学刊》1998 年第 3 期。

徐中舒

《禹鼎的年代及其相关问题》,《考古学报》1959 年第 3 期。

《左传选》,北京：中华书局,1963 年。

《殷周金文集录》,成都：四川人民出版社,1984 年。

《甲骨文字典》,成都：四川辞书出版社,1989 年。

许倬云

《西周史》,北京：生活·读书·新知三联书店,2001 年。

薛柏成

《〈左传〉中所表现的春秋时期井田制的衰变》,《吉林师范大学学报》2003 年第 3 期。

薛志亮

《中国古代战争动员的源与流》,《西安政治学院学报》2016 年第 4 期。(与丁爱平合著)

严一萍

　　《殷商兵志》,《中国文字》新 7 期,台北:艺文印书馆,1983 年。

阎铸

　　《春秋时代的军事制度(上)》,《社会科学战线》1980 年第 2 期。

　　《春秋时代的军事制度(下)》,《社会科学战线》1980 年第 4 期。

杨宝成

　　《殷墟文化研究》,武汉:武汉大学出版社,2002 年。

杨华

　　《商鞅变法与秦兵制》,《文博》1999 年第 6 期。

杨泓

　　《中国古兵器论丛》,北京:文物出版社,1985 年。

　　《战车与车战二论》,《故宫博物院院刊》2000 年第 3 期。

杨宽

　　《春秋战国间封建的军事组织和战争的变化》,《历史教学》1954 年
　　　　第 4 期。

　　《战国史》,上海:上海人民出版社,1998 年。

　　《西周史》,上海:上海人民出版社,1999 年。

　　《论西周金文中的"六𠂤""八𠂤"和乡遂制度的关系》,《杨宽古史
　　　　论文选集》,上海:上海人民出版社,2003 年。

杨升南

　　《卜辞"立事"说 —— 兼谈商代的战法》,《殷都学刊》1984 年第
　　　　2 期。

　　《夏代军事制度初探》,《郑州大学学报》1991 年第 3 期。

杨树达

　　《卜辞琐记》,上海:上海古籍出版社,1986 年。

　　《积微居甲文说》,上海:上海古籍出版社,1986 年。

杨锡璋

　　《安阳殷墟西区一七一三号墓的发掘》,《考古》1986 年第 8 期。(与
　　　　杨宝成合著)

　　《关于商代青铜戈矛的一些问题》,《考古与文物》1986 年第 3 期。

杨向奎

《"宜侯夨簋"释文商榷》,《文史哲》1987 年第 6 期。

杨英杰

《春秋晋国军制探讨》,《晋阳学刊》1983 年第 6 期。

《先秦战车形制考述》,《辽宁师大学报》1984 年第 2 期。

《先秦车战述略》,《辽宁师范大学学报》1985 年第 5 期。

《战车与车战》,长春：东北师范大学出版社,1986 年。

杨钊

《先秦时期舟船暨水战》,《人文杂志》1998 年第 6 期。

杨振红

《两汉时期铁犁和牛耕的推广》,《农业考古》1988 年第 1 期。

姚孝遂

《甲骨刻辞狩猎考》,《古文字研究》第六辑,北京：中华书局,1981 年。

叶达雄

《商周时代的师与师职试论》,《台湾大学历史系学报》1992 年第
　　17 期。

于省吾

《殷代的交通工具和驲传制度》,《东北人民大学人文科学学报》
　　1955 年第 2 期。

《略论西周金文中的"六𠂤"和"八𠂤"及其屯田制》,《考古》1964
　　年第 3 期。

于琨奇

《秦汉"户赋""军赋"考》,《中国史研究》1989 年第 4 期。

宇文举

《春秋"用田赋"考实》,《江汉论坛》1991 年第 2 期。

俞伟超

《"大武闢兵"铜戚与巴人的"大武"舞》,《考古》1963 年第 3 期。

袁林

《两周土地制度新论》,长春：东北师范大学出版社,2000 年。

臧云浦

《历代官制、兵制、科举制表释》,南京：江苏古籍出版社,1987 年。

曾超

《简论巴人的部落兵制》,《涪陵师专学报》1997 年第 1 期。

曾德明

　　《先秦时期战争观念述论》,《求索》2000 年第 4 期。

詹剑峰

　　《关于中国社会发展史问题——郭沫若〈十批判书〉质疑之二》,《华
　　　　中师院学报》1983 年第 5 期。

张光直

　　《中国青铜时代》,北京:生活·读书·新知三联书店,1983 年。

张国硕

　　《夏商时代都城制度研究》,郑州:河南人民出版社,2001 年。

张洪久

　　《"殳"考》,《辽宁大学学报》1985 年第 5 期。

张婧等

　　《春秋兵制改革评议》,《枣庄学院学报》2015 年第 6 期。

张荣明

　　《从管仲改革看中国古代军制的演变》,《管子学刊》1993 年第 3 期。

张学海

　　《试论鲁城两周墓葬的类型、族属及其反映的问题》,《中国考古学会
　　　　第四次年会论文集》,北京:文物出版社,1985 年。

张永山

　　《夏商西周军事史》(《中国军事通史第一卷》),北京:中国军事科学
　　　　出版社,1998 年。

张玉勤

　　《晋作州兵探析》,《山西师大学报》1985 年第 1 期。

张政烺

　　《卜辞裒田及其相关诸问题》,《考古学报》1973 年第 1 期。

　　《张政烺文史论集》,北京:中华书局,2004 年。

张之恒等

　　《夏商周考古》,南京:南京大学出版社,1995 年。

赵光贤

　　《殷代兵制述略》,《中华文史论丛》1985 年第 3 期。

赵明

《略论中国兵制史的研究对象与范围》,《争鸣》1988 年第 6 期。

赵庆淼

《高青陈庄引簋铭文与周代命卿制度》,《管子学刊》2015 年第 3 期。

赵世超

《周代国野制度研究》,西安：陕西人民出版社,1991 年。

《周代国野关系研究》,台北：文津出版社,1993 年。

赵芝荃等

《偃师尸乡沟商代早期城址》,中国考古学会：《中国考古学会第五次年会论文集》,北京：文物出版社,1985 年。

郑若葵

《殷墟"大邑商"族邑布局初探》,《中原文物》1995 年第 3 期。

郑绍宗

《中国北方青铜短剑的分期及形制研究》,《文物》1984 年第 2 期。

中国军事史编写组

《中国军事史》第三卷《兵制》,北京：解放军出版社,1987 年。

《中国历代军事制度》,北京：解放军出版社,2006 年。

中国考古学会编

《中国考古学年鉴 1991》,北京：文物出版社,1992 年。

中国社会科学院考古研究所

《殷墟的发现与研究》,北京：科学出版社,1994 年。

《殷周金文集成》,北京：中华书局,1994 年。

《偃师二里头》,北京：中国大百科全书出版社,1999 年。

中国社会科学院考古研究所东北工作队

《内蒙古宁城县南山根 102 号石椁墓》,《考古》1981 年第 4 期。

中国社会科学院考古研究所二里头工作队

《偃师二里头遗址新发现的铜器和玉器》,《考古》1976 年第 4 期。

中国社会科学院考古研究所河南第二工作队

《河南偃师商城东北隅发掘简报》,《考古》1998 年第 6 期。

钟柏生

《卜辞所见殷代的军政之一——战争启动的过程及其准备工作》,

　　　　　　《中国文字》新 14 期。

　　　　　　《卜辞中所见殷代的军礼之二——殷代的大蒐礼》,《中国文字》新
　　　　　　　　16 期。

　　　　　　《卜辞中所见殷代的军礼之三——殷代的战争礼》,《中国文字》新
　　　　　　　　17 期。

钟立飞

　　　　　　《试析战国养兵问题》,《中国史研究》1990 年第 4 期。

钟少异

　　　　　　《金戈铁戟:中国古兵器的历史与传统》,北京:解放军出版社,
　　　　　　　　1999 年。

周自强

　　　　　　《"初税亩"研究》,《郑州大学学报》1986 年第 6 期。

朱凤瀚

　　　　　　《商周家族形态研究》,天津:天津古籍出版社,2004 年。

朱捷元等

　　　　　　《陕西绥德墕头村发现一批窖藏商代铜器》,《文物》1975 年第 2 期。

朱绍侯

　　　　　　《军功爵制试探》,上海:上海人民出版社,1980 年。

朱维铮

　　　　　　《中国经学史基本丛书(一)》,上海:上海书店出版社,2012 年。

邹衡

　　　　　　《夏商周考古学论文集》,北京:文物出版社,1980 年。

　　　　　　《夏商周考古学论文集续集》,北京:科学出版社,1998 年。

二、出土与传世古籍

(汉)班固

　　　　　　《汉书》,北京:中华书局,1962 年。

(汉)曹操等注

　　　　　　《孙子兵法》,西安:三秦出版社,1998 年。

(清)陈立

　　　　　　《白虎通疏证》,北京:中华书局,1994 年。

陈奇猷

　　《吕氏春秋校释》,上海：学林出版社,1984年。

（元）陈友仁辑

　　《周礼集说》,文渊阁四库全书本。

程树德

　　《论语集释》,北京：中华书局,1990年。

（清）程瑶田

　　《考工创物小记》,上海：上海古籍出版社,1995年。

（明）董说

　　《七国考》,北京：中华书局,1956年。

（唐）杜佑

　　《通典》,长沙：岳麓书社,1995年。

（晋）杜预

　　《春秋左传集解》,上海：上海人民出版社,1977年。

（晋）杜预等

　　《春秋三传》,上海：上海古籍出版社,1987年。

方诗铭、王修龄

　　《古本竹书纪年辑证》,上海：上海古籍出版社,1981年。

（清）顾栋高

　　《春秋大事表》,北京：中华书局,1993年,

顾颉刚、刘起釪

　　《尚书校释译论》,北京：中华书局,2005年。

（清）顾炎武著,（清）黄汝成集释

　　《日知录集释》,上海：上海古籍出版社,2014年。

高亨注译

　　《商君书注译》,北京：中华书局,1974年。

（汉）何休注,（唐）徐彦疏

　　《春秋公羊传注疏》,济南：山东画报出版社,2004年。

（曹魏）何晏注,（宋）邢昺疏,梁运华整理

　　《论语注疏》,济南：山东画报出版社,2004年。

华陆综

《尉缭子注译》,北京:中华书局,1979 年。

(汉)桓宽著,王利器校注

　　《盐铁论校注》,天津:天津古籍出版社,1983 年。

(清)洪亮吉

　　《春秋左传诂》,北京:中华书局,1987 年。

黄怀信

　　《逸周书校补注译》,西安:西北大学出版社,1996 年。

(清)惠栋

　　《春秋左传补注》,文渊阁四库全书本。

(清)江永

　　《周礼疑义举要》,北京:中华书局,1985 年。

姜涛

　　《管子新注》,济南:齐鲁书社,2006 年。

蒋礼鸿

　　《商君书锥指》,北京:中华书局,1986 年。

(清)焦循

　　《孟子正义》,石家庄:河北人民出版社,1988 年。

(清)金鹗

　　《求古录礼说》,光绪二年丙子重刊本。

(汉)孔安国注

　　《尚书正义》,济南:山东画报出版社,2004 年。

(唐)孔颖达

　　《毛诗正义》,北京:北京大学出版社,1999 年。

(北魏)郦道元

　　《水经注》,长沙:岳麓书社,1995 年。

李步嘉

　　《越绝书校释》,武汉:武汉大学出版社,1992 年。

(宋)李昉等撰

　　《太平御览》,上海:上海古籍出版社,2008 年。

刘文典

　　《淮南鸿烈集解》,北京:中华书局,1989 年。

刘文淇

　　《春秋左氏传旧注疏证》,北京:科学出版社,1959 年。

(汉)刘向集录

　　《战国策》,上海:上海古籍出版社,1978 年。

(汉)刘歆撰,向新阳等校注

　　《西京杂记校注》,上海:上海古籍出版社,1991 年。

卢守助撰

　　《晏子春秋译注》,上海:上海古籍出版社,2006 年。

马承源主编

　　《上海博物馆藏战国楚竹书》,上海:上海古籍出版社,2004 年。

缪文远

　　《七国考订补》,上海:上海古籍出版社,1987 年。

(清)阮元编

　　《皇清经解》,学海堂刻本。

上海师范大学古籍整理研究所点校

　　《国语》,上海:上海古籍出版社,1998 年。

(清)沈钦韩

　　《春秋左氏传补注》北京:中华书局,1985 年。

盛冬铃

　　《六韬译注》,石家庄:河北人民出版社,1992 年。

睡虎地秦墓竹简整理小组

　　《睡虎地秦墓竹简》,北京:文物出版社,1990 年。

(汉)司马迁

　　《史记》,北京:中华书局,1959 年。

(汉)宋衷注,(清)秦嘉谟等辑

　　《世本八种》,上海:商务印书馆,1957 年。

(清)孙希旦撰,沈啸寰、王星贤点校

　　《礼记集解》,北京:中华书局,1989 年。

(清)孙星衍

　　《尚书今古文注疏》,北京:中华书局,2004 年。

(清)孙诒让

《周礼正义》,北京:中华书局,1987 年。

(曹魏)王弼、(东晋)韩康伯注,(唐)孔颖达等疏,何锡光、虎维铎整理
　　《周易正义》,济南:山东画报出版社,2004 年。

(清)王夫之
　　《读通鉴论》,北京:中华书局,1975 年。

(清)王闿运
　　《尔雅集解》,长沙:岳麓书社,2010 年。

(清)王鸣盛
　　《嘉定王鸣盛全集》,北京:中华书局,2010 年。

(清)王聘珍撰,王文锦点校
　　《大戴礼记解诂》,北京:中华书局,1983 年。

(清)王先慎
　　《韩非子集解》,北京:中华书局,1998 年。

(清)王先谦
　　《释名疏证补》,上海:上海古籍出版社,1984 年。
　　《荀子集解》,北京:中华书局,1988 年。
　　《庄子集解》,北京:中华书局,1954 年。

(清)王引之
　　《经义述闻》,上海:上海书店出版社,2012 年。

(清)王与之
　　《周礼订义》,文渊阁四库全书本。

(战国)吴起撰,江苏师范学院学报组等注释
　　《吴子兵法注释》,上海:上海人民出版社,1977 年。

吴如嵩、王显臣校注
　　《李卫公问对校注》,北京:中华书局,1983 年。

吴毓江
　　《墨子校注》,北京:中华书局,1993 年。

徐勇
　　《先秦兵书佚文辑解》,天津:天津人民出版社,2003 年。

徐中舒
　　《左传选》,北京:中华书局,1985 年。

（元）许谦

《诗集传名物钞》，北京：中华书局，1985年。

（汉）许慎撰，（清）段玉裁注

《说文解字注》，上海：上海古籍出版社，1981年。

杨伯峻

《春秋左传注》，北京：中华书局，1990年。

《论语译注》，北京：中华书局，1980年。

银雀山汉墓竹简整理小组

《孙膑兵法》，北京：文物出版社，1975年。

《银雀山汉墓竹简（贰）》，北京：文物出版社，2010年。

（清）张聪咸

《左传杜注辨证》，清光绪贵池刘世珩刻聚学轩丛书本。

周生春

《吴越春秋辑校汇考》，上海：上海古籍出版社，1997年。

朱大韶

《实事求是之斋经义》，澄华堂刻本。

（宋）朱熹撰，蒋立甫校点

《楚辞集注》，上海：上海古籍出版社，2001年。

三、英日文文献

Rutherford J. Getterns, Roy S. Clarke, Jr. and W. T. Chase

Two Early Chinese Bronze Weapons with Meteoritic Iron Blades. Freer Gallery of Art, Smithsonian Institution, 1971.

Shaughnessy, E. L.

Historical Perspectives on the Introduction of the Chariot into China, *Harvard Journal of Asiatic Studies*, Vol. 48, No. 1.（Jun.,1998）

贝塚茂树等

《甲骨文字研究·序论》，同朋舍，1980年。

林巳奈夫

《中國先秦時代の馬車》，《东方学报》第29册。